# 서울대 한국어

## Student's Book 4A

서울대학교 언어교육원

# 서울대 한국어 4A Student's Book


**지은이** 서울대학교 언어교육원
**편집인** 박형만, 양승주, James Lee
**펴낸곳** (주)투판즈
서울시 강남구 논현로 303
Tel (02)2140-2500
Fax (02)2140-2599
www.twoponds.co.kr
**등록** 1980년 10월 7일 제2004-000086호
**디자인** 새담디앤피
**초판 1쇄** 2015년 11월 30일
**35쇄** 2026년 2월 1일

**ISBN** 978-89-539-4956-0





Written by Language Education Institute, Seoul National University
Published by TWOPONDS Co., Ltd.
Designed by SAEDAM D&P

# 머리말 Preface

〈서울대 한국어 4A Student's Book〉은 한국어 성인 학습자를 위한 정규 과정용(약 200시간) 한국어 교재 시리즈 중 네 번째 책이다. 이 책은 600시간의 한국어 교육을 받았거나 그에 준하는 한국어 능력을 가진 성인 학습자들이 친숙한 사회적, 추상적 주제와 기본적 업무 수행에 필요한 기능을 익혀서 전반적인 사회생활이 가능한 한국어 의사소통 능력을 기르도록 하는 데 목적이 있다. 본 책은 다음과 같은 특징을 가지고 있다.

첫째, 말하기 의사소통 능력 신장에 중점을 두되 구어 학습과 문어 학습이 긴밀하게 연계되도록 구성하였다. 이를 위해 어휘와 문법의 연습, 대화문 연습, 담화 구성 연습으로 이어지는 단계적 말하기 학습을 도입하여 언어 지식의 학습이 언어 사용 능력 습득으로 자연스럽게 전이되도록 하였다. 또한 읽고 말하기, 듣고 말하기, 읽고 쓰기 연습을 통해 구어와 문어의 통합적 학습이 이루어지도록 하였다.

둘째, 문어 사용 능력 학습을 강화함으로써 이러한 능력이 고급 과정으로 자연스럽게 이행될 수 있도록 하였다. 이를 위해 구어에 주로 사용되는 문법 항목은 말하기 연습에서, 문어에 주로 나타나는 문법 항목은 읽고 말하기 연습에서 각각 구별하여 제시함으로써 구어와 문어의 학습이 변별적으로 이루어지도록 하였다.

셋째, 듣기를 주제 중심의 듣기와 담화 기능 중심의 듣기로 나누어서 담화 구성 능력을 익힐 수 있도록 하였다. 이를 위해 듣기를 통해 조언하기, 결과 예상하기, 불만 표현하기, 의견 제시하기 등의 담화 기능이 포함된 구어 텍스트를 이해하고 담화 기능 표현을 익혀서 들은 후 말하기 과제에서 사용하도록 하였다.

넷째, 실제적인 과제를 수행하는 과정에서 학습한 언어 지식을 충분히 활용하고 학습자 간 유의미한 상호작용이 활발하게 이루어지도록 구성하였다. 다양한 유형의 과제를 제시하고 필요한 경우 활동지를 별도로 제공하였다.

다섯째, 어휘 및 문법, 발음 학습이 체계적으로 이루어지도록 구성하였다. 어휘는 각 과의 주제와 연계하여 의미장을 중심으로 제시함으로써 효율적인 어휘 학습이 가능하게 하였다. 또한 문법 항목의 의미와 용법에 대한 핵심적인 기술을 예문과 함께 제시함으로써 종래 한국어 교재에 부족했던 문법 기술 부분을 보강하고자 하였다. 이를 위해 문법 해설을 부록에 별도로 제공하여 목표 문법에 대한 학습자의 이해를 도울 수 있게 하였다. 발음은 해당 과와 관련된 음운 규칙, 억양 등을 연습하여 발음의 정확성 및 유창성을 익히도록 하였다.

여섯째, 문화 영역 학습이 수업에서 원활하게 이루어질 수 있도록 구성하였다. 이를 위해 그림, 사진 등의 시각 자료를 활용하거나 학습자의 숙달도가 고려된 간략한 설명으로 한국 문화 정보를 제시하였다. 또한 문화 상호주의적 관점에서 학습자 간 문화에 대해서 공유하는 기회를 가지도록 하였으며, 한국 문화에 대한 심화된 이해를 돕기 위해 부록에 문화 해설을 별도로 제시하였다.

일곱째, 말하기 대화문, 듣기, 발음 등의 오디오 MP3 파일을 함께 제공하여 수업용으로뿐만 아니라 자율 학습용으로도 사용하도록 하였다.

여덟째, 영어 번역을 병기하여 영어권 학습자의 빠른 의미 이해가 가능하도록 하였다. 읽고 쓰기,문법 해설, 문화 해설 등에 번역문을 함께 제공하였으며 주제 어휘 및 새 단어 등에도 번역을 병기하였다.

아홉째, 사진, 삽화 등의 시각 자료를 풍부하게 제공하여 실제적이고 흥미 있는 학습이 가능하도록 하였다. 내용을 이해하는 데 도움이 되는 시각 자료를 통해 의미와 상황을 정확하게 전달하고 학습자의 흥미를 유발함으로써 학습 효과를 높이고자 하였다.

이 책이 완성되기까지 많은 분들의 노력과 수고가 있었다. 무엇보다도 오랜 기간에 걸쳐 집필 및 출판 과정에 참여한 교재개발위원회 선생님들의 헌신으로 책이 만들어질 수 있었다. 또한 직접 수업에서 사용하면서 꼼꼼하게 수정해 주신 서울대학교 한국어교육센터의 여러 선생님들과 정확한 발음으로 녹음을 해 주신 성우 임채헌, 윤미나 선생님의 노고에 감사를 드린다. 아울러 책이 출판되기까지 오랜 기간 동안 작업을 도와주신 투판즈의 사장님과 도현정 부장님, 박형만 편집팀장님, 양승주 대리님을 비롯한 편집진 여러분께도 고마운 마음을 전한다.

2015. 11.

서울대학교 언어교육원

원장 전 영 철

# Preface 머리말

<Seoul National University Korean Language 4A Student's Book> is the forth volume in the multi-level series developed to be used in a regular program (about 200 hours of class work) for adult learners of the Korean language The primary goal of this book is to assist adult learners of the Korean language who have already had 600 hours training, so that they may build Korean communicative ability for real life situations from studying familiar social and abstract topic. The key features of this book follow.

This textbook is carefully coordinated to link spoken language and written language while focusing on the development of communicative language skills. It utilizes a step-by-step approach consisting of vocabulary and grammar practice, controlled conversation practice, and open-ended interaction. Through this approach, knowledge about language transfers to real language use. In addition, 'Listening and Speaking' and 'Reading and Writing' sections integrate spoken language and written language learning.

We enhanced studies of written language so that learners can naturally progress to higher course levels. In addition, we have distinguished spoken language grammar study (grammar frequently used for spoken language is in speaking practice) from written language grammar (grammar frequently used for written language is in reading and speaking practice).

Listening is comprised of focused listening and conversations so that learners can also acquire conversation abilities. For this we added conversation expressions for comprehension and production, such as advising, predicting outcomes, expressing dissatisfaction, and suggesting an opinion.

A task-based approach maximizes the use of linguistic knowledge and encourages meaningful interaction between learners. Various types of tasks are introduced and activity sheets are provided as needed.

We constructed a systematic approach to learning vocabulary, grammar and pronunciation. Vocabulary relating to the topic of each unit is meaningfully presented to learners increasing efficacy. In addition, this book proposes core techniques for usage and meaning of grammar with example sentences to enhance from previous SNU Korean textbooks. For this, the Grammar Extension presented at the back of the book as appendix aids learners' comprehension of target grammar. The Pronunciation section also promotes accuracy and fluency with lessons for individual sounds, phonological rules, and intonation.

This textbook is designed to actively integrate culture with classroom instruction. Cultural information is delivered by visual aids such as pictures and photographs and level tailored concise explanations. This book also provides learners with opportunities for meaningful language production by sharing their own experiences interculturally. The appendix further promotes the understanding of Korean culture.

The text includes MP3 files that can be used in the classroom as well as independently, as an effective tool for previewing and reviewing. It contains speaking dialogues, Listening, pronunciation audio files.

Korean and English translations help English-speaking learners understand quickly. English translation is offered for Reading and Writing, Grammar Extension, Culture Extension as well as Vocabulary.

Abundant visual aids such as photographs and illustrations make learning more realistic and enjoyable. Visual aids clearly enhance learning efficacy and increase learners' interest by delivering information on situations and meanings.

We wish to express our sincere gratitude to all who contributed to this project. We would particularly like to thank the instructors from the textbook development committee. Without their dedication and effort, this textbook would not have been possible. Also, we would like to thank numerous instructors of the [Korean] Language Education Institute at Seoul National University for their help in piloting materials and making suggestions. In addition, we would like to thank Lim Chaeheon and Yoon Mina for their clear audio recordings. Finally, we would like to extend our gratitude to the CEO of TWOPONDS, Director Do Hyunjeong, Editorial Manager Park Hyungman Mr. Yang Seungju and all other editorial staff members for their generous support in having this volume published.

November 2015

**Jun Youngchul**
Executive Director
Language Education Institute, Seoul National University

# 일러두기 How to use this book

서울대 한국어 4A Student's Book은 1~9과로 구성되어 있다. 각 과는 '어휘, 문법과 표현 1 · 2, 말하기, 읽고 말하기, 듣고 말하기, 읽고 쓰기, 과제, 문화 산책, 발음, 자기 평가'로 이루어져 있으며 한 과는 8시간 수업용으로 구성되었다. 세부 내용은 다음과 같다.

The Seoul National University Korean 4A Student's Book is comprised of 9 units. Each unit spans 8 hours of instruction divided into sections entitled and emphasizing: Vocabulary, Grammar and Expression 1 and 2, Speaking, Reading and Speaking, Listening and speaking, Reading and Writing, Task, Culture Note, Pronunciation, and Self-Check. A detailed explanation follows.

과의 주제와 관련된 사진과 듣기 문제를 제시하여 학습자가 앞으로 배울 내용에 대해 준비할 수 있도록 한다.

It presents pictures with questions that are related to the topic of the unit to motivate learners to get ready for studying.

**학습 목표** Learning Goals

영역별 학습 목표와 내용을 제시한다.

Learning Goals present the content and objectives of each unit by section.

# 일러두기 How to use this book

## 어 휘 Vocabulary

1. 다음은 다른 사람의 행동에 대해 불평할 때 사용하는 표현입니다. 상황에 맞게 이야기해 보세요.

계획성이 없다 　 눈치가 없다 　 고집이 세다 　 자존심이 강하다

1) 남자 친구가 요즘 돈이 없어서 제가 빌려주겠다고 했더니 싫다고 화를 냈어요.
자존심이 강한가 봐요.

2) 날씨가 추운데도 우리 딸은 짧은 치마를 입고 유치원에 가겠다고 울어요.

3) 그 친구는 월급을 받으면 금방 다 써 버리고 저축을 하나도 안 해요. 나중에 어떻게 살려고 하는지 걱정이에요.

4) 내가 그 목걸이가 예쁘다고 몇 번이나 말했는데 남자 친구가 책을 선물로 줬어요.

- 여러분은 계획성이 있는 편입니까?
- 친구나 가족 중에서 고집이 센 사람이 있습니까?
- 자존심 때문에 하고 싶은 일을 하지 못 한 적이 있습니까?

86 서울대 한국어

2. 다음은 불만과 관련된 단어입니다. 맞는 표현을 골라 보세요.

불만이다 　 속상하다 　 발끈하다 　 따지다 　 지적하다

1) 말도 안 돼. 또 갑자기 계획을 바꾸면 어떡하니? 더 이상 참을 수가 없어.

2) 어제 어디에 갔어요? 왜 전화를 안 받았어요? 누구랑 있었어요? 약속을 못 지키면 미리 전화를 해야 하는 거 아니에요?

3) 이 발표에서는 가장 중요한 부분이 빠졌군요. 주인공이 왜 그런 행동을 했는지 생각해 보셨나요?

4) 다른 친구들은 모두 커다란 곰 인형을 가지고 있는데 우리 부모님은 왜 나한테 안 사 주실까요?

5) 진짜 열심히 연습했는데 운동장에 가다가 교통사고가 나는 바람에 경기에 못 나갔어요. 경기에 나갔으면 우승할 수 있었는데……

- 불만이 있을 때 참는 편입니까? 따지는 편입니까?
- 요즘 속상한 일이 있습니까?
- 다른 사람이 지적하면 잘 받아들이는 편입니까?

## • 어휘 Vocabulary

주제 어휘를 범주별로 모아 의미를 유추할 수 있는 그림이나 문제를 함께 제시한다. 또한 주제와 관련된 자유로운 말하기 활동을 할 수 있는 질문을 제시한다.

The Vocabulary section introduces key lexical items by category accompanied by analogical pictures. Also provided are topic related questions that lead students toward free talking.

## 문법과 표현 1 Grammar and Expression 1

### 1. A/V-기는(요)

track 53

A 유진 씨는 교포니까 한국어 공부가 별로 안 어렵겠어요.
B 안 어렵기는요. 문법이 어려워서 매일 2시간씩 공부해야 해요.

A 친구한테 들었는데 노래를 잘한다면서?
B 잘하기는. 그냥 못 부른다는 소리는 안 들을 정도야.

**연습** 친구들과 서로 칭찬하고 대답해 보세요.



교포 Korean residing abroad: ethnic Korean

128 서울대 한국어

## • 문법과 표현 1 Grammar and Expression 1

주로 구어에서 사용되는 문법과 표현 항목을 중심으로 제시하며 예시 대화, 유의미한 연습으로 구성된다.

The Grammar and Expression section 1 comprised of primarily spoken-language example sentences and meaningful exercises related to spoken grammar and expressions.

### 예시 대화

목표 문법이 사용되는 전형적인 대화를 제시한다.

Target grammar is presented with model dialogues accompanied by illustrations.

### 연습

워크북의 통제 연습 이후 유의미한 연습을 통해 문법 사용 능력으로 연계되도록 한다.

Exercise offers relevant exercises connected to controlled practice provided in the workbook, and develops students' ability to correctly use the target grammar.

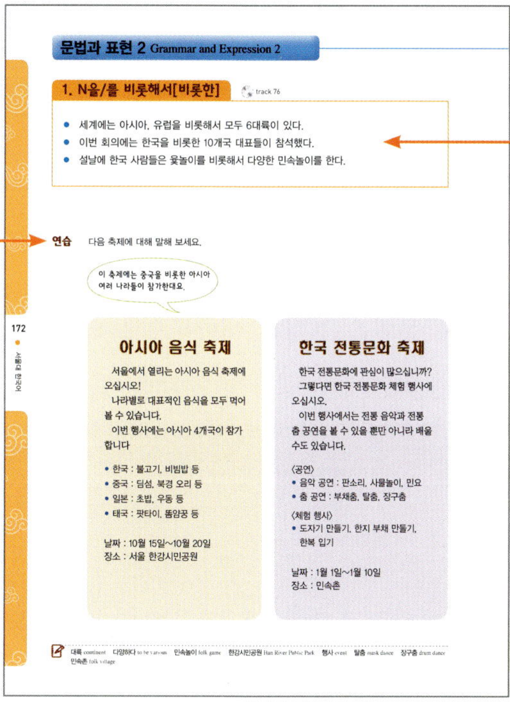


## • 문법과 표현 2 Grammar and Expression 2

주로 문어에서 사용되는 문법과 표현 항목을 중심으로 제시하며 예시 문장, 유의미한 연습으로 구성된다.
The Grammar and Expression section 2 is comprised of primarily written-language example sentences and meaningful exercises related to written grammar and expressions.

### 예시 문장 설명

목표 문법이 사용되는 전형적인 문장을 제시한다.
Target grammar is presented with model dialogues accompanied by illustrations.

### 연습

워크북의 통제 연습 이후 유의미한 연습을 통해 문법 사용 능력으로 연계되도록 한다.
Exercise offers relevant exercises connected to controlled practice provided in the workbook, and develops students' ability to correctly use the target grammar.

# 일러두기 How to use this book

말하기 Speaking

켈리 오늘 스티븐이랑 영화 보러 간다면서? 좋겠다.
유진 좋기는커녕 안 싸우면 다행이야.
켈리 왜?
유진 서로 취향이 달라서 싸우는 거지. 오늘도 액션 영화를 보자고 할 게 뻔해.
켈리 넌 액션 영화 싫어하잖아.
유진 스티븐은 자기가 좋아하면 나도 좋아할 거라고 생각하거든.
켈리 그럼 너도 네가 보고 싶은 영화를 보자고 말해.
유진 다른 거 보자고 해도 눈치가 없어서 잘 모르던데…….
켈리 오늘 만나서 또 그러면 왜 항상 네가 보고 싶은 것만 보느냐고 말해 봐.
유진 너무 따지는 것 같아서 말하기 싫어.
켈리 그래도 말해야 알지. 말 안 하고 있으면 어떻게 알겠어?

연습1 대화를 만들어 보세요.

1) 저녁 먹으러 가다 / 매운 닭갈비를 먹다 / 고집이 세서 자기 마음대로 하다
2) 운동하러 가다 / 수영하러 가다 / 자기 생각대로만 하다

취향 taste, preference

- 말하기 Speaking

대화문, 교체 연습, 담화 연습으로 구성된다.

The Speaking section presents example dialogues, substitution dialogues, and discourse extension practice.

대화문

주제 어휘와 목표 문법을 포함한 대화문으로 의사소통 기능을 학습하도록 한다.

Dialogues include key vocabulary items and target grammar to build communicative skill.

연습1

어휘와 표현을 교체하면서 대화문을 익히는 연습을 하도록 한다. 파란색으로 표시되어 있는 부분은 학습자 스스로 알맞게 바꿔 말하도록 한다.

Exercise 1 presents opportunity to practice new dialogues through the substitution of vocabulary and expressions. Learners themselves should correct and speak parts marked blue.

연습2 다른 사람에 대한 불만을 이야기해 보세요.

주말에 여자 친구랑 록 콘서트 보러 간다면서요? 좋겠어요.
좋기는커녕 싸우기만 할 게 뻔해요.
왜요?
저는 시끄러운 콘서트를 싫어하거든요.

1) 여자 친구와 주말에 콘서트 장에 가기로 했는데 저는 시끄러운 록 콘서트는 싫어합니다.
2) 남자 친구는 오늘 드라이브를 가자고 하는데 저는 막히는 시내에서 드라이브를 하고 싶지 않습니다.



연습2

대화문을 바탕으로 하여 구어 담화를 구성하는 연습을 하도록 한다.

Exercise 2 presents opportunity to create a new original dialogues based on the model dialogues.

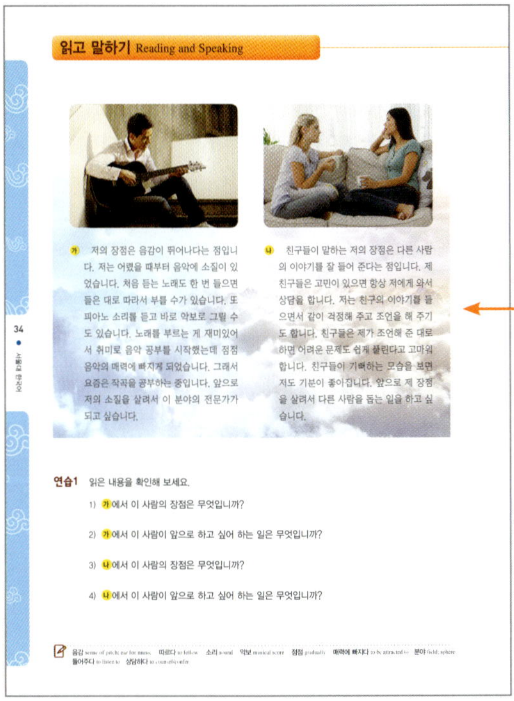

읽고 말하기 Reading and Speaking

가 저의 장점은 음감이 뛰어나다는 점입니다. 저는 어렸을 때부터 음악에 소질이 있었습니다. 처음 듣는 노래도 한 번 들으면 들은 대로 따라서 부를 수가 있습니다. 또 피아노 소리를 듣고 바로 악보로 그릴 수도 있습니다. 노래를 부르는 게 재미있어서 취미로 음악 공부를 시작했는데 점점 음악의 매력에 빠지게 되었습니다. 그래서 요즘은 작곡을 공부하는 중입니다. 앞으로 저의 소질을 살려서 이 분야의 전문가가 되고 싶습니다.

나 친구들이 말하는 저의 장점은 다른 사람의 이야기를 잘 들어 준다는 점입니다. 제 친구들은 고민이 있으면 항상 저에게 와서 상담을 합니다. 저는 친구의 이야기를 들으면서 같이 걱정해 주고 조언을 해 주기도 합니다. 친구들은 제가 조언해 준 대로 하면 어려운 문제도 쉽게 풀린다고 고마워합니다. 친구들이 기뻐하는 모습을 보면 저도 기분이 좋아집니다. 앞으로 제 장점을 살려서 다른 사람을 돕는 일을 하고 싶습니다.

연습1 읽은 내용을 확인해 보세요.

1) 가에서 이 사람의 장점은 무엇입니까?

2) 가에서 이 사람이 앞으로 하고 싶어 하는 일은 무엇입니까?

3) 나에서 이 사람의 장점은 무엇입니까?

4) 나에서 이 사람이 앞으로 하고 싶어 하는 일은 무엇입니까?

음감 sense of pitch; ear for music 따르다 to follow 소리 sound 악보 musical score 점점 gradually 매력에 빠지다 to be attracted to 분야 field; sphere 들어주다 to listen to 상담하다 to counsel/confer

34 서울대 한국어

## • 읽고 말하기 Reading and Speaking

읽기, 말하기로 구성된다.

The Reading and Speaking section provides Reading and Speaking task.

### 읽기

다양한 장르의 짧은 글과 읽은 내용에 대한 확인 문제를 함께 제시한다.

The Reading section presents a variety of short texts and questions of confirmation.

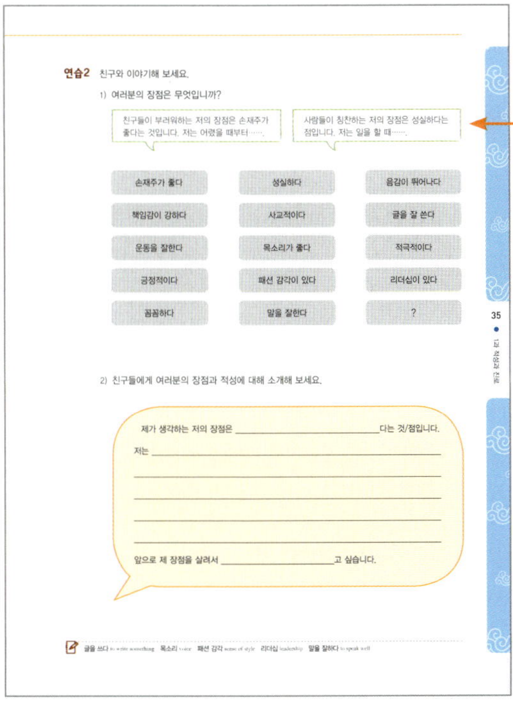

연습2 친구와 이야기해 보세요.

1) 여러분의 장점은 무엇입니까?

친구들이 부러워하는 저의 장점은 손재주가 좋다는 것입니다. 저는 어렸을 때부터…….

사람들이 칭찬하는 저의 장점은 성실하다는 점입니다. 저는 일을 할 때…….

| 손재주가 좋다 | 성실하다 | 음감이 뛰어나다 |
|---|---|---|
| 책임감이 강하다 | 사교적이다 | 글을 잘 쓴다 |
| 운동을 잘한다 | 목소리가 좋다 | 적극적이다 |
| 긍정적이다 | 패션 감각이 있다 | 리더십이 있다 |
| 꼼꼼하다 | 말을 잘한다 | ? |

2) 친구들에게 여러분의 장점과 적성에 대해 소개해 보세요.

제가 생각하는 저의 장점은 ____________다는 것/점입니다.
저는 ____________
앞으로 제 장점을 살려서 ____________고 싶습니다.

글을 쓰다 to write something 목소리 voice 패션 감각 sense of style 리더십 leadership 말을 잘하다 to speak well

35 1과 적성과 진로

### 말하기

읽은 후 단계로, 주제와 연계된 말하기 활동이 이루어지도록 한다.

The Speaking section offers post-reading passage related speaking activities.

# 일러두기 How to use this book

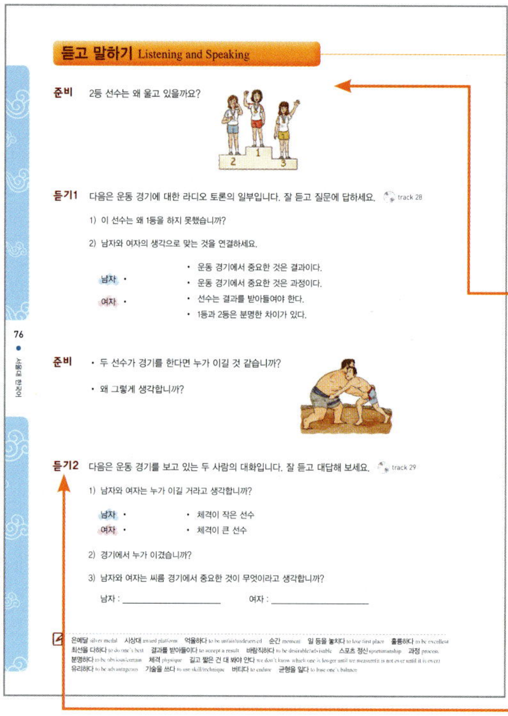
듣고 말하기 Listening and Speaking

준비 2등 선수는 왜 울고 있을까요?

듣기1 다음은 운동 경기에 대한 라디오 토론의 일부입니다. 잘 듣고 질문에 답하세요. track 28

1) 이 선수는 왜 1등을 하지 못했습니까?

2) 남자와 여자의 생각으로 맞는 것을 연결하세요.

남자 · · 운동 경기에서 중요한 것은 결과이다.
여자 · · 운동 경기에서 중요한 것은 과정이다.
· 선수는 결과를 받아들여야 한다.
· 1등과 2등은 분명한 차이가 있다.

준비 · 두 선수가 경기를 한다면 누가 이길 것 같습니까?
· 왜 그렇게 생각합니까?

듣기2 다음은 운동 경기를 보고 있는 두 사람의 대화입니다. 잘 듣고 대답해 보세요. track 29

1) 남자와 여자는 누가 이길 거라고 생각합니까?

남자 · · 체격이 작은 선수
여자 · · 체격이 큰 선수

2) 경기에서 누가 이겼습니까?

3) 남자와 여자는 씨름 경기에서 중요한 것이 무엇이라고 생각합니까?

남자 : ________ 여자 : ________

76

## • 듣고 말하기 Listening and Speaking

'준비', '듣기 1 · 2', '말하기'로 구성된다.

The Listening and Speaking section offers Preparation, Listening 1, 2 and Speaking activities.

### 준비

듣기 전 단계로, 내용을 예측할 수 있는 질문, 어휘나 표현 등을 점검할 수 있는 삽화나 사진을 제시한다.

The Preparation section offers a pre-listening that previews the content of the listening passage providing schema activation, and utilizes illustrations or photographs to supplement vocabulary and expressions.

### 듣기

듣기 단계로, 들은 내용에 대한 확인 문제를 제시한다.

The Listening section presents a task with a comprehension check.

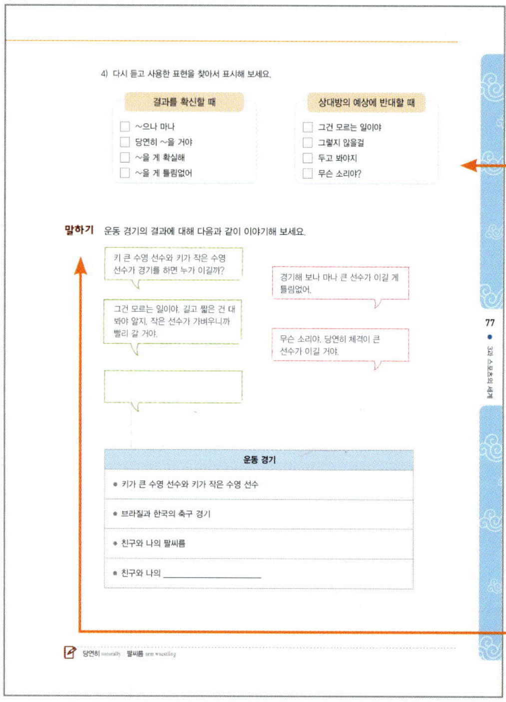
4) 다시 듣고 사용한 표현을 찾아서 표시해 보세요.

결과를 확신할 때
□ ~으나 마나
□ 당연히 ~을 거야
□ ~을 게 확실해
□ ~을 게 틀림없어

상대방의 예상에 반대할 때
□ 그건 모르는 일이야
□ 그렇지 않을걸
□ 두고 봐야지
□ 무슨 소리야?

말하기 운동 경기의 결과에 대해 다음과 같이 이야기해 보세요.

키 큰 수영 선수와 키가 작은 수영 선수가 경기를 하면 누가 이길까?
경기해 보나 마나 큰 선수가 이길 게 틀림없어.
그건 모르는 일이야. 길고 짧은 건 대 봐야 알지. 작은 선수가 가벼우니까 빨리 갈 거야.
무슨 소리야. 당연히 체격이 큰 선수가 이길 거야.

운동 경기
• 키가 큰 수영 선수와 키가 작은 수영 선수
• 브라질과 한국의 축구 경기
• 친구와 나의 팔씨름
• 친구와 나의 ________

77

### 표현 연습

듣기 2에서 나온 담화 기능 표현을 확인하고 워크북을 통해 연습한다.

The Expression Practice reviews discourse functions from the Listening 2 section and offers additional practice in the workbook.

### 말하기

들은 후 단계로, 담화 기능 표현을 사용하여 담화를 구성하도록 한다.

The Speaking section offers post-listening passage related conversation activities.

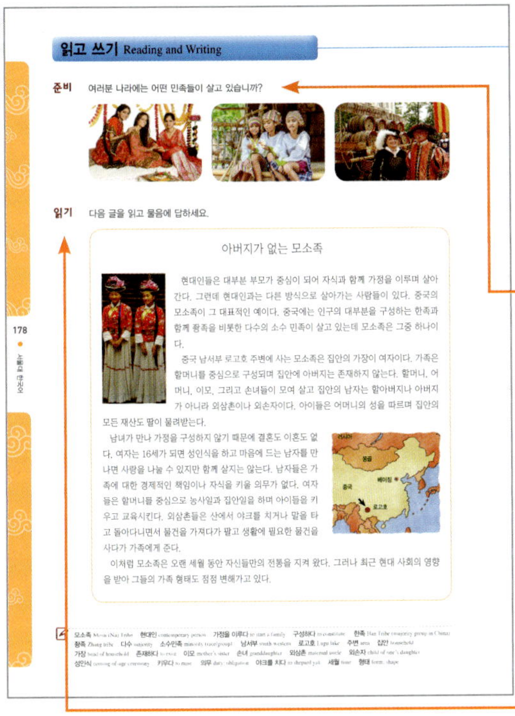

## 읽고 쓰기 Reading and Writing

**준비** 여러분 나라에는 어떤 민족들이 살고 있습니까?

**읽기** 다음 글을 읽고 물음에 답하세요.

### 아버지가 없는 모소족

현대인들은 대부분 부모가 중심이 되어 자식과 함께 가정을 이루며 살아간다. 그런데 현대인과는 다른 방식으로 살아가는 사람들이 있다. 중국의 모소족이 그 대표적인 예이다. 중국에는 인구의 대부분을 구성하는 한족과 함께 좡족을 비롯한 다수의 소수 민족이 살고 있는데 모소족은 그중 하나이다.

중국 남서부 로고호 주변에 사는 모소족은 집안의 가장이 여자이다. 가족은 할머니를 중심으로 구성되며 집안에 아버지는 존재하지 않는다. 할머니, 어머니, 이모, 그리고 손녀들이 모여 살고 집안의 남자는 할아버지나 아버지가 아니라 외삼촌이나 외손자이다. 아이들은 어머니의 성을 따르며 집안의 모든 재산도 딸이 물려받는다.

남녀가 만나 가정을 구성하지 않기 때문에 결혼도 이혼도 없다. 여자는 16세가 되면 성인식을 하고 마음에 드는 남자를 만나면 사랑을 나눌 수 있지만 함께 살지는 않는다. 남자들은 가족에 대한 경제적인 책임이나 자식을 키울 의무가 없다. 여자들은 할머니를 중심으로 농사일과 집안일을 하며 아이들을 키우고 교육시킨다. 외삼촌들은 산에서 야크를 치거나 말을 타고 돌아다니면서 물건을 가져다가 팔고 생활에 필요한 물건을 사다가 가족에게 준다.

이처럼 모소족은 오랜 세월 동안 자신들만의 전통을 지켜 왔다. 그러나 최근 현대 사회의 영향을 받아 그들의 가족 형태도 점점 변해가고 있다.

모소족 Mosuo (Na) Tribe 현대인 contemporary person 가정을 이루다 to start a family 구성하다 to constitute 한족 Han Tribe (majority group in China) 좡족 Zhang tribe 다수 majority 소수민족 minority (race/group) 남서부 south western 로고호 Lugu lake 주변 area 집안 household 가장 head of household 존재하다 to exist 이모 mother's sister 손녀 granddaughter 외삼촌 maternal uncle 외손자 child of one's daughter 성인식 coming-of-age ceremony 키우다 to raise 의무 duty; obligation 야크를 치다 to shepard yak 세월 time 형태 form; shape



- **읽고 쓰기** Reading and Writing

'준비', '읽기', '쓰기'로 구성된다.

The Reading and Writing section provides Preparation, Reading, and Writing task.

**준비**

읽기 전 단계로, 읽을 내용을 예측할 수 있는 질문, 어휘나 표현 등을 점검할 수 있는 삽화나 사진 등을 제시한다.

The Preparation section offers a pre-reading that previews the content of the reading passage providing schema activation, and utilizes illustrations or photographs to supplement vocabulary and expressions.

**읽기**

읽기 단계로, 학습자의 수준에 맞는 실제적이고 다양한 종류의 글을 읽은 내용에 대한 확인 문제를 함께 제시한다.

The Reading section presents practical and learner-level matched texts with a comprehension check.

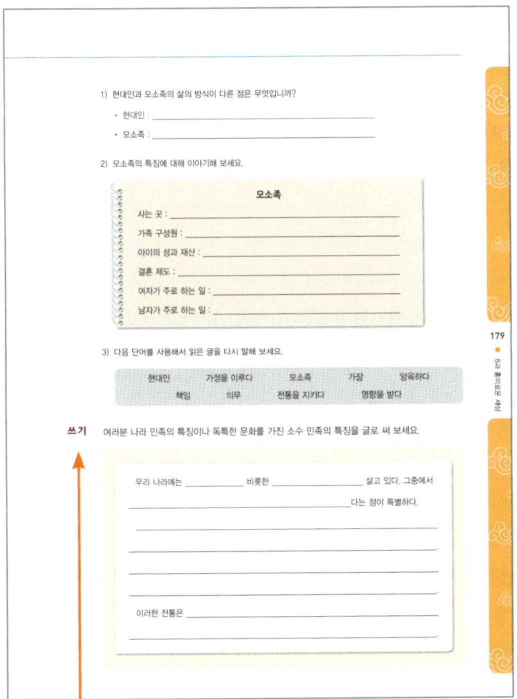

1) 현대인과 모소족의 삶의 방식이 다른 점은 무엇입니까?
   - 현대인 : ____________
   - 모소족 : ____________

2) 모소족의 특징에 대해 이야기해 보세요.

**모소족**

사는 곳 : ____________
가족 구성원 : ____________
아이의 성과 재산 : ____________
결혼 제도 : ____________
여자가 주로 하는 일 : ____________
남자가 주로 하는 일 : ____________

3) 다음 단어를 사용해서 읽은 글을 다시 말해 보세요.

현대인 가정을 이루다 모소족 가장 양육하다 책임 의무 전통을 지키다 영향을 받다

**쓰기** 여러분 나라 민족의 특징이나 독특한 문화를 가진 소수 민족의 특징을 글로 써 보세요.

우리 나라에는 ______ 비롯한 ______ 살고 있다. 그중에서 ______ 다는 점이 특별하다.

이러한 전통은 ______



**쓰기**

쓰기와 통합한 읽은 후 단계로, 읽기 텍스트와 유사한 종류의 글쓰기 활동이 이루어지도록 한다.

The Writing section, as a follow-up task, uses the reading text as a model for written text produce a similar text.

# 일러두기 How to use this book

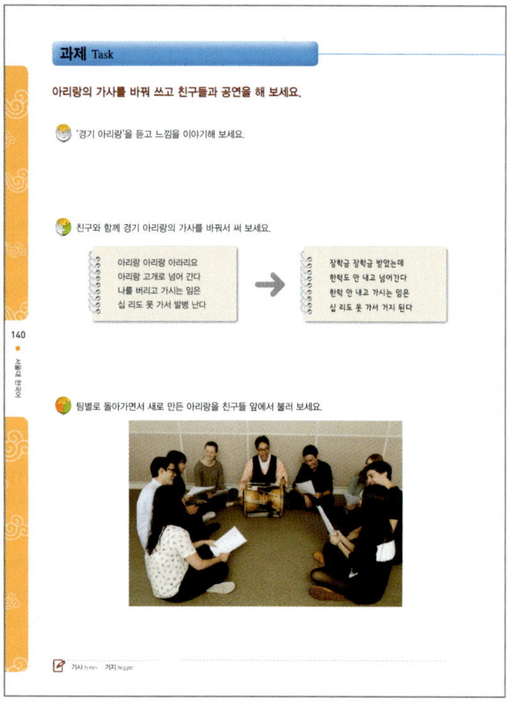


## • 과제 Task

3~4 단계의 문제 해결형 과제로 구성된다. 과제 수행 중의 상호작용을 통해 어휘와 문법을 활성화하고 언어 사용의 유창성을 높이도록 한다.

The Task section is composed of 3 or 4 step problem solving based task, providing opportunity to communicate using vocabulary and grammar learned in the unit, and helps build fluency.

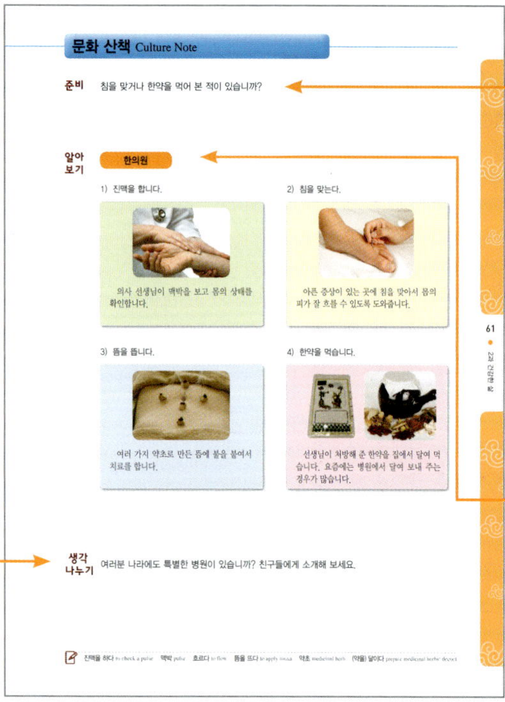


## • 문화 산책 Culture Note

'준비', '알아보기', '생각 나누기'로 구성된다.

The Culture Note section offers Preparation, Presentation, and Idea Sharing.

### 준비

문화 항목의 내용과 관련된 질문이나 삽화, 사진 등을 제시한다.

The Preparation section presents questions, illustrations or photographs related to cultural content.

### 알아보기

과의 주제와 관련 있는 한국 문화 내용을 그림, 간단한 설명 등으로 제시한다.

The Presentation section presents Korean cultural content related to the topic of the unit, illustrated, and with a short explanatory note.

### 생각 나누기

한국 문화와 학습자 모국의 문화를 문화 상호주의적 관점에서 비교해 보도록 한다.

The Idea Sharing section provides opportunity to make intercultural comparisons of Korean culture.

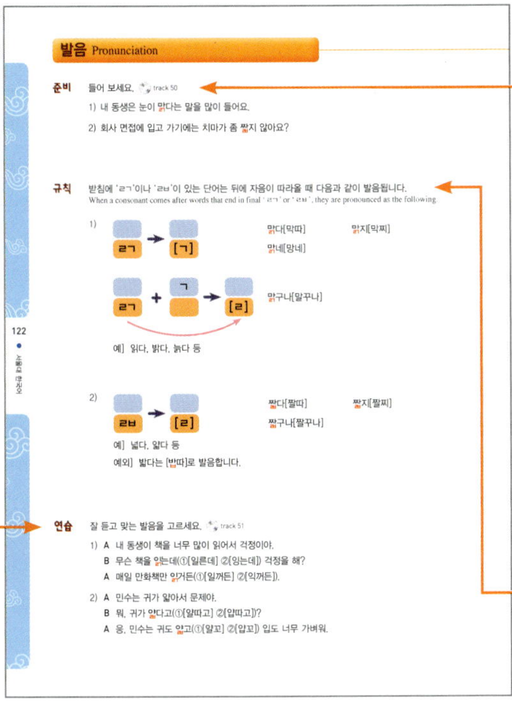


## • 발음 Pronunciation

'준비', '규칙', '연습'으로 구성된다. 과의 어휘나 문법과 관련 있는 음운 현상을 연습하도록 한다.

The Pronunciation section offers a Warm-up, Rule Presentation, and Practice of the phonological rules related to specific vocabulary and grammar forms taught in each unit.

### 준비

목표 발음이 포함된 어구나 문장을 들어 보고 학습할 내용을 인지하도록 한다.

The Preparation section presents opportunity to listen to phrases or sentences that include target pronunciation.

### 규칙

발음 규칙을 도식화하여 제공한다.

The Rules section presents pronunciation rules clearly and diagrammatically.

### 연습

규칙을 내재화하기 위해 듣고 따라 하는 연습을 하도록 한다.

The Practice section offers opportunity to listen and repeat sentences to internalize pronunciation rules.

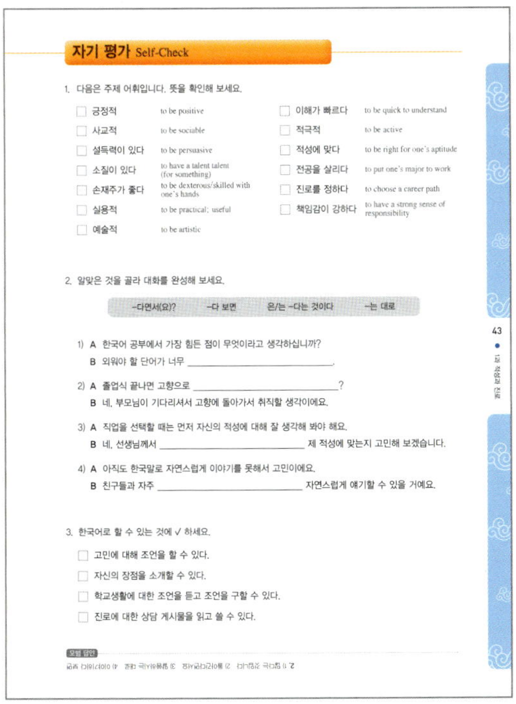


## • 자기 평가 Self-Check

어휘와 문법을 중심으로 학습자 스스로 학습 정도를 점검하도록 한다.

The Self-Check section ends each unit with a review of grammar and vocabulary.

# 일러두기 How to use this book

## • 부록 Appendix

'활동지', '문법 해설', '번역', '문화 해설', '듣기 지문', '과제 도움말', '모범 답안', '어휘 색인'으로 구성된다.

The Appendix includes Activity Sheets, Grammar Extension, Translation, Culture Extension, Listening Scripts, Task Guide, Answer Key, and Glossary.

활동지 Activity Sheets

1과 과제 직업 카드

| 의사 doctor | 간호사 nurse | 통역사 interpreter | 건축 설계사 architect |
|---|---|---|---|
| 운동선수 athlete | 연구원 researcher | 자동차 기술자 mechanic | 사회학자 sociologist |
| 약사 pharmacist | 미용사 hairdresser | 소설가 novelist | 유치원 교사 kindergarten teacher |
| 초중고 교사 school teacher | 경찰관 police officer | 항공기 승무원 flight attendant | 도서관 사서 librarian |
| 소방관 firefighter | 종교 지도자 religious leader | 과학자 scientist | 군인 soldier |
| 컴퓨터 프로그래머 computer programmer | 회계사 accountant | 배우 actor | 방송 기자 journalist |
| 외교관 diplomat | 사진 작가 photographer | 출판물 편집자 editor | 여행 상품 개발자 tour planner |
| 방송 연출가 program director | 항공기 조종사 pilot | 패션 디자이너 fashion designer | 영양사 nutritionist |
| 아나운서 announcer | 상담가 counselor | 은행원 bank clerk | 농부 farmer |
| 사무직 공무원 public officer | 정치가 politician | 심리학자 psychologist | 컴퓨터 보안 전문가 computer security professional |
| 변호사 lawyer | 비서 secretary | 광고 기획자 advertisement planner | 영화감독 film director |
| 만화가 cartoonist | 선장 captain | 증권 분석가 security analyst | 경영인 CEO |

### 활동지

연습이나 과제 활동 등에 필요한 활동지를 제공한다.

Activity Sheets for exercises or tasks are provided.

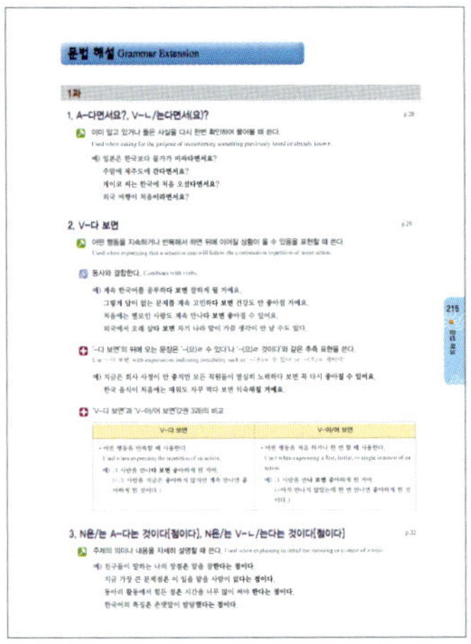

문법 해설 Grammar Extension

### 문법 해설

'문법과 표현'에서 학습한 문법에 대한 해설을 제공한다. 의미 정보, 결합 정보, 형태 교체를 보여 주는 예문 및 사용상 유의점을 정리하여 학습자의 문법에 대한 이해를 돕고 오류 생성을 줄일 수 있도록 한다.

The Grammar Extension section provides in-depth descriptions of grammar learned from the 'Grammar and Expression' section in each unit, promoting grammar comprehension and reducing errors by providing information on meanings and conjugations with example sentences and grammar notes.

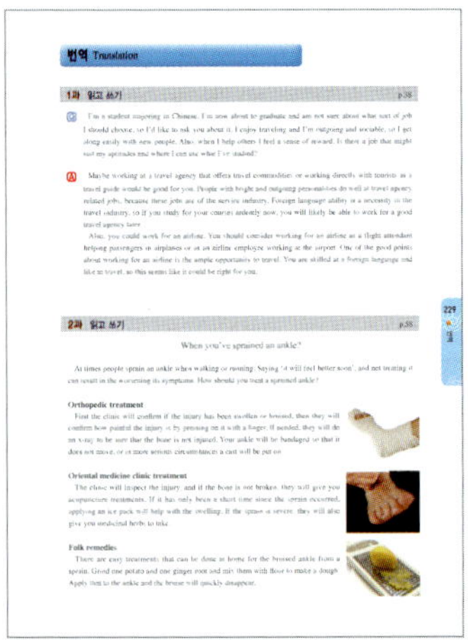

번역 Translation

### 번역

영어권 학습자의 이해를 돕기 위해 '읽고 쓰기'의 번역문을 제공한다.

The Translation section provides translations of 'Reading and Writing' for understanding of learners.

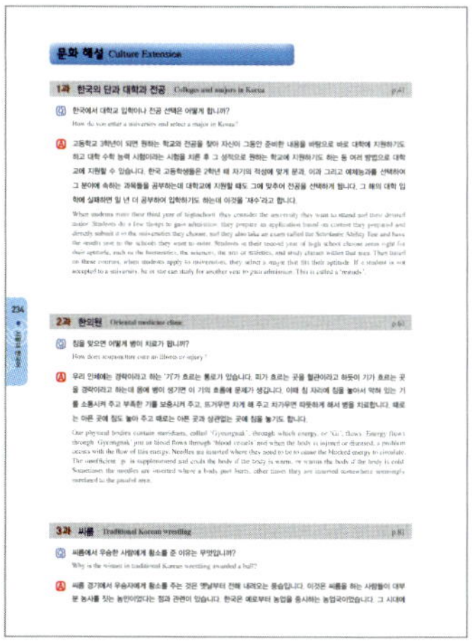

## 문화 해설

'문화 산책'에서 제시한 문화 내용에 대한 학습자의 이해를 돕기 위해 질의응답 형식의 해설을 제공한다.

The Q & A section adds in-depth cultural information to that presented in the 'Culture Note'.

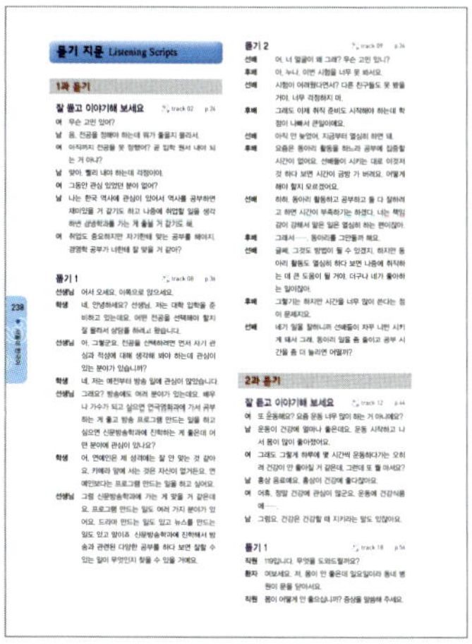

## 듣기 지문

'듣고 말하기'의 듣기 지문을 제공한다.

Transcriptions for listening passages in 'Listening and Speaking' are provided.

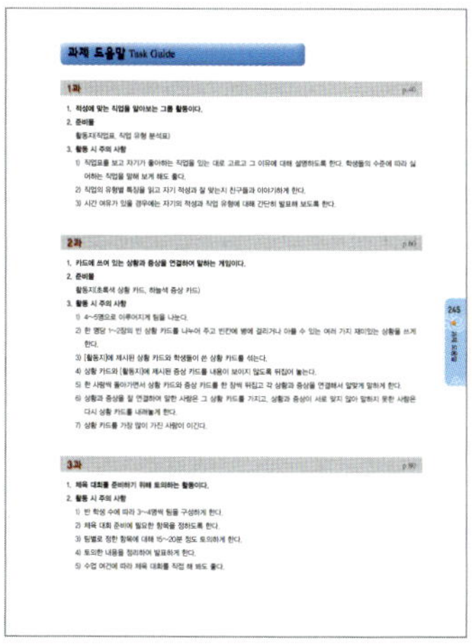

## 과제 도움말

과제를 실제로 활용하는 방법에 대해 제시한다.

Task Guide provides a way to use tasks in real life situations.

# 일러두기 How to use this book

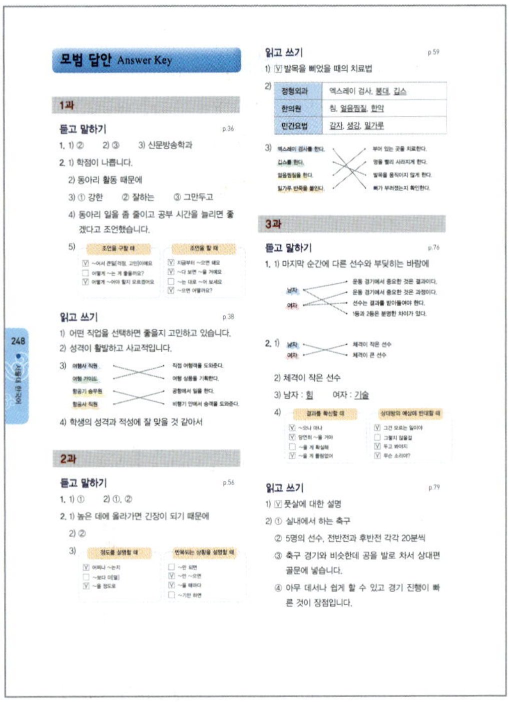
모범 답안 Answer Key

1과

듣고 말하기 p.36

1. 1) ② 2) ③ 3) 신문방송학과

2. 1) 학점이 나쁩니다.

2) 동아리 활동 때문에

3) ① 강한 ② 잘하는 ③ 그만두고

4) 동아리 일을 좀 줄이고 공부 시간을 늘리면 좋겠다고 조언했습니다.

읽고 쓰기 p.38

1) 어떤 직업을 선택하면 좋을지 고민하고 있습니다.

2) 성격이 활발하고 사교적입니다.

4) 학생의 성격과 적성에 잘 맞을 것 같아서

2과

듣고 말하기 p.56

1. 1) ① 2) ①, ②

2. 1) 높은 데에 올라가면 긴장이 되기 때문에

2) ②

읽고 쓰기 p.59

1) ☑ 발목을 삐었을 때의 치료법

| 정형외과 | 엑스레이 검사, 붕대, 깁스 |
|---|---|
| 한의원 | 침, 얼음찜질, 한약 |
| 민간요법 | 감자, 생강, 밀가루 |

3과

듣고 말하기 p.76

1. 1) 마지막 순간에 다른 선수와 부딪히는 바람에

2. 2) 체격이 작은 선수

3) 남자 : 힘 여자 : 기술

읽고 쓰기 p.79

1) ☑ 풋살에 대한 설명

2) ① 실내에서 하는 축구

② 5명의 선수, 전반전과 후반전 각각 20분씩

③ 축구 경기와 비슷한데 공을 발로 차서 상대편 골문에 넣습니다.

④ 아무 데서나 쉽게 할 수 있고 경기 진행이 빠른 것이 장점입니다.

## 모범 답안

'듣고 말하기', '읽고 쓰기'의 문제에 대한 답을 제공한다.

Answer Key for comprehension checks in 'Listening and Speaking' and 'Reading and Writing' are provided.

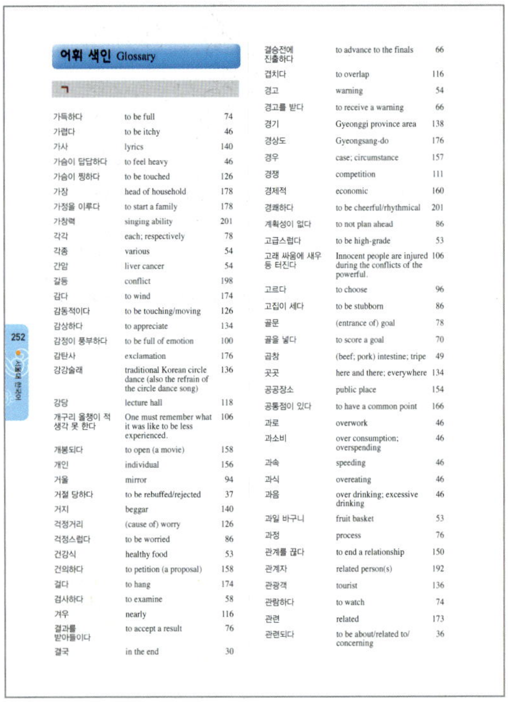
어휘 색인 Glossary

ㄱ

| | | |
|---|---|---|
| 가득하다 | to be full | 74 |
| 가렵다 | to be itchy | 46 |
| 가사 | lyrics | 140 |
| 가슴이 답답하다 | to feel heavy | 46 |
| 가슴이 찡하다 | to be touched | 126 |
| 가장 | head of household | 178 |
| 가정을 이루다 | to start a family | 178 |
| 가창력 | singing ability | 201 |
| 각각 | each; respectively | 78 |
| 각종 | various | 54 |
| 간암 | liver cancer | 54 |
| 갈등 | conflict | 198 |
| 감다 | to wind | 174 |
| 감동적이다 | to be touching/moving | 126 |
| 감상하다 | to appreciate | 134 |
| 감정이 풍부하다 | to be full of emotion | 100 |
| 감탄사 | exclamation | 176 |
| 강강술래 | traditional Korean circle dance (also the refrain of the circle dance song) | 136 |
| 강당 | lecture hall | 118 |
| 개구리 올챙이 적 생각 못 한다 | One must remember what it was like to be less experienced. | 106 |
| 개봉되다 | to open (a movie) | 158 |
| 개인 | individual | 156 |
| 거울 | mirror | 94 |
| 거절 당하다 | to be rebuffed/rejected | 37 |
| 거지 | beggar | 140 |
| 걱정거리 | (cause of) worry | 126 |
| 걱정스럽다 | to be worried | 86 |
| 건강식 | healthy food | 53 |
| 건의하다 | to petition (a proposal) | 158 |
| 걸다 | to hang | 174 |
| 검사하다 | to examine | 58 |
| 겨우 | nearly | 116 |
| 결과를 받아들이다 | to accept a result | 76 |
| 결국 | in the end | 30 |
| 결승전에 진출하다 | to advance to the finals | 66 |
| 겹치다 | to overlap | 116 |
| 경고 | warning | 54 |
| 경고를 받다 | to receive a warning | 66 |
| 경기 | Gyeonggi province area | 138 |
| 경상도 | Gyeongsang-do | 176 |
| 경우 | case; circumstance | 157 |
| 경쟁 | competition | 111 |
| 경제적 | economic | 160 |
| 경쾌하다 | to be cheerful/rhythmical | 201 |
| 계획성이 없다 | to not plan ahead | 86 |
| 고급스럽다 | to be high-grade | 53 |
| 고래 싸움에 새우 등 터진다 | Innocent people are injured during the conflicts of the powerful. | 106 |
| 고르다 | to choose | 96 |
| 고집이 세다 | to be stubborn | 86 |
| 골문 | (entrance of) goal | 78 |
| 골을 넣다 | to score a goal | 70 |
| 곱창 | (beef; pork) intestine; tripe | 49 |
| 곳곳 | here and there; everywhere | 134 |
| 공공장소 | public place | 154 |
| 공통점이 있다 | to have a common point | 166 |
| 과로 | overwork | 46 |
| 과소비 | over consumption; overspending | 46 |
| 과속 | speeding | 46 |
| 과식 | overeating | 46 |
| 과음 | over drinking; excessive drinking | 46 |
| 과일 바구니 | fruit basket | 53 |
| 과정 | process | 76 |
| 관계를 끊다 | to end a relationship | 150 |
| 관계자 | related person(s) | 192 |
| 관광객 | tourist | 136 |
| 관람하다 | to watch | 74 |
| 관련 | related | 173 |
| 관련되다 | to be about/related to/concerning | 36 |

## 어휘 색인

교재에 나오는 모든 어휘를 출현한 페이지와 함께 제시한다.

A list is provided of all the vocabulary in the textbook, with page number.

# 차례 Contents

# 교재 구성표 Scope and Sequence

| 단원<br>Unit | 말하기<br>Speaking | 읽고 말하기<br>Reading and Speaking | 듣고 말하기<br>Listening and Speaking | 읽고 쓰기<br>Reading and Writing |
|---|---|---|---|---|
| 1과<br>적성과 진로<br>Aptitude and career | • 조언하기<br>Giving advice | • 적성을 소개하는 글 읽기<br>Reading introductions about people's aptitudes<br>• 자신의 장점 소개하기<br>Introducing your strengths | • 전공 선택에 대한 상담 대화 듣기<br>Listening to counseling conversations about selecting a major<br>• 학교생활에 대한 조언 듣기<br>Listening to advice about school life<br>• 대학 생활에 대한 조언 구하기<br>Seeking advice about university life | • 진로에 대한 인터넷 상담 글 읽기<br>Reading Internet counseling on career path<br>• 진로에 대한 상담 글 쓰기<br>Writing advice on career path |
| 2과<br>건강한 삶<br>Healthy life | • 증상 설명하기<br>Explaining symptoms | • 경고하는 글 읽기<br>Reading warnings<br>• 경고하는 말 하기<br>Talking about warnings | • 119 전화 문의 듣기<br>Listening to a telephone call to 119<br>• 증상에 대한 대화 듣기<br>Listening to conversations about symptoms<br>• 특별한 상황에서의 증상 설명하기<br>Explaining symptoms in a specific situation | • 다양한 치료법에 대한 기사 읽기<br>Reading articles about various treatment methods<br>• 민간요법 소개 글 쓰기<br>Writing introductions to folk remedies |
| 3과<br>스포츠의 세계<br>World of sports | • 경기 결과 설명하기<br>Explaining the match result | • 경기장 소개하는 글 읽기<br>Reading introductions about playing fields<br>• 경기장 소개하기<br>Introducing playing fields | • 선수의 태도에 대한 대화 듣기<br>Listening to conversations about athletes' attitudes<br>• 경기 결과를 예측하는 대화 듣기<br>Listening to conversations about predicting game outcomes<br>• 경기 결과에 대해 예측하기<br>Predicting game outcomes | • 풋살에 대한 설명문 읽기<br>Reading an explanation about futsal<br>• 특별한 운동 경기에 대해 설명문 쓰기<br>Writing an explanation about a special sports match |
| 4과<br>남자와 여자<br>Men and women | • 친구에 대해 불평하기<br>Complaining about friends | • 남자와 여자 비교하는 글 읽기<br>Reading about comparisons between men and women<br>• 남자와 여자 비교하여 말하기<br>Talking about comparisons between men and women | • 이성의 행동에 대한 불만 듣기<br>Listening to complaints about behaviors of the opposite sex<br>• 의견 차이로 다투는 대화 듣기<br>Listening to argumentative conversations due to differences in opinions<br>• 의견 강하게 표현하기<br>Expressing opinions strongly | • 실험 결과를 근거로 한 의견 제시 글 읽기<br>Reading an opinionated piece based on the result of an experiment<br>• 실험 결과를 분석하는 글 쓰기<br>Writing about the analysis of experimental results |

| 과제 Task | 어휘 Vocabulary | 문법과 표현 Grammar and Expression | 발음 Pronunciation | 문화 산책 Culture Note |
|---|---|---|---|---|
| • 적성에 맞는 직업 알아보기<br>Finding out the right job for one's aptitude | • 능력<br>Abilities<br>• 적성<br>Aptitudes<br>• –적 | • A–다면서(요)?, V–ㄴ/는다면서(요)?<br>• V–다 보면<br>• N은/는 A–다는 것이다[점이다], N은/는 V–ㄴ/는다는 것이다[점이다]<br>• V–는 대로, N대로 | • 경음화 '여권'<br>Glottalization '여권' | • 한국의 단과 대학과 전공<br>Colleges and majors in Korea |
| • 상황에 알맞은 증상 말하기 게임<br>Correct symptoms game | • 증상<br>Symptoms<br>• 과– | • 어찌나[얼마나] A–(으)ㄴ지, 어찌나[얼마나] V–는지<br>• A/V–(으)ㄹ 정도로, A/V–(으)ㄹ 정도이다<br>• V–다가는<br>• A/V–(으)ㄹ 뿐만 아니라, N뿐만 아니라 | • 경음화 '손가락'<br>Glottalization '손가락' | • 한의원<br>Oriental medicine clinic |
| • 체육 대회 계획 세우기<br>Planning an athletic competition | • 운동 경기<br>Athletic events<br>• 승부와 상황<br>Victory, defeat, and circumstances | • V–(으)나 마나<br>• V–는 바람에<br>• N(이)라는 N<br>• N에 비해(서) | • 경음화 '바쁠걸요'<br>Glottalization '바쁠걸요' | • 씨름<br>Traditional Korean wrestling |
| • 남녀 차이 유무에 대해 토론하기<br>Debating about the differences between men and women | • 태도와 불만<br>Attitudes and complaints<br>• 능력<br>Abilities<br>• –스럽다 | • A/V–기는커녕, N은/는커녕<br>• A/V–(으)ㄹ 게 뻔하다<br>• A–(으)ㄴ 반면(에), V–는 반면(에)<br>• A/V–(으)ㄹ 수밖에 없다 | • '–(으)ㄹ 게 뻔하다'의 억양<br>Intonation of '–(으)ㄹ 게 뻔하다' | • 남녀의 직업<br>Job of men and women |

# 교재 구성표 Scope and Sequence

| 단원<br>Unit | 말하기<br>Speaking | 읽고 말하기<br>Reading and Speaking | 듣고 말하기<br>Listening and Speaking | 읽고 쓰기<br>Reading and Writing |
|---|---|---|---|---|
| 5과<br>속담과 관용어<br>Proverbs and idioms | • 속상한 일 설명하기<br>Explaining upsetting events | • 성격 묘사하는 글 읽기<br>Reading descriptions about personalities<br>• 다른 사람 성격 묘사하기<br>Describing someone else's personality | • 라디오 편지 듣기<br>Listening to a letter on the radio<br>• 속담을 인용하여 위로하는 대화 듣기<br>Listening to consoling conversations that quote proverbs<br>• 속담을 인용하여 위로하기<br>Consoling by quoting proverbs | • 속담을 인용한 기사 읽기<br>Reading articles that quote proverbs<br>• 속담을 인용하여 기사 쓰기<br>Writing articles that quote proverbs |
| 6과<br>공연과 축제<br>Performances and festivals | • 공연 참가 권유하기<br>Recommending participation in a performance | • 축제 소개하는 글 읽기<br>Reading introductions to festivals<br>• 축제 소개하기<br>Introducing a festival | • 축제 소개 뉴스 듣기<br>Listening to a news introduction about a festival<br>• 공연 감상 듣기<br>Listening to someone else's appreciation of a performance<br>• 공연 소개하고 평가하기<br>Introducing and evaluating performances | • 공연 감상문 읽기<br>Reading a report about a performance<br>• 공연 감상문 쓰기<br>Writing a report about a performance |
| 7과<br>옳고 그름<br>Right and wrong | • 드라마에 대한 자신의 관점 주장하기<br>Asserting opinions about dramas | • 공공장소에서의 행동에 대한 블로그 글 읽기<br>Reading blogs about behavior in public places<br>• 공공장소에서의 행동에 대한 의견 주장하기<br>Asserting opinions about behavior in public places | • 아파트 소음에 대한 관리 사무소 공지 방송 듣기<br>Listening to management office's announcements about apartment noise<br>• 아파트 소음에 대한 의견 듣기<br>Listening to opinions about apartment noise<br>• 예를 들어 의견 주장하기<br>Asserting opinions with supporting examples | • 영화관에 대한 건의문 읽기<br>Reading a proposal regarding a movie theater<br>• 건의문 쓰기<br>Writing proposals |
| 8과<br>흥미로운 세상<br>Intriguing world | • 시장 정보 설명하기<br>Explaining market information | • 놀이 설명하는 글 읽기<br>Reading explanations about games<br>• 고향의 놀이 설명하기<br>Explaining games from your hometown | • 한국 사투리에 관한 발표 듣기<br>Listening to a presentation on Korean dialects<br>• 발표 후 질의응답 듣기<br>Listening to a post presentation question and answer (Q & A)<br>• 설명 듣고 질의응답하기<br>Having a question and answer after listening to explanations | • 소수 민족의 특징에 대한 설명문 읽기<br>Reading explanations about characteristics of minority's culture<br>• 소수 민족의 특징 소개하는 설명문 쓰기<br>Writing explanations about characteristics of minority's culture |
| 9과<br>한국의 대중문화<br>Korea's popular culture | • 경험 자랑하기<br>Boasting about one's experiences | • 인물 정보 읽기<br>Reading personal profile<br>• 좋아하는 연예인 소개하기<br>Introducing a celebrity you like | • 드라마 듣기<br>Listening to dramas<br>• 인터뷰 듣기<br>Listening to interviews<br>• 인터뷰하기<br>Doing interviews | • 텔레비전 프로그램 안내 읽기<br>Reading explanations about TV programs<br>• 텔레비전 프로그램 소개하는 글 쓰기<br>Writing introductions to TV programs |

| 과제<br>Task | 어휘<br>Vocabulary | 문법과 표현<br>Grammar and Expression | 발음<br>Pronunciation | 문화 산책<br>Culture Note |
| --- | --- | --- | --- | --- |
| • 몸짓으로 표현하는 게임<br>Pantomime game | • 속담<br>Proverbs<br>• 관용어<br>Idioms | • A/V-고 해서<br>• A-다더니, V-ㄴ/는다더니<br>• A/V-기 마련이다<br>• V-다 보니(까) | • 겹받침 'ㄺ', 'ㄼ'의 발음<br>Pronunciation of final double-consonants 'ㄺ', 'ㄼ' | • 속담의 주인공<br>Main characters of proverbs |
| • 아리랑 개사하기<br>Changing lyrics of Arirang | • 감상<br>Appreciation<br>• 평가<br>Evaluation<br>• -거리 | • A/V-기는(요)<br>• A/V-든(지) A/V-든(지), N(이)든(지) N(이)든(지)<br>• N(이)야말로<br>• 여간 A-(으)ㄴ 것이 아니다, 여간 V-는 것이 아니다, 여간 A/V-지 않다 | • '-기는요'의 억양<br>Intonation of '-기는요' | • 한국의 아리랑<br>Korea's Arirang |
| • 정해진 주제에 대해 의견 말하기<br>Speaking about one's opinion on a fixed topic | • 의견<br>Opinions<br>• 행동<br>Actions<br>• -질 | • A/V-더라도<br>• A-다고 보다, V-ㄴ/는다고 보다<br>• V-(으)ㄴ 채(로)<br>• A-(으)ㄴ지 A-(으)ㄴ지, V-는지 V-는지 | • 유음화 '논란'<br>Liquidization '논란' | • 신문고<br>Sinmungo: petition drum |
| • 발표문 작성하기<br>Writing presentations | • 문화<br>Culture<br>• 특징<br>Characteristics<br>• -별 | • V-아다(가)/어다(가)<br>• A-다는 N, V-ㄴ/는다는 N<br>• N을/를 비롯해서[비롯한]<br>• A/V-(으)며 | • 유기음화 '비롯해서'<br>Aspiration '비롯해서' | • 제주도의 정낭<br>Jeju-do pole-fence gates |
| • 좋아하는 유명인의 작품 소개하기<br>Introducing a work of a famous person you like | • 기분<br>Feelings and moods<br>• 작품 설명<br>Explaining about (theatrical) works<br>• -히 | • A/V-거든<br>• A/V-았더라면/었더라면<br>• A/V-(으)ㅁ<br>• A-(으)ㄴ 듯하다, V-는 듯하다 | • '-거든'의 억양<br>Intonation of '-거든' | • 케이 팝(K-POP)<br>K-POP |

# 등장인물 Characters

**알리** (20)
사우디아라비아
LEI 학생, 대학생
**마리코** (30)
일본
LEI 학생, 주부
**줄리앙** (25)
프랑스
LEI 학생, 대학원생
**이지연** (30)
한국
주부
**김민수** (28)
한국
회사원
**아키라** (28)
일본
LEI 학생, 회사원

# 1 적성과 진로
## Aptitude and career

**잘 듣고 이야기해 보세요.** track 02

1. 남자의 고민은 무엇입니까?
2. 남자가 고민하는 이유는 무엇입니까?

## 학습목표

| | |
|---|---|
| **어 휘** | • 능력<br>Abilities<br>• 적성<br>Aptitudes<br>• –적 |
| **문법과 표현 1** | • A–다면서(요)?, V–ㄴ/는다면서(요)?<br>• V–다 보면 |
| **말하기** | • 조언하기<br>Giving advice |
| **문법과 표현 2** | • N은/는 A–다는 것이다[점이다],<br>N은/는 V–ㄴ/는다는 것이다[점이다]<br>• V–는 대로, N대로 |
| **읽고 말하기** | • 적성을 소개하는 글 읽기<br>Reading introductions about people's aptitudes<br>• 자신의 장점 소개하기<br>Introducing your strengths |
| **듣고 말하기** | • 전공 선택에 대한 상담 대화 듣기<br>Listening to counseling conversations about selecting a major<br>• 학교생활에 대한 조언 듣기<br>Listening to advice about school life<br>• 대학 생활에 대한 조언 구하기<br>Seeking advice about university life |
| **읽고 쓰기** | • 진로에 대한 인터넷 상담 글 읽기<br>Reading Internet counseling on career path<br>• 진로에 대한 상담 글 쓰기<br>Writing advice on career path |
| **과 제** | • 적성에 맞는 직업 알아보기<br>Finding out the right job for one's aptitude |
| **문화 산책** | • 한국의 단과 대학과 전공<br>Colleges and majors in Korea |
| **발 음** | • 경음화 '여권'<br>Glottalization '여권' |

## 어 휘 Vocabulary

1. 다음은 사람의 능력에 대한 표현입니다. 맞는 표현을 골라 보세요.

손재주가 좋다　　이해가 빠르다　　설득력이 있다　　책임감이 강하다

1) 누구나 그 사람의 말을 들으면 '아, 그렇구나!' 하고 그 말이 맞는다고 생각하게 된다. 설득력이 있다

2) 힘들고 어려워도 내가 맡은 일은 끝까지 해내야 한다고 생각한다. ________

3) 조금 복잡하고 어려운 설명도 다른 사람보다 쉽게 무슨 뜻인지 금방 알 수 있다. ________

4) 손으로 무엇을 만드는 일은 누구보다도 잘할 수 있다. ________

- 손재주가 좋은 편입니까?
- 설득력이 있는 사람은 어떤 직업이 잘 어울릴까요?
- 책임감이 강하다는 말을 자주 듣습니까?



2. 다음은 진로와 적성에 대한 표현입니다. 질문에 맞는 답을 찾아보세요.

소질이 있다　　적성에 맞다　　진로를 정하다　　전공을 살리다

1) 음악에 소질이 있는 아이는 누구입니까?

① 저는 피아노를 배운 적은 없는데 노래를 들으면 피아노로 칠 수 있어요.
② 저는 피아노를 배운 지 1년이 되었는데 아직 한 곡도 못 쳐요.

2) 적성에 맞는 일을 찾은 사람은 누구입니까?

① 저는 선생님인데 가르치는 일이 정말 재미있어요.
② 저는 의사인데 피를 보면 무서워요.

3) 진로를 아직 정하지 못한 학생은 누구입니까?

① 저는 노래하는 걸 좋아하기는 하지만 가수는 되기 싫은데요.
② 저는 수학을 잘하니까 수학자가 되려고 해요.

4) 전공을 잘 살려서 일하는 사람은 누구입니까?

① 저는 대학교에서 영어를 전공했는데 지금 패션 회사에서 일해요.
② 저는 체육학과를 졸업하고 지금 아이들에게 축구를 가르쳐요.

- 어릴 때 어떤 일에 소질이 있다는 말을 많이 들었습니까?
- 사람을 많이 만나는 일이 자기 적성에 맞는다고 생각하십니까?
- 진로를 정할 때 생각해야 할 것은 무엇입니까?

3. 알맞은 표현을 사용하여 학과 소개서를 완성해 보세요.

**-적**

예술적 실용적 사교적 적극적 긍정적

## 레크리에이션과

사람들과 만나서 같이 이야기하고 친해지는 것이 즐거운 ______인 성격이세요?

조용히 앉아서 기다리기보다 앞에 나서서 자기를 표현하는 것을 좋아하는 ______인 성격이세요?

항상 즐겁고 세상을 밝게 바라보는 ______인 사람들이 모이는 곳, 레크리에이션과로 오세요.

**'-적'으로 만든 어휘는 다음과 같이 사용합니다.**

예술적으로
예술적이다

- 자기의 성격이 사교적인 편입니까?
- 예술적인 재능은 노력으로 만들어질 수 있다고 생각합니까?
- 선물을 줄 때 실용적인 선물을 주는 편입니까? 어떤 선물이 실용적이라고 생각합니까?

## 만화디자인과

**새로운 생각과 반짝이는 아이디어를 가진 학생들이 모인 곳, 만화디자인과!**

우리 학과에서는 세상의 아름다움을 ______으로 표현하는 방법을 배우고

취업을 하면 바로 쓸 수 있는 ______인 기술도 배우게 됩니다.

## 문법과 표현 1 Grammar and Expression 1

### 1. A-다면서(요)?, V-ㄴ/는다면서(요)?

track 03

A 설악산은 단풍이 아름답다면서요?
B 네, 그래서 가을이면 관광객이 정말 많이 와요.

A 한국학과에 합격했다면서요?
B 네, 떨어질 줄 알았는데 붙었어요.

**연습** 친구의 고향에 대해 알고 있는 사실을 확인해 보세요.

유명한 장소 | 맛있는 음식 | 날씨 | 편리한 교통 | ?

한국학과 Korean Studies 합격하다 to pass (a test) 떨어지다 to fail (a test)

## 2. V-다 보면

track 04

A 승진이 안 돼서 속상해요.
B 열심히 일하다 보면 좋은 기회가 생길 거예요.

A 한국어 발음이 너무 어려워요.
B 소리 내서 읽어 보세요. 큰 소리로 읽다 보면 발음이 좋아질 거예요.

**연습** 다음 상황에서 어떤 결과가 생길지 이야기해 보세요.

제 남자 친구는 친구들에게 밥을 잘 사 주는 편이에요.

제 동생은 일 년에 서너 번씩 꼭 배낭여행을 가요.

우리 형은 시간이 날 때마다 암벽 등반을 해요.

우리 아버지는 참석해야 하는 모임이 아주 많아요.

기회 opportunity　소리를 내다 to speak out loud　하루 종일 all day long　언젠가는 sometime or another; someday　성공하다 to succeed
나중에는 later　서너 번 three or four times　밥을 사다 to pay for a meal

## 말하기 Speaking

track 05

유진　히엔 씨, 오래간만이에요.
히엔　아, 유진 씨, 잘 지냈어요?
유진　네, 어제 교수님한테 들었는데 한국학과에 합격했다면서요?
히엔　네, 떨어질 줄 알았는데 붙었어요.
유진　정말 축하해요. 꼭 가고 싶어 하더니 결국 해냈군요.
히엔　고마워요. 하지만 한국어를 잘 못해서 강의를 잘 못 알아들을까 봐 고민이에요.
유진　걱정하지 마세요. 히엔 씨는 언어에 소질이 있잖아요.
히엔　그럴까요? 지내다 보면 적응하겠죠?
유진　그럼요. 지금처럼 열심히 하다 보면 금방 적응하게 될 거예요.

**연습1** 대화를 만들어 보세요.

1) 인턴사원으로 뽑히다
그 일을 해 보고 싶어 하다
동료들과 잘 사귀지 못하다
사교적인 성격이다

2) 회사에 취직하다
올해 꼭 취직하겠다고 하다
일을 빨리 배우지 못하다
다른 회사에서 일해 본 적이 있다

교수 professor　붙다 to pass (a test)　결국 in the end　해내다 to achieve/accomplish something　알아듣다 to hear and understand　적응하다 to adapt
금방 just now　인턴사원 an intern　뽑히다 to be selected　올해 this year

## 연습2 축하하고 조언해 주는 대화를 해 보세요.

가수 오디션에 합격했다면서요? 축하해요.

고마워요. 정말 기쁘기는 한데 고민이 많아요.

무슨 고민인데요? 말해 봐요.

부모님이 제가 가수 되는 것을 반대하셔서요.

1) 가수 오디션에 합격했습니다.

2) 다음 달에 결혼합니다.

오디션 audition 반대하다 to oppose 설득하다 to convince 꿈을 이루다 to achieve a dream 마음이 맞다 to be like-minded

## 문법과 표현 2 Grammar and Expression 2

### 1. N은/는 A-다는 것이다[점이다], N은/는 V-ㄴ/는다는 것이다[점이다]

track 06

- 한국 음식의 특징은 반찬이 많고 요리법이 다양하다는 것이다.
- 외국 생활에서 가장 힘든 점은 모든 일을 스스로 해결해야 한다는 점이다.
- 선생님께서 칭찬해 주신 나의 장점은 성실하고 책임감이 강하다는 것이다.

**연습** 친구들에게 질문하여 다음 메모를 완성하세요.

1) 학교생활에서 힘든 점
① 숙제가 너무 많다.
②
③
④

학교생활에서 힘든 점은 무엇입니까?

학교생활에서 힘든 점은 숙제가 너무 많다는 것입니다.

2) 한국에 살면서 놀라웠던 것
① 인터넷 속도가 빠르다.
②
③
④

한국에 살면서 놀라웠던 것은 무엇입니까?

한국에 살면서 놀라웠던 것은 인터넷 속도가 빠르다는 것입니다.

3) 한국과 우리 나라의 차이점
① 한국은 음식을 먹을 때 젓가락을 사용한다.
②
③
④

한국과 여러분 나라의 차이점은 무엇입니까?

한국이 우리 나라와 다른 점은 음식을 먹을 때 젓가락을 사용한다는 점입니다.

특징 particularity 반찬 side-dishes 요리법 recipe; way to prepare food 스스로 on one's own 해결하다 to resolve 장점 strength; strong point 놀랍다 to be surprising/amazing 속도 speed 차이점 difference 젓가락 chopsticks 다른 점 different point

## 2. V-는 대로, N대로

track 07

- 아이들은 부모가 하는 대로 따라 한다.
- 내가 조언해 준 대로 하면 어려운 문제도 쉽게 풀릴 것이다.
- 오늘 수업 시간에 학생들이 차례대로 자기소개를 했다.

**연습** 친구에게 여러분 나라의 문화를 소개해 보세요.

| 우리 나라 인사 | 우리 나라 글자 |
|---|---|
| 우리 나라 노래 | 우리 나라 춤 |

조언하다 to advise 쉽게 easily 문제가 풀리다 to have a problem solved 인사 greeting 따라 하다 to follow

## 읽고 말하기 Reading and Speaking

가 저의 장점은 음감이 뛰어나다는 점입니다. 저는 어렸을 때부터 음악에 소질이 있었습니다. 처음 듣는 노래도 한 번 들으면 들은 대로 따라서 부를 수가 있습니다. 또 피아노 소리를 듣고 바로 악보로 그릴 수도 있습니다. 노래를 부르는 게 재미있어서 취미로 음악 공부를 시작했는데 점점 음악의 매력에 빠지게 되었습니다. 그래서 요즘은 작곡을 공부하는 중입니다. 앞으로 저의 소질을 살려서 이 분야의 전문가가 되고 싶습니다.

나 친구들이 말하는 저의 장점은 다른 사람의 이야기를 잘 들어 준다는 점입니다. 제 친구들은 고민이 있으면 항상 저에게 와서 상담을 합니다. 저는 친구의 이야기를 들으면서 같이 걱정해 주고 조언을 해 주기도 합니다. 친구들은 제가 조언해 준 대로 하면 어려운 문제도 쉽게 풀린다고 고마워합니다. 친구들이 기뻐하는 모습을 보면 저도 기분이 좋아집니다. 앞으로 제 장점을 살려서 다른 사람을 돕는 일을 하고 싶습니다.

**연습1** 읽은 내용을 확인해 보세요.

1) 가 에서 이 사람의 장점은 무엇입니까?

2) 가 에서 이 사람이 앞으로 하고 싶어 하는 일은 무엇입니까?

3) 나 에서 이 사람의 장점은 무엇입니까?

4) 나 에서 이 사람이 앞으로 하고 싶어 하는 일은 무엇입니까?

음감 sense of pitch; ear for music　따르다 to follow　소리 sound　악보 musical score　점점 gradually　매력에 빠지다 to be attracted to　분야 field; sphere　들어주다 to listen to　상담하다 to counsel/confer

**연습2** 친구와 이야기해 보세요.

1) 여러분의 장점은 무엇입니까?

> 친구들이 부러워하는 저의 장점은 손재주가 좋다는 것입니다. 저는 어렸을 때부터…….

> 사람들이 칭찬하는 저의 장점은 성실하다는 점입니다. 저는 일을 할 때…….

| | | |
|---|---|---|
| 손재주가 좋다 | 성실하다 | 음감이 뛰어나다 |
| 책임감이 강하다 | 사교적이다 | 글을 잘 쓴다 |
| 운동을 잘한다 | 목소리가 좋다 | 적극적이다 |
| 긍정적이다 | 패션 감각이 있다 | 리더십이 있다 |
| 꼼꼼하다 | 말을 잘한다 | ? |

2) 친구들에게 여러분의 장점과 적성에 대해 소개해 보세요.

> 제가 생각하는 저의 장점은 ______________________다는 것/점입니다.
>
> 저는 ______________________________
>
> ______________________________
>
> ______________________________
>
> ______________________________
>
> ______________________________
>
> 앞으로 제 장점을 살려서 ______________________고 싶습니다.

글을 쓰다 to write something 목소리 voice 패션 감각 sense of style 리더십 leadership 말을 잘하다 to speak well

## 듣고 말하기 Listening and Speaking

**준비** 여러분은 고민이 있을 때 누구와 상담합니까?

☐ 선배 ☐ 친구 ☐ 부모님 ☐ 선생님 ☐ 형제

**듣기1** 다음은 상담하는 대화입니다. 잘 듣고 질문에 답하세요. track 08

1) 무엇에 대해 상담하고 있습니까?

① 직업 선택 ② 전공 선택 ③ 대학교 선택

2) 학생의 생각으로 맞는 것을 고르세요.

① 드라마를 만들고 싶다.

② 배우나 가수가 되고 싶다.

③ 방송 프로그램 만드는 일에 관심이 있다.

3) 상담 선생님이 학생에게 추천한 전공은 무엇입니까?

**준비** 여러분은 학교에 다닐 때 어떤 고민을 했습니까?

☐ 성적을 잘 받고 싶다. ☐ 장학금을 받고 싶다. ☐ 동아리 활동을 하고 싶다.

☐ 좋은 회사에 취직하고 싶다. ☐ ____________________

**듣기2** 다음은 대학교 선배와 후배의 대화입니다. 잘 듣고 대답해 보세요. track 09

1) 후배는 지금 어떤 문제가 있습니까?

2) 후배는 왜 이런 문제가 생겼다고 생각합니까?

3) 들은 내용과 맞는 것을 고르세요.

① 후배는 책임감이 (강한 / 없는) 편이다.

② 후배는 시키는 일을 (잘하는 / 잘 못하는) 편이다.

③ 후배는 동아리 활동을 (그만두고 / 더 열심히 하고) 싶어 한다.

4) 선배는 후배에게 뭐라고 조언을 했습니까?

선택하다 to select 예전 former times 방송 broadcast 연극영화과 Department of Theater and Film 프로그램 program 신문방송학과 Department of Mass Communication 진학하다 to move on to a higher level of study 관련되다 to be about/related to/concerned 학점 a credit 큰일이다 to be a problem 집중하다 to concentrate 그만두다 to quit 도움 help 늘리다 to increase

5) 다시 듣고 사용한 표현을 찾아서 표시해 보세요.

**조언을 구할 때**

- ☐ ~어서 큰일[걱정, 고민]이에요
- ☐ 어떻게 ~는 게 좋을까요?
- ☐ 어떻게 ~어야 할지 모르겠어요

**조언을 할 때**

- ☐ 지금부터 ~으면 돼요
- ☐ ~다 보면 ~을 거예요
- ☐ ~는 대로 ~어 보세요
- ☐ ~으면 어떨까요?

**말하기** 고민에 대해 조언을 구하고 조언해 주는 대화를 해 보세요.

취직할 회사를 못 찾아서 걱정이에요.

지금부터 찾으면 돼요. 왜 걱정을 해요?

어떻게 찾아야 할지 모르겠어요. 정보가 너무 부족해요.

인터넷으로 열심히 정보를 찾다 보면 좋은 회사를 찾을 수 있을 거예요.

| 고민 | 조언 |
|---|---|
| • **취직할 회사를 못 찾았다.**<br>– 회사에 대한 정보가 부족하다.<br>– 직원을 뽑는 회사가 많지 않다. | |
| • **신용 카드 요금이 너무 많이 나온다.**<br>– 물건을 보면 나도 모르게 사고 싶다.<br>– 친구와 만나면 주로 돈을 내는 편이다. | |
| • **좋아하는 사람에게 고백하고 싶은데 용기가 없다.**<br>– 그 사람 앞에서 얼굴이 빨개지고 말이 안 나온다.<br>– 고백했다가 거절당할까 봐 두렵다. | |
| • | |

돈을 내다 to pay 거절당하다 to be rebuffed/rejected 두렵다 to fear/be afraid of something

## 읽고 쓰기 Reading and Writing

**준비** 여러분의 전공과 적성에 맞는 직업은 무엇이라고 생각합니까?

**읽기** 다음 인터넷 상담 글을 읽고 물음에 답하세요.

**질문**

저는 중국어를 전공하고 있는 학생입니다. 이제 곧 졸업을 앞두고 있는데 어떤 직업을 선택하는 것이 좋을지 몰라서 질문을 드립니다. 저는 여행하는 것을 좋아하고 성격이 활발하고 사교적이라서 처음 보는 사람과도 잘 어울리는 편입니다. 또 다른 사람을 도와주는 일을 할 때 보람을 느낍니다. 제 전공도 살리면서 적성에 맞는 직업이 없을까요?

**답변**

학생에게는 여행 상품을 기획하는 여행사 직원이나 직접 여행객을 도와주는 여행 가이드와 같은 직업이 잘 어울릴 것 같습니다. 여행 관련 직업은 서비스업이기 때문에 밝고 적극적인 성격의 사람에게 잘 맞습니다. 여행사 업무에서는 외국어 능력도 꼭 필요하니까 지금 하는 전공 공부를 열심히 하다 보면 나중에 좋은 여행사에서 일할 수 있을 것입니다.

또는 항공사에서 근무하는 것도 좋을 것 같습니다. 비행기 안에서 승객을 도와주는 승무원이나 공항에서 일을 하는 항공사 직원에 대해서도 생각해 보시기 바랍니다. 항공사에서 근무할 때 좋은 점 중의 하나는 외국 여행을 할 기회가 많다는 것입니다. 학생은 외국어 실력도 있고 여행을 좋아하니까 적성에 잘 맞을 것 같습니다.

1) 질문자가 고민하고 있는 것은 무엇입니까?

2) 질문자의 성격은 어떻습니까?

전공하다 to major in　앞두다 to have something ahead　보람을 느끼다 to feel a sense of reward/worthwhile　기획하다 to plan　여행객 traveler; tourist　여행 가이드 travel/tour guide　서비스업 service industry　업무 work duty　능력 ability　항공사 airline　근무하다 to work (at a work place)　승객 passenger　승무원 flight attendant

3) 답변자가 추천한 직업과 하는 일에 대해 맞게 연결해 보세요.

| | | | |
|---|---|---|---|
| 여행사 직원 | • | • | 직접 여행객을 도와준다. |
| 여행 가이드 | • | • | 여행 상품을 기획한다. |
| 항공기 승무원 | • | • | 공항에서 일을 한다. |
| 항공사 직원 | • | • | 비행기 안에서 승객을 도와준다. |

4) 답변자가 위 직업을 추천하는 이유는 무엇입니까?

5) 다음 단어를 사용해서 글의 질문 부분을 다시 말해 보세요.

졸업을 앞두다　　직업을 선택하다　　활발하다　　사교적
보람을 느끼다　　전공을 살리다　　적성에 맞다

**쓰기** 직업을 선택하기 위해 상담하는 글을 게시판에 써 보세요.

HOME > 게시판

## 질문

저는 ______________________는 학생입니다. ______________을/를 앞두고 있는데 ______________(으)ㄹ지 몰라서 질문을 드립니다. 저는 성격이 ______________(으)ㄴ/는 편입니다. 또 저의 장점은 ______________다는 점입니다. 그래서 사람들이 저에게 ______________다고 칭찬을 합니다. 저는 ______________(으)ㄹ 때 보람을 느낍니다. 제 전공도 살리면서 적성에 맞는 직업이 없을까요?

## 과제 Task

### 자기 적성에 맞는 직업을 알아보세요.

직업 카드(활동지 p.206) 중에서 여러분이 해 보고 싶은 직업을 모두 고른 후 그 이유에 대해 이야기해 보세요.

직업

선택 이유

- ____________________
- ____________________
- ____________________
- ____________________

저는 유치원 교사가 되고 싶어요. 왜냐하면 아이들을 좋아해서 아이들과 같이 있으면 저도 모르게 마음이 편해지기 때문이에요.

자신이 좋아하는 직업이 색깔별로 몇 장인지 써 보세요.

| | | |
|---|---|---|
| ______장 | ______장 | ______장 |
| ______장 | ______장 | ______장 |

자신에게 가장 많은 색의 직업 유형 분석표(활동지 p.207)를 읽어 보고 자신의 적성과 어떻게 다른지 친구들과 이야기해 보세요.

## 문화 산책 Culture Note

**준비** 여러분의 전공 또는 전공하고 싶은 것은 무엇입니까?

**알아 보기** 종합 대학 안에는 보통 여러 개의 단과 대학이 있습니다. 각 단과 대학에는 여러 개의 전공이 있습니다.

1) 다음 단과 대학에서는 무엇을 공부할까요?

| | | | |
|---|---|---|---|
| 법과대학 | 경영대학 | 인문대학 | 사회과학대학 |
| 공과대학 | 의과대학 | 약학대학 | 미술대학 |
| 사범대학 | 체육대학 | 농업생명과학대학 | 생활과학대학 |
| 자연과학대학 | 음악대학 | 수의학대학 | |

2) 다음 전공은 어느 단과 대학에서 공부할까요?

| | | | |
|---|---|---|---|
| 철학 | 정치학 | 수학 교육 | 화학 |
| 식품 영양학 | 작곡 | 컴퓨터 공학 | 동양화 |

**생각 나누기** 여러분 나라의 대학에는 어떤 단과 대학과 전공이 있는지 소개해 보세요.

정치학 Political Science 수학 교육 Math Education 화학 Chemistry 식품 영양학 Food & Nutrition 컴퓨터 공학 Computer Engineering
동양화 Oriental Painting

## 발음 Pronunciation

**준비** 들어 보세요. track 10

1) 저는 한국어과에 들어가고 싶어요.

2) 여권을 집에 두고 공항에 갔어요.

3) 그 모임에는 초대장을 받은 사람만 참석할 수 있어요.

**규칙** 다음의 뜻으로 쓰이는 '과, 권, 장'은 단어의 마지막에 올 때 [꽈], [꿘], [짱]으로 발음됩니다.
When meaning 'department', 'ticket', or 'document' as the last syllable of a word, '과, 권, 장', are pronounced as [꽈], [꿘], [짱].

1) 과목이나 병원

□ + 과 → □ + [꽈]

예] 컴퓨터과[컴퓨터꽈] / 디자인과[디자인꽈] / 외과[외꽈] / 안과[안꽈]

2) 책이나 표

□ + 권 → □ + [꿘]

예] 여권[여꿘] / 입장권[입짱꿘] / 할인권[하린꿘]

3) 편지나 상장

□ + 장 → □ + [짱]

예] 상장[상짱] / 초대장[초대짱]

**연습** 잘 듣고 따라 해 보세요. track 11

1) A 디자인과에 합격했다면서요?
B 아니요, 디자인과가 아니라 컴퓨터과에 합격했어요.

2) A 놀이공원 입장권이 얼마예요?
B 이만 원인데요. 할인권이 있으면 더 싸게 살 수 있어요.

3) A 이 편지는 무슨 초대장이에요?
B 아, 제 친구가 식당을 열었다고 초대장을 줬어요.

## 자기 평가 Self-Check

1. 다음은 주제 어휘입니다. 뜻을 확인해 보세요.

| | | | |
|---|---|---|---|
| ☐ 긍정적 | to be positive | ☐ 이해가 빠르다 | to be quick to understand |
| ☐ 사교적 | to be sociable | ☐ 적극적 | to be active |
| ☐ 설득력이 있다 | to be persuasive | ☐ 적성에 맞다 | to be right for one's aptitude |
| ☐ 소질이 있다 | to have a talent (for something) | ☐ 전공을 살리다 | to put one's major to work |
| ☐ 손재주가 좋다 | to be dexterous/skilled with one's hands | ☐ 진로를 정하다 | to choose a career path |
| ☐ 실용적 | to be practical/useful | ☐ 책임감이 강하다 | to have a strong sense of responsibility |
| ☐ 예술적 | to be artistic | | |

2. 알맞은 것을 골라 대화를 완성해 보세요.

–다면서(요)?　　–다 보면　　은/는 –다는 것이다　　–는 대로

1) A 한국어 공부에서 가장 힘든 점이 무엇이라고 생각하십니까?
   B 가장 힘든 점은 외워야 할 단어가 너무 ____________________.

2) A 졸업식 끝나면 고향으로 ____________________?
   B 네, 부모님이 기다리셔서 고향에 돌아가서 취직할 생각이에요.

3) A 직업을 선택할 때는 먼저 자신의 적성에 대해 잘 생각해 봐야 해요.
   B 네, 선생님께서 ____________________ 제 적성에 맞는지 고민해 보겠습니다.

4) A 아직도 한국말로 자연스럽게 이야기를 못해서 고민이에요.
   B 친구들과 자주 ____________________ 자연스럽게 얘기할 수 있을 거예요.

3. 한국어로 할 수 있는 것에 √ 하세요.

☐ 고민에 대해 조언을 할 수 있다.

☐ 자신의 장점을 소개할 수 있다.

☐ 학교생활에 대한 조언을 듣고 조언을 구할 수 있다.

☐ 진로에 대한 상담 게시물을 읽고 쓸 수 있다.

모범 답안

2. 1) 많다는 것입니다　2) 돌아간다면서요?　3) 말씀하시는 대로　4) 이야기하다 보면

# 2 건강한 삶
## Healthy life

**잘 듣고 이야기해 보세요.** track 12

1. 남자는 건강을 위해서 무엇을 합니까?
2. 여자는 남자의 행동에 대해 어떻게 생각합니까?

## 학습목표

| | |
|---|---|
| **어 휘** | • 증상<br>Symptoms<br>• 과– |
| **문법과 표현 1** | • 어찌나[얼마나] A–(으)ㄴ지, 어찌나[얼마나] V–는지<br>• A/V–(으)ㄹ 정도로, A/V–(으)ㄹ 정도이다 |
| **말하기** | • 증상 설명하기<br>Explaining symptoms |
| **문법과 표현 2** | • V–다가는<br>• A/V–(으)ㄹ 뿐만 아니라, N뿐만 아니라 |
| **읽고 말하기** | • 경고하는 글 읽기<br>Reading warnings<br>• 경고하는 말 하기<br>Talking about warnings |
| **듣고 말하기** | • 119 전화 문의 듣기<br>Listening to a telephone call to 119<br>• 증상에 대한 대화 듣기<br>Listening to conversations about symptoms<br>• 특별한 상황에서의 증상 설명하기<br>Explaining symptoms in a specific situation |
| **읽고 쓰기** | • 다양한 치료법에 대한 기사 읽기<br>Reading articles about various treatment methods<br>• 민간요법 소개 글 쓰기<br>Writing introductions to folk remedies |
| **과 제** | • 상황에 알맞은 증상 말하기 게임<br>Correct symptoms game |
| **문화 산책** | • 한의원<br>Oriental medicine clinic |
| **발 음** | • 경음화 '손가락'<br>Glottalization '손가락' |

## 어 휘 Vocabulary

1. 다음은 증상을 표현하는 말입니다. 그림을 보고 말해 보세요.

눈이 침침하다　　목이 뻣뻣하다　　목이 따끔거리다
속이 거북하다　　가슴이 답답하다

1)

2)
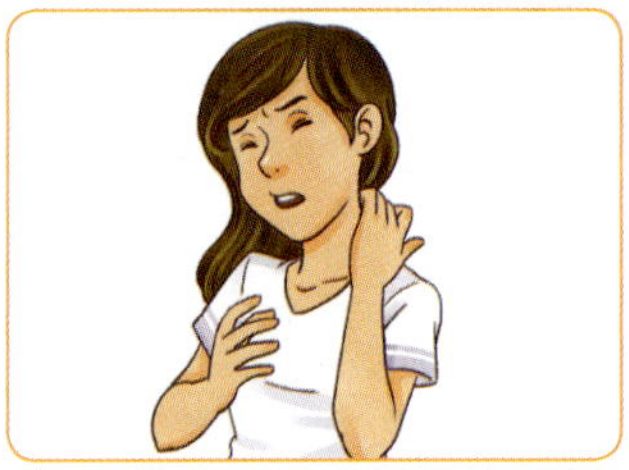

3)

4)
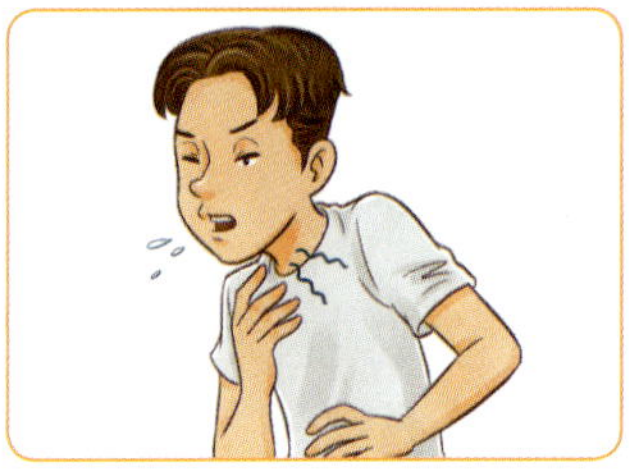

5)

- 어떨 때 속이 거북합니까?
- 목이 따끔거릴 때 어떻게 하면 좋습니까?
- 오랫동안 컴퓨터를 사용하면 몸이 어떻습니까?

2. 다음은 증상을 표현하는 말입니다. 어디가 아플 때 쓰는 말인지 그림과 연결하고 말해 보세요.

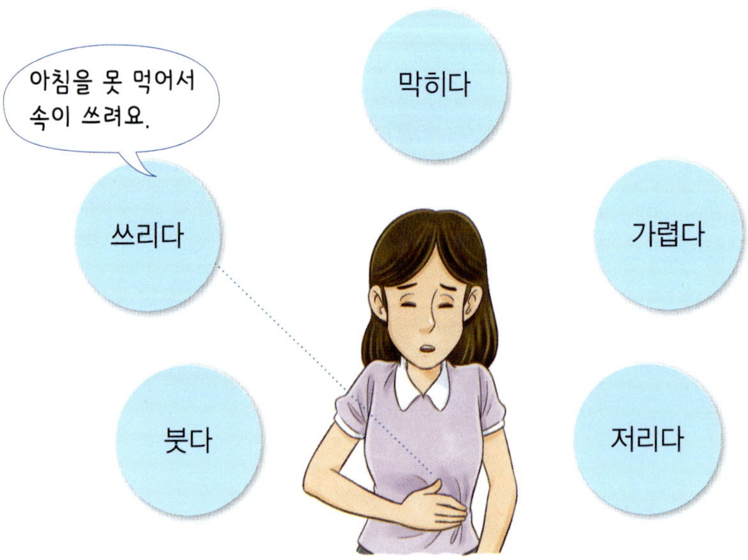


- 아주 매운 음식을 먹으면 어떻습니까?
- 오랫동안 비행기를 타면 어떤 증상이 나타납니까?
- 언제 얼굴이 붓습니까?

3. 다음 상황을 보고 걱정하는 말을 해 보세요.

**과-**

과로　　과식　　과음　　과속　　과소비

1) 어제 술을 많이 마셨더니 속이 쓰려요.

2) 돈을 너무 많이 써서 생활비가 모자라요.

3) 어제 친구 생일 파티에 갔는데 음식을 너무 많이 먹어서 지금까지 속이 거북해요.

4) 어제 시속 130km로 운전하다가 경찰에게 잡혔어요.

- 과식을 하는 편입니까? 과식하면 어떤 증상이 있습니까?
- 과음한 다음 날 어떻게 하면 속이 편해집니까?
- 운전하다가 과속으로 경찰에게 걸린 적이 있습니까? 여러분 나라에서는 얼마나 빨리 달리면 과속입니까?

## 문법과 표현 1 Grammar and Expression 1

### 1. 어찌나[얼마나] A-(으)ㄴ지, 어찌나[얼마나] V-는지

track 13

A 왜 이렇게 늦었어요?

B 미안해요. 길이 어찌나 막히는지 한 시간이나 걸렸어요.

A 너 요즘 스트레스를 많이 받는 것 같아.

B 맞아. 요즘 어찌나 바쁜지 스트레스를 안 받을 수가 없어.

**연습** 한국에 대한 인상을 말해 보세요.

1)

2)

3)

4)

5)

6)

## 2. A/V-(으)ㄹ 정도로, A/V-(으)ㄹ 정도이다

track 14

A 낙지볶음을 먹어 보니까 어땠어요?
B 눈물이 날 정도로 매웠어요.

A 배가 많이 아프세요?
B 네, 어찌나 아픈지 허리를 못 펼 정도예요.

**연습** 친구에게 물어보세요.

| | | |
|---|---|---|
| 싫어하는 음식 | 하기 싫은 일 | 무서워하는 동물 |
| 좋아하는 사람 | 즐겨 입는 옷 / 신발 | ? |

낙지볶음 stir-fried small octopus 허리를 펴다 to straighten one's back 곱창 (beef; pork) intestine; tripe 즐겨 입다 to wear often

## 말하기 Speaking

track 15

| | |
|---|---|
| 아키라 | 요즘 계속 몸이 피곤해요. |
| 켈 리 | 감기 걸린 거 아니에요? |
| 아키라 | 특별히 그런 것 같지 않은데 목이 뻣뻣하고 기운이 없어요. |
| 켈 리 | 저도 가끔 그럴 때가 있어요. 혹시 과로해서 그런 거 아니에요? |
| 아키라 | 요즘은 일을 많이 안 했어요. |
| 켈 리 | 그래요? 그런데 왜 그럴까요? |
| 아키라 | 그러게요. 몸이 어찌나 피곤한지 아침에 일어나기도 힘들 정도예요. 아무리 생각해도 큰 병에 걸렸나 봐요. |
| 켈 리 | 에이, 무슨 소리예요? 제가 보기에는 무리해서 그런 거 같은데요, 뭐. |
| 아키라 | 켈리 씨, 나는 정말로 아픈데 자꾸만 왜 그래요? 엄살이라고 생각하는 거예요? |
| 켈 리 | 아, 미안해요. 그런 뜻은 아니었는데. |

**연습1** 대화를 만들어 보세요.

1) 속이 거북하다
음식을 잘못 먹다
속이 쓰리고 가슴이 답답하다
음식을 먹기가 힘들다

2) 눈이 침침하다
컴퓨터를 오래 보다
눈이 따끔거리고 잘 안 보이다
책을 보기가 힘들다

무리하다 to be excessive　자꾸만 repeatedly　엄살이다 to be an exaggeration

**연습2** 아픈 증상에 대해 설명해 보세요.

오늘 병원에 가 봐야 할 것 같아요.

왜요? 어디가 안 좋아요?

온몸이 어찌나 가려운지 일을 못 할 정도예요.

뭘 잘못 먹은 거 아니에요?

1) 주말에 데이트가 있는데 온몸이 가렵습니다.

2) 내일 중요한 발표가 있는데 목이 너무 아픕니다.

온몸 whole body

## 문법과 표현 2 Grammar and Expression 2

### 1. V-다가는

track 16

- 이렇게 돈을 많이 쓰다가는 생활비가 모자라게 될 수도 있다.
- 계속 불규칙한 생활을 하다가는 건강이 나빠질 것이다.
- 계획 없이 살다가는 나중에 후회하게 될 수도 있다.

**연습** 친구의 나쁜 버릇을 듣고 그 버릇 때문에 생길 결과에 대해 경고해 보세요.

| 손톱을 깨물다 | 툭하면 화를 내다 | 늦잠을 자다 |
|---|---|---|
| 말하면서 다른 사람을 치다 | ? | |

불규칙하다 to be irregular 후회하다 to regret 툭하면 easily; often 사람을 치다 to tap a person

## 2. A/V-(으)ㄹ 뿐만 아니라, N뿐만 아니라

track 17

- 이 가게는 직원이 친절할 뿐만 아니라 물건의 질도 좋아서 항상 손님이 많다.
- 웃음은 병을 예방할 뿐만 아니라 병을 치료하기까지 한다.
- 어른들뿐만 아니라 아이들도 스트레스를 많이 받을 수 있다.

**연습** 다음 광고를 보고 이곳의 좋은 점에 대해 소개해 보세요.

### 서울호텔

휴가철에 어디를 가야 할지 고민이신가요? 저희 서울호텔 패키지는 고급스럽고 편안한 휴식을 약속드립니다.

- 식사 : 아침, 점심, 저녁 특식 풀코스
- 혜택 : 헬스클럽 및 야외 수영장 무료, 최고급 오일 마사지 포함, 과일 바구니 증정

### 템플 스테이

스트레스 때문에 힘드세요? 복잡한 도시를 떠나 맑은 공기를 마시며 쉴 수 있는 꿈같은 이곳으로 오십시오.

- 일정 : 아침 – 명상, 사찰 구경
  점심 – 등산, 다도 체험
  저녁 – 명상, 운동
- 식사 : 건강에 좋은 잡곡밥
  건강식 반찬(채소, 버섯, 과일)

질 quality 예방하다 to prevent 치료하다 to cure 휴가철 holiday season 패키지 package 고급스럽다 to be high-grade 휴식 rest 약속드리다 to make a promise 특식 special meal 풀코스 full-course meal 헬스클럽 health club 최고급 the highest-grade/level 오일 oil 마사지 massage 과일 바구니 fruit basket 증정 a gift 명상 meditation 사찰 Buddhist temple 다도 tea ceremony 체험 experience 잡곡밥 multi-grain rice 건강식 healthy food 버섯 mushroom

## 읽고 말하기 Reading and Speaking

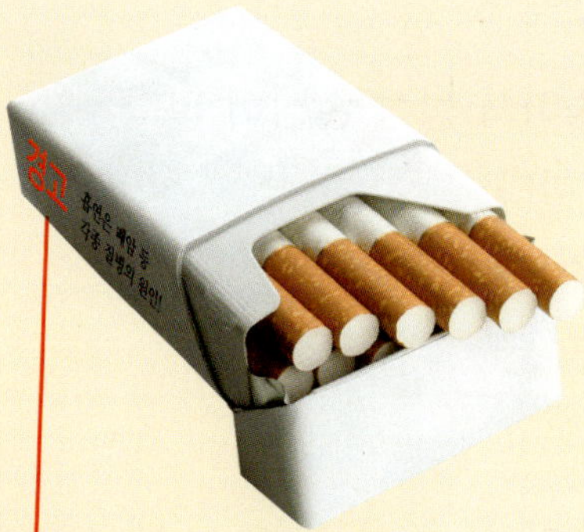


가 **경고 :** 지나치게 흡연을 하다가는 폐암 등 각종 질병에 걸릴 수 있습니다. 흡연은 자신의 건강에도 안 좋을 뿐만 아니라 내 가족, 이웃까지 병들게 합니다.

나 **경고 :** 술을 지나치게 마시다가는 간암이 생길 수 있습니다.
지나친 음주는 운전이나 작업 중 사고 발생률을 높일 뿐만 아니라 알코올 중독을 유발합니다.

**연습1** 읽은 내용을 확인해 보세요.

1) 가 에서 담배를 피우면 어떤 병이 생길 수 있습니까?

2) 가 에서 흡연은 누구에게 좋지 않습니까?

3) 나 에서 술을 마시면 어떤 병이 생길 수 있습니까?

4) 나 에서 지나친 음주 때문에 어떤 문제가 발생할 수 있습니까?

경고 warning 지나치다 to be excessive 흡연하다 to smoke 폐암 lung cancer 각종 various 질병 disease 병들다 to get ill 간암 liver cancer 음주 drinking 작업 job; work 발생률 rate of incidence 알코올 중독 alcohol addiction 유발하다 to induce/cause

**연습2** 친구와 이야기해 보세요.

1) 다음 상황에 대해 어떤 경고를 할 수 있을까요? 친구들의 생각을 알아보세요.

| | 경고 |
|---|---|
|  과속 | |
| 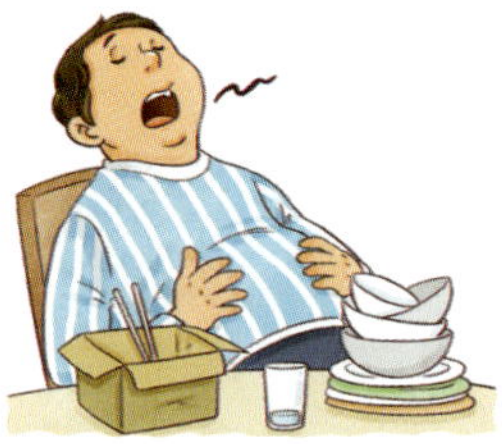 과식 | |
|  과소비 | |

2) 친구들의 생각을 정리해서 말해 보세요.

________________________________ 다가는

________________________________ 수 있습니다.

________________________________ 뿐만 아니라

____________________________________.

## 듣고 말하기 Listening and Speaking

**준비**

- 어떤 상황일 때 119에 전화합니까?
- 여러분 나라에서는 갑자기 아프면 어떻게 합니까?

**듣기1** 다음은 119에 전화로 문의하는 내용입니다. 잘 듣고 질문에 답하세요. track 18

1) 남자가 전화한 이유는 무엇입니까?

① 근처 병원이 문을 닫아서

② 병원에 못 갈 정도로 몸이 아파서

③ 어떤 병원을 갈지 선택하지 못해서

2) 여자가 남자에게 질문한 것은 무엇입니까? 모두 고르세요.

① 남자의 증상

② 남자가 사는 곳

③ 남자의 전화번호

**준비** 여러분이 싫어하는 놀이 기구는 무엇입니까?

**듣기2** 다음은 놀이 기구를 타려는 두 사람의 대화입니다. 잘 듣고 대답해 보세요. track 19

1) 여자가 롤러코스터를 타기 싫어하는 이유는 무엇입니까?

______________________________

2) 남자는 여자가 추천하는 놀이 기구를 탄다면 어떤 증상이 나타날까요?

① 긴장해서 숨을 못 쉰다.

② 멀미가 나고 속이 거북하다.

③ 의자가 불편해서 다리가 저리다.

숨을 쉬다 to breathe　적다 to write (down)/jot (down)　놀이 기구 amusement ride　놀이공원 amusement park　롤러코스터 roller coaster
딱 질색이다 to hate/abhor　높이 high　뚝 떨어지다 to fall right down　빙글빙글 돌다 to turn round-and-round

3) 다시 듣고 대화에서 사용한 표현을 찾아서 표시해 보세요.

**정도를 설명할 때**

- ☐ 어찌나 ~는지
- ☐ ~보다 더[덜]
- ☐ ~을 정도로

**반복되는 상황을 설명할 때**

- ☐ ~만 되면
- ☐ ~만 ~으면
- ☐ ~을 때마다
- ☐ ~기만 하면

## 말하기 다음 상황에서 나타날 수 있는 증상을 설명하는 대화를 해 보세요.

저는 높은 곳에 올라가는 게 딱 질색이에요.

왜요? 높은 데를 무서워해요?

네, 그래서 높은 데만 올라가면 무서워서 숨도 못 쉴 정도예요.

그렇군요. 저는…….

| 상황 | 증상 |
|---|---|
| 높은 곳에 올라갔을 때 | • 무서워서 숨도 못 쉴 정도이다.<br>• 땀이 나고 아무 생각도 할 수 없다. |
| 먼지가 많거나 꽃가루가 날릴 때 | •<br>• |
| 싫어하는 사람과 밥을 먹어야 할 때 | •<br>• |
| | •<br>• |

먼지 dust 꽃가루가 날리다 to have pollen blow through (the air)

## 읽고 쓰기 Reading and Writing

**준비** 무엇을 하고 있습니까? 왜 이런 치료를 받고 있을까요?

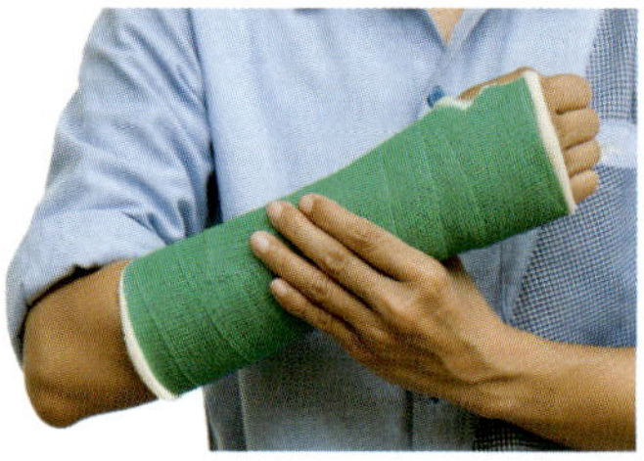
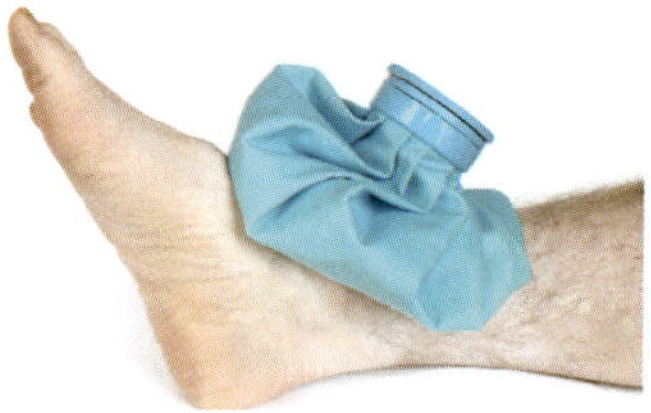
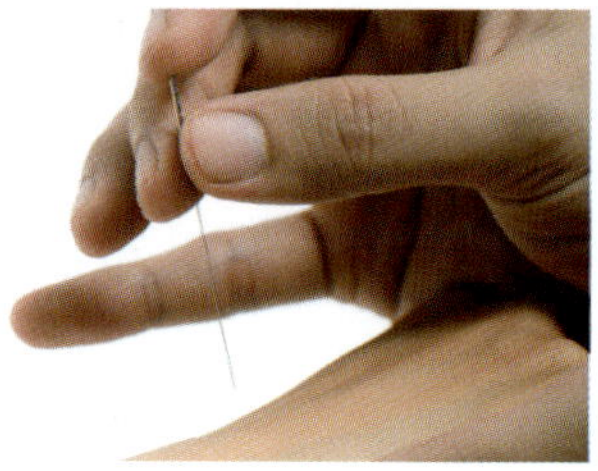

**읽기** 다음 기사를 읽고 질문에 답하세요.

### 발목을 삐었을 때는?

걷거나 뛰다가 넘어지면서 발목을 삐는 경우가 가끔 있습니다. '금방 괜찮아지겠지?' 하고 치료하지 않고 지내다가는 증상이 심해질 수 있습니다. 발목을 삐었을 때 어떻게 치료하는 것이 좋을까요?

**정형외과 치료**

먼저 다친 부분이 붓고 멍이 들었는지 확인하고 손가락으로 눌러 봐서 얼마나 아픈지 확인합니다. 필요한 경우 뼈를 다치지 않았는지 엑스레이(X-ray) 검사를 하기도 합니다. 발목이 움직이지 않도록 부어 있는 발목에 붕대를 감거나 심할 경우 깁스를 합니다.

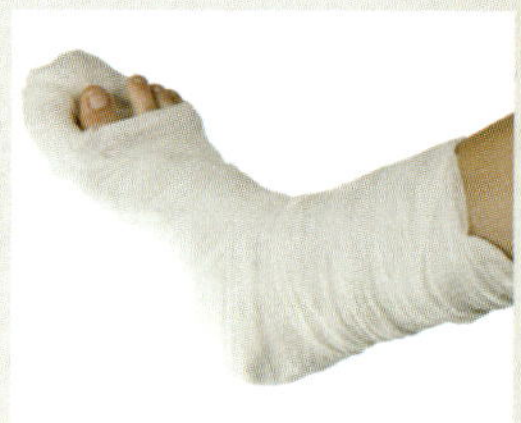

**한의원 치료**

검사를 해서 뼈가 부러진 정도가 아니라면 침을 놓아서 치료를 합니다. 삔 지 얼마 되지 않았으면 얼음찜질을 하는 것도 부어 있는 발목을 치료하는 데에 도움이 됩니다. 심한 경우에는 한약을 먹기도 합니다.

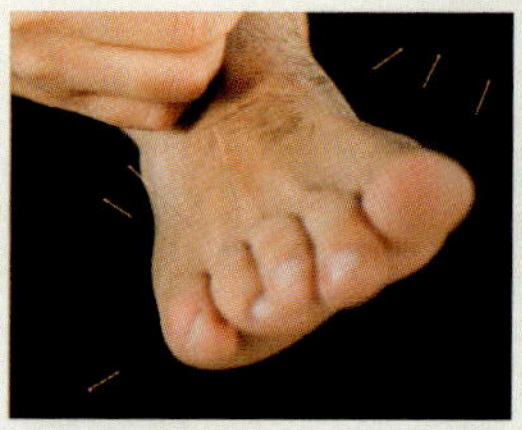

**민간요법 치료**

발목을 삐어서 멍이 들었을 때 집에서 쉽게 할 수 있는 치료법도 있습니다. 감자 한 개와 생강 한 개를 갈아서 밀가루와 섞어 반죽을 만들고 그것을 멍이 든 곳에 붙이면 멍이 빨리 사라지게 됩니다.

발목 ankle 삐다 to sprain 멍이 들다 to have a bruise 확인하다 to check 누르다 to press 뼈 bone 검사하다 to examine 붕대를 감다 to bandage 깁스를 하다 to put a cast on 한의원 Oriental medicine clinic 침을 놓다 to do acupuncture 얼음찜질 ice pack application 한약 traditional oriental medicine 민간요법 folk remedy 생강 ginger 반죽 batter; dough

1) 무엇을 소개하는 글입니까?

☐ 여러 종류의 발목 병원　☐ 발목을 삐었을 때의 치료법　☐ 민간요법의 좋은 점

2) 각 치료법에서는 무엇을 사용합니까?

| | |
|---|---|
| **정형외과** | 엑스레이 검사, ___________, ___________ |
| **한의원** | 침, ___________, ___________ |
| **민간요법** | ______________________ |

3) 치료 방법과 그 목적을 알맞게 연결하세요.

| | |
|---|---|
| 엑스레이 검사를 한다. • | • 부어 있는 곳을 치료한다. |
| 깁스를 한다. • | • 멍을 빨리 사라지게 한다. |
| 얼음찜질을 한다. • | • 발목을 움직이지 않게 한다. |
| 밀가루 반죽을 붙인다. • | • 뼈가 부러졌는지 확인한다. |

4) 다음 단어를 사용해서 읽은 글을 다시 말해 보세요.

발목을 삐다　정형외과　엑스레이　붕대　깁스
한의원　침을 놓다　얼음찜질　한약　민간요법

**쓰기** 자기가 알고 있는 특별한 치료법이나 민간요법을 소개하는 글을 써 보세요.

______________________ 때 집에서 쉽게 할 수 있는 치료법이 있습니다.

______________________________________________

______________________________________________

______________________________________________

이 방법은 ______________ 뿐만 아니라 ______________

______________________________________________.

# 과제 Task

## 상황과 증상을 연결하여 말하는 게임을 해 보세요.

상황 카드(활동지 p.208)에 다음 증상이 생길 수 있는 여러 가지 상황을 써 보세요.

| | | | |
|---|---|---|---|
| 속이 거북하다 | 속이 쓰리다 | 목이 따끔거리다 | 목이 뻣뻣하다 |
| 눈이 붓다 | 눈이 침침하다 | 코가 막히다 | 가슴이 답답하다 |
| 피부가 가렵다 | 손이 저리다 | 발목을 삐다 | 멍이 들다 |
| 목이 붓다 | 소화가 안되다 | 머리가 어지럽다 | 숨이 막히다 |
| 토할 것 같다 | 입맛이 없다 | 눈이 빨개지다 | 기운이 없다 |

팀을 만들고 한 명씩 돌아가며 상황 카드와 증상 카드(활동지 p.210)를 한 장씩 선택하고 해당되는 상황과 증상을 연결해서 말해 보세요. 잘 연결해서 말한 사람은 상황 카드를 가져가고 말하지 못한 사람은 상황 카드와 증상 카드를 다시 뒤집어서 내려놓으세요.

상황 카드를 가장 많이 가진 사람이 이 게임에서 이기게 됩니다.

## 문화 산책 Culture Note

**준비** 침을 맞거나 한약을 먹어 본 적이 있습니까?

**알아보기** **한의원**

1) 진맥을 합니다.

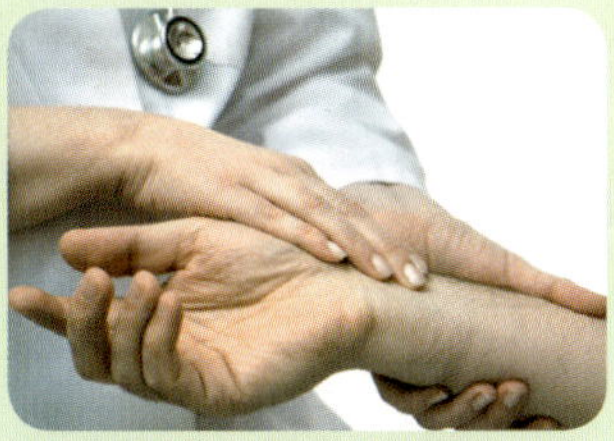

의사 선생님이 맥박을 보고 몸의 상태를 확인합니다.

2) 침을 맞는다.

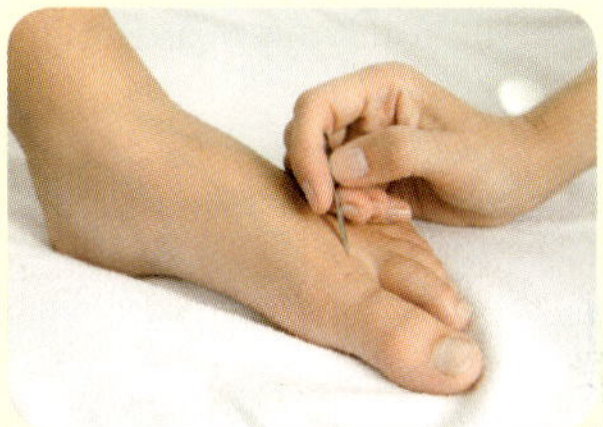

아픈 증상이 있는 곳에 침을 맞아서 몸의 피가 잘 흐를 수 있도록 도와줍니다.

3) 뜸을 뜹니다.

여러 가지 약초로 만든 뜸에 불을 붙여서 치료를 합니다.

4) 한약을 먹습니다.

선생님이 처방해 준 한약을 집에서 달여 먹습니다. 요즘에는 병원에서 달여 보내 주는 경우가 많습니다.

**생각 나누기** 여러분 나라에도 특별한 병원이 있습니까? 친구들에게 소개해 보세요.

진맥을 하다 to check a pulse　맥박 pulse　흐르다 to flow　뜸을 뜨다 to apply moxa　약초 medicinal herb　(약을) 달이다 prepare medicinal herbs; decoct

## 발음 Pronunciation

**준비** 들어 보세요. track 20

1) 얼마나 아픈지 다친 데를 손가락으로 눌러 보세요.

2) 우리 집 앞에 빵가게가 새로 생겼어요.

3) 지하철에서 어떤 사람이 제 발등을 밟았어요.

**규칙** 다음 단어들은 다른 단어와 함께 쓰일 때 첫소리가 항상 [ㄲ, ㄸ, ㅃ]으로 발음됩니다.
When the following words join other words, the initial consonants are always pronounced as [ㄲ, ㄸ, ㅃ].

| | | | | | | | |
|---|---|---|---|---|---|---|---|
| | + | 가락 | → | | + | [까락] | 예] 손가락 발가락 |
| | + | 가게 | → | | + | [까게] | 예] 반찬가게 빵가게 |
| | + | 등 | → | | + | [뜽] | 예] 발등 손등 |
| | + | 가루 | → | | + | [까루] | 예] 밀가루 쌀가루 |
| | + | 바닥 | → | | + | [빠닥] | 예] 발바닥 땅바닥 |
| | + | 값 | → | | + | [깝] | 예] 물건값 술값 |

**연습** 잘 듣고 따라 해 보세요. track 21

1) 요리를 하다가 밀가루를 쏟았어요.

2) 친구가 승진했다고 술값을 다 냈어요.

3) 저는 방바닥에 누워서 자면 허리가 아파요.

4) 요즘은 쌀가게를 찾기 어려운 것 같아요.

5) 손바닥하고 손가락은 더러운데 손등은 깨끗해요.

## 자기 평가 Self-Check

1. 다음은 주제 어휘입니다. 뜻을 확인해 보세요.

| | | | | |
|---|---|---|---|---|
| ☐ | 가렵다 | to be itchy | ☐ 막히다 | to be blocked/stuffed up |
| ☐ | 가슴이 답답하다 | to feel heavy | ☐ 목이 따끔거리다 | to have an itchy/scratchy throat |
| ☐ | 과로 | overwork | ☐ 목이 뻣뻣하다 | to have a stiff neck |
| ☐ | 과소비 | over consumption; overspending | ☐ 붓다 | to swell |
| ☐ | 과속 | speeding | ☐ 속이 거북하다 | to feel bloated |
| ☐ | 과식 | overeating | ☐ 쓰리다 | to feel a burning sensation(in the stomach)/heartburn |
| ☐ | 과음 | over drinking; excessive drinking | ☐ 저리다 | to (have a body part) fall asleep/ feel numb |
| ☐ | 눈이 침침하다 | to have dim sight | | |

2. 알맞은 것을 골라 대화를 완성해 보세요.

-(으)ㄹ 정도로　　어찌나 -(으)ㄴ/는지　　-(으)ㄹ 뿐만 아니라　　-다가는

1) A 밖에 날씨가 많이 추워요?
   B ______________________ 입이 얼 것 같아요.

2) A 요즘 매일 밤마다 자기 전에 라면을 끓여 먹어요.
   B ______________________ 금방 뚱뚱해질 거예요.

3) A 많이 피곤해 보여요.
   B 그래요. ______________________ 피곤해요.

4) A 지금 살고 있는 집이 어때요?
   B ______________________.

3. 한국어로 할 수 있는 것에 ✓ 하세요.

☐ 아픈 증상을 설명할 수 있다.

☐ 잘못된 일에 대해 경고하거나 주의 사항을 말할 수 있다.

☐ 특별한 상황에서의 증상을 설명할 수 있다.

☐ 치료법을 소개할 수 있다.

모범 답안

2. 1) 어찌나 추운지 2) 그렇게 먹다가는 3) 눈을 못 뜰 정도로 4) 조용할 뿐만 아니라 깨끗해요

# 3 스포츠의 세계

## World of sports

**잘 듣고 이야기해 보세요.** track 22

1. 두 사람은 어느 선수가 1등이라고 생각합니까?
2. 두 사람의 의견이 다른 이유는 무엇입니까?

## 학습목표

**어 휘**
- 운동 경기
  Athletic events
- 승부와 상황
  Victory, defeat, and circumstances

**문법과 표현 1**
- V–(으)나 마나
- V–는 바람에

**말하기**
- 경기 결과 설명하기
  Explaining the match result

**문법과 표현 2**
- N(이)라는 N
- N에 비해(서)

**읽고 말하기**
- 경기장 소개하는 글 읽기
  Reading introductions about playing fields
- 경기장 소개하기
  Introducing playing fields

**듣고 말하기**
- 선수의 태도에 대한 대화 듣기
  Listening to conversations about athletes' attitudes
- 경기 결과를 예측하는 대화 듣기
  Listening to conversations about predicting game outcomes
- 경기 결과에 대해 예측하기
  Predicting game outcomes

**읽고 쓰기**
- 풋살에 대한 설명문 읽기
  Reading an explanation about futsal
- 특별한 운동 경기에 대해 설명문 쓰기
  Writing an explanation about a special sports match

**과 제**
- 체육 대회 계획 세우기
  Planning an athletic competition

**문화 산책**
- 씨름
  Traditional Korean wrestling

**발 음**
- 경음화 '바쁠걸요'
  Glottalization '바쁠걸요'

# 어 휘 Vocabulary

1. 다음은 운동 경기에 대한 표현입니다. 맞는 표현을 골라 보세요.

득점을 하다 　 승부가 나다 　 승부욕이 강하다
연장전을 하다 　 결승전에 진출하다

1) 우리 팀 선수가 홈런을 쳐서 점수를 얻었어요. 득점을 하다
2) 후반전까지 끝났는데도 두 팀이 점수가 같아서 경기를 더 해야 해요. ________
3) 경기는 꼭 이겨야 해요. 경기에서 진다면 경기를 하는 이유가 없잖아요. ________
4) 이번 경기에서 이겼으니까 앞으로 한 번만 더 이기면 우승이에요. ________
5) 상대 팀과 실력이 비슷해서 계속 동점이었는데 결국 우리가 이겼어요. ________

- 축구 경기에서 연장전을 했는데도 승부가 나지 않으면 어떻게 합니까?
- 운동 경기(농구, 야구, 권투 등)에서 어떻게 하면 득점을 합니까?
- 어떤 일을 할 때 승부욕이 강해집니까?



2. 다음은 경기 상황에 대한 표현입니다. 맞는 표현을 골라 상황에 맞게 이야기해 보세요.

막상막하이다 　 정정당당하다 　 자신만만하다
아슬아슬하다 　 흥미진진하다

1) 이 경기 정말 재미있는데요.

2) 반칙을 하지 않고 경기를 하면 좋을 텐데요.

3) 두 팀 실력이 비슷해요.

4) 이번 경기는 틀림없이 우리 팀이 이길 거예요.

5) 농구 경기에서 우리 팀이 1점 차이로 이겼어요.

- 어떤 일을 자신만만하게 시작했는데 결과가 안 좋았던 경험이 있습니까?
- 어떤 장면을 보면 아슬아슬하게 느껴집니까?
- 최근에 흥미진진하게 읽은 책이나 재미있었던 영화가 있습니까?

3. 다음은 경기 장면입니다. 알맞은 표현을 사용하여 경기에 대해 이야기해 보세요.

규칙을 지키다 반칙을 하다 경고를 받다 퇴장을 당하다

- 운동 경기(축구, 농구, 배구 등)에서 어떤 행동을 하면 반칙입니까?
- 축구 경기에서 경고를 몇 번 받으면 퇴장을 당합니까?
- 학교에서 규칙을 지키지 않아서 경고를 받은 적이 있습니까?

## 문법과 표현 1 Grammar and Expression 1

### 1. V-(으)나 마나

track 23

A 추워? 그럼 이 옷이라도 입을래?
B 이건 너무 얇아서 입으나 마나 소용없을 거야.

A 이번 경기는 어느 팀이 이길까?
B 내가 보기에 이 경기는 해 보나 마나야. 실력 차이가 너무 나잖아.

**연습** 다음에 해당되는 친구에게 스티커를 붙여 보세요.

- 이 친구는 물어보나 마나 여자 / 남자 친구가 있을 거예요.
- 이 친구 집은 가 보나 마나 정말 깨끗할 거예요.
- 이 친구가 만든 음식은 먹어 보나 마나 맛있을 거예요.
- 이 친구는 달리기 경기에서 해 보나 마나 일 등 할 거예요.
- 이 친구 지갑에는 열어 보나 마나 돈이 제일 많이 들어 있을 거예요.
- 이 친구는 보나 마나 우리 반에서 손이 제일 클 거예요.

얇다 to be thin 소용없다 to be useless 실력 차이가 나다 to exhibit a difference in ability

## 2. V-는 바람에

track 24

A 어제 영화 재미있었어요?

B 옆 사람이 계속 전화를 받는 바람에 영화를 제대로 못 봤어요.

A 저 선수가 왜 넘어졌대요?

B 상대편이 반칙을 하는 바람에 넘어졌나 봐요.

**연습** 다음과 같이 친구와 이야기를 연결해 보세요.

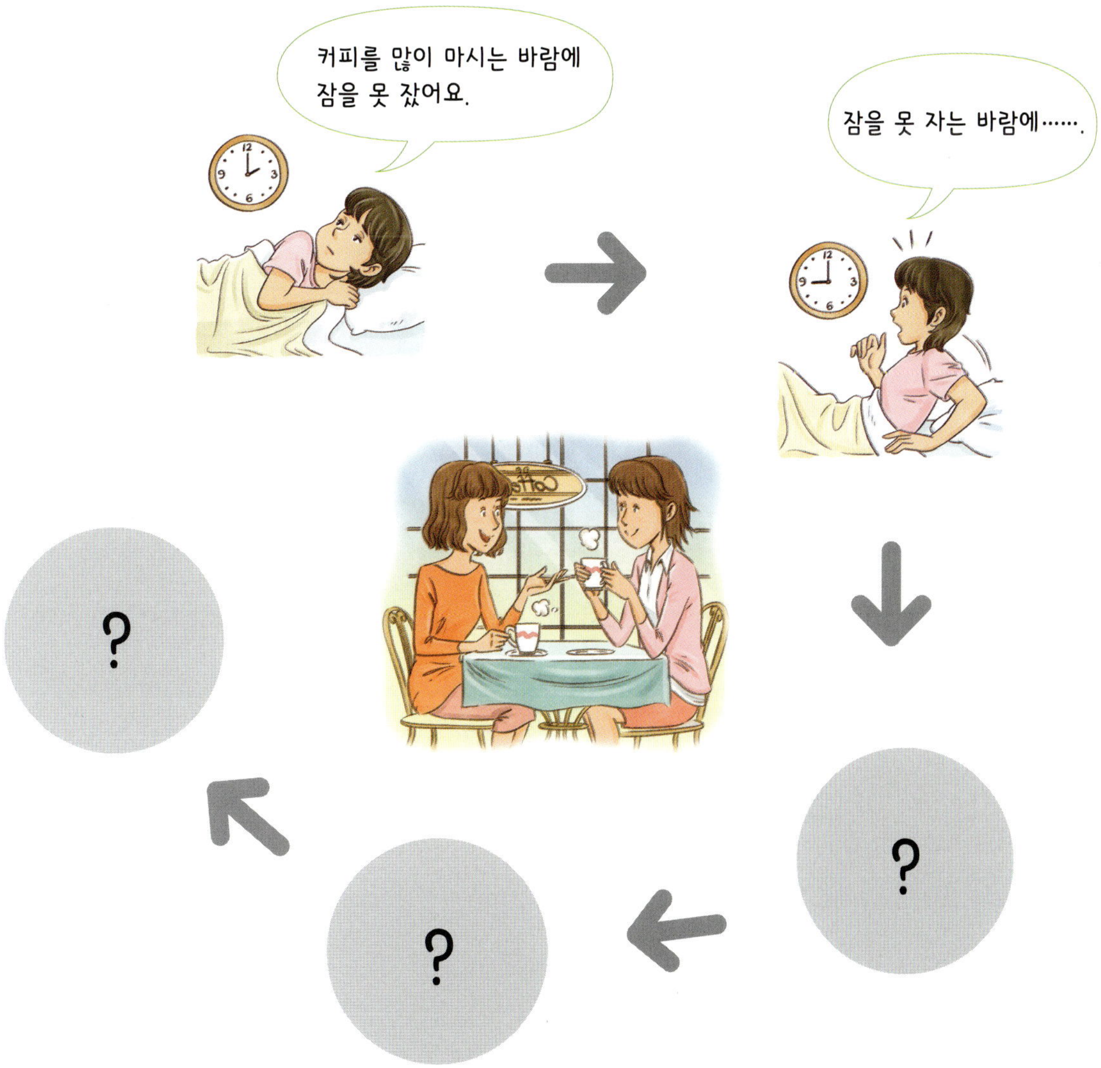




상대편 opponent; opposing team; rival

## 말하기 Speaking

track 25

유진　어제 축구 경기를 했다면서요? 어떻게 됐어요?

알리　아쉽게도 우리 팀이 졌어요.

유진　왜요? 경기해 보나 마나 서울대가 이길 거라고 자신만만해했잖아요.

알리　사실 전반전까지는 2대 1로 우리 팀이 이기고 있었거든요.

유진　처음엔 잘했네요.

알리　그런데 후반전에서 한국대학교가 두 골을 넣어서 한 골 차이로 졌어요.

유진　어휴, 아깝게 졌네요.

알리　맞아요. 이길 수도 있었는데 우리 팀 선수 한 명이 반칙을 해서 퇴장당하는 바람에 지고 말았어요.

유진　아, 그래서 그렇게 됐군요.



**연습1**　대화를 만들어 보세요.

1) 1대 0으로 우리 팀이 이기고 있다
두 골을 넣어서 역전패하다
우리 팀이 후반전에 체력이 떨어지다

2) 1대 1로 비기고 있다
한 골을 넣어서 한 골 차이로 지다
우리 팀 선수 두 명이 부상을 당하다

아쉽다 to be unsatisfying　전반전 first half　후반전 second half　골을 넣다 to score a goal　아깝다 to be regrettable
역전패하다 to be ahead and then lose　체력이 떨어지다 to lose strength　비기다 to tie/come out even　부상을 당하다 to suffer an injury

**연습2** 경기 결과에 대해 이야기해 보세요.

어제 여자 핸드볼 경기 봤어?

응, 정말 흥미진진한 경기였어.

우리 팀이 이겼어?

아니, 연장전까지 했는데 졌어.

1)

| 여자 핸드볼 | 전반전 | 후반전 | 연장전 |
|---|---|---|---|
| 서울대 | 12 | 24 | 26 |
| 한국대 | 11 | 24 | 27 |

2)

| 탁구 | 1세트 | 2세트 | 3세트 | 4세트 | 5세트 | 세트 점수 |
|---|---|---|---|---|---|---|
| 서울대 | 11 | 7 | 9 | 11 | 9 | 2 |
| 한국대 | 9 | 11 | 11 | 8 | 11 | 3 |

핸드볼 handball 세트 set

## 문법과 표현 2 Grammar and Expression 2

### 1. N(이)라는 N

track 26

- 이것은 한국에서 유명한 닭갈비라는 음식입니다.
- '서울의 별'이라는 드라마에서 1960년대 서울의 모습을 볼 수 있습니다.
- 풋살이라는 운동 경기에 대해 들어 본 적이 있습니까?

**연습** 자신이 좋아하는 인물이나 친구를 소개해 보세요.

저는 박지성이라는 축구 선수를 좋아합니다. 박지성은 경기장에서 지치지 않고 뛰어 다니기 때문에 사람들에게 '두 개의 심장'이라는 별명을 얻었습니다. 다른 선수들처럼 키가 크지는 않지만 축구를 정말 잘합니다.

저는 주은정이라는 친구를 소개하고 싶습니다. 은정이와 저는 고등학교 때부터 항상 붙어 다니던 단짝 친구입니다. 은정이는 얼굴이 예쁠 뿐만 아니라 마음도 예쁩니다. 그래서 주말마다 '천사 식당'이라는 곳에서 가난한 사람들을 위해 음식을 만들어 주는 일도 합니다.

지치다 to be worn out/exhausted　심장 heart　별명 nickname　단짝 친구 best friend　천사 angel

## 2. N에 비해(서)

track 27

- 서울에 비해서 제주도는 날씨가 따뜻합니다.
- 그 친구는 다른 친구들에 비해 젊어 보입니다.
- 그 선수는 실력에 비해 좋은 평가를 받지 못하고 있습니다.

**연습** 친구의 질문을 듣고 각 나라의 특징에 대해 서로 질문하고 대답해 보세요.

질문 : ____________은/는 ____________과/와 어떤 차이가 있습니까?

| 친구 이름 | 특징 |
| --- | --- |
| | |
| | |
| | |
| | |

평가를 받다 to receive evaluation

## 읽고 말하기 Reading and Speaking

가 여기는 서울월드컵경기장이라는 곳이다. 이곳은 다른 축구장에 비해서 공원이 잘되어 있고 쉴 곳도 많아서 사람들이 많이 찾는다. 이곳에 가면 운동 경기를 관람할 수도 있고 경기장 내에 있는 영화관에서 영화도 볼 수 있고 근처 공원에서 산책도 할 수 있다.

나 여기는 잠실야구장이라는 곳이다. 이곳은 야구 경기가 있는 날이면 응원하는 사람들의 함성 소리로 가득하다. 다른 야구장에 비해 교통이 편리하고 주차 시설이 잘되어 있어서 많은 사람들이 찾는다. 또 음식을 가지고 들어갈 수 있기 때문에 음식을 먹으면서 재미있게 경기를 볼 수 있다.

**연습1** 읽은 내용을 확인해 보세요.

1) 가 에서 서울월드컵경기장이 다른 축구장보다 좋은 점은 무엇입니까?

2) 가 에서 서울월드컵경기장에서 할 수 있는 일 3가지를 찾아보세요.

3) 나 에서 잠실야구장이 다른 야구장보다 좋은 점은 무엇입니까?

4) 나 에서 잠실야구장에 가면 재미있는 이유는 무엇입니까?

서울월드컵경기장 Seoul World Cup Stadium　축구장 football (soccer) stadium field　관람하다 to watch　내 inside; within
잠실야구장 Jamsil Baseball Stadium　응원하다 to cheer　함성 whoop　가득하다 to be full

**연습2** 친구와 이야기해 보세요

1) 여러분 나라에서는 다음과 같은 상황에 어느 장소에 가면 좋을 것 같습니까?

| 상황 | 선택한 장소 | 선택한 이유 |
| --- | --- | --- |
| 데이트를 할 때 | | |
| 가족과 시간을 보낼 때 | | |
| 스트레스를 풀고 싶을 때 | | |
| ? | | |

2) 친구들에게 여러분 나라 사람들이 자주 가는 장소에 대해 소개해 주세요.

여기는 ____________________라는 곳입니다. 이곳은 ________________에

비해서 ________________________________________.

여기에 가면 ________________________________________

________________________________________

________________________________________

________________________________________.

## 듣고 말하기 Listening and Speaking

**준비** 2등 선수는 왜 울고 있을까요?

**듣기1** 다음은 운동 경기에 대한 라디오 토론의 일부입니다. 잘 듣고 질문에 답하세요. track 28

1) 이 선수는 왜 1등을 하지 못했습니까?

2) 남자와 여자의 생각으로 맞는 것을 연결하세요.

| | |
|---|---|
| 남자 • | • 운동 경기에서 중요한 것은 결과이다. |
| | • 운동 경기에서 중요한 것은 과정이다. |
| 여자 • | • 선수는 결과를 받아들여야 한다. |
| | • 1등과 2등은 분명한 차이가 있다. |

**준비** • 두 선수가 경기를 한다면 누가 이길 것 같습니까?

• 왜 그렇게 생각합니까?

**듣기2** 다음은 운동 경기를 보고 있는 두 사람의 대화입니다. 잘 듣고 대답해 보세요. track 29

1) 남자와 여자는 누가 이길 거라고 생각합니까?

| | |
|---|---|
| 남자 • | • 체격이 작은 선수 |
| 여자 • | • 체격이 큰 선수 |

2) 경기에서 누가 이겼습니까?

3) 남자와 여자는 씨름 경기에서 중요한 것이 무엇이라고 생각합니까?

남자 : ______________________ 여자 : ______________________

은메달 silver medal 시상대 award platform 억울하다 to be unfair/undeserved 순간 moment 일 등을 놓치다 to lose first place 훌륭하다 to be excellent 최선을 다하다 to do one's best 결과를 받아들이다 to accept a result 바람직하다 to be desirable/advisable 스포츠 정신 sportsmanship 과정 process 분명하다 to be obvious/certain 체격 physique 길고 짧은 건 대봐야 안다 We don't know which one is longer until we measure(it is not over until it is over) 유리하다 to be advantageous 기술을 쓰다 to use skill/technique 버티다 to endure 균형을 잃다 to lose one's balance

4) 다시 듣고 사용한 표현을 찾아서 표시해 보세요.

| 결과를 확신할 때 | 상대방의 예상에 반대할 때 |
|---|---|
| ☐ ~으나 마나 | ☐ 그건 모르는 일이야 |
| ☐ 당연히 ~을 거야 | ☐ 그렇지 않을걸 |
| ☐ ~을 게 확실해 | ☐ 두고 봐야지 |
| ☐ ~을 게 틀림없어 | ☐ 무슨 소리야? |

**말하기** 운동 경기의 결과에 대해 다음과 같이 이야기해 보세요.

키가 큰 수영 선수와 키가 작은 수영 선수가 경기를 하면 누가 이길까?

경기해 보나 마나 큰 선수가 이길 게 틀림없어.

그건 모르는 일이야. 길고 짧은 건 대 봐야 알지. 작은 선수가 가벼우니까 빨리 갈 거야.

무슨 소리야. 당연히 체격이 큰 선수가 이길 거야.

| 운동 경기 |
|---|
| • 키가 큰 수영 선수와 키가 작은 수영 선수 |
| • 브라질과 한국의 축구 경기 |
| • 친구와 나의 팔씨름 |
| • 친구와 나의 ______________ |

당연히 naturally 팔씨름 arm wrestling

## 읽고 쓰기 Reading and Writing

**준비** 운동 경기에 알맞은 공을 찾아보세요.

농구 배구 축구 풋살

**읽기** 다음 설명문을 읽고 물음에 답하세요.

### 풋살이라는 경기를 아세요?

가 풋살은 축구와 비슷한 경기입니다. 스페인어로 축구를 의미하는 'Futbol'과 실내를 의미하는 프랑스어의 'Salle'을 합쳐서 만든 이름입니다. 즉 실내에서 하는 축구라는 뜻입니다.

나 축구를 하려면 11명의 선수가 필요하지만 풋살은 5명이 할 수 있는 경기입니다. 선수의 인원뿐만 아니라 경기장과 공의 크기도 축구에 비해 작습니다. 또 축구는 실내에서는 할 수 없지만 풋살은 실내에서도 할 수 있다는 점이 다릅니다. 경기 시간도 다른데 축구 경기는 전반전과 후반전 각각 45분씩 경기를 하지만 풋살은 20분씩 경기를 합니다.

다 풋살을 하는 방법은 축구 경기와 비슷합니다. 공을 발로 차서 상대편 골문에 넣는데 공을 많이 넣는 팀이 이기게 됩니다. 이때 선수는 발만을 사용해야 하는데 손을 쓰면 반칙이 되고 반칙을 하면 상대편에게 공을 넘겨줘야 합니다. 경기를 마치고도 승부가 나지 않아 무승부이면 연장전을 하게 됩니다.

라 풋살이 축구에 비해 좋은 점은 아무 데서나 쉽게 할 수 있다는 점입니다. 선수의 수가 적고 경기장이 작아도 되기 때문에 친구들이 모였을 때 쉽게 할 수 있습니다. 또 좁은 공간에서 하기 때문에 경기 진행이 빨라서 매우 흥미진진한 경기를 즐길 수 있다는 것도 장점입니다.

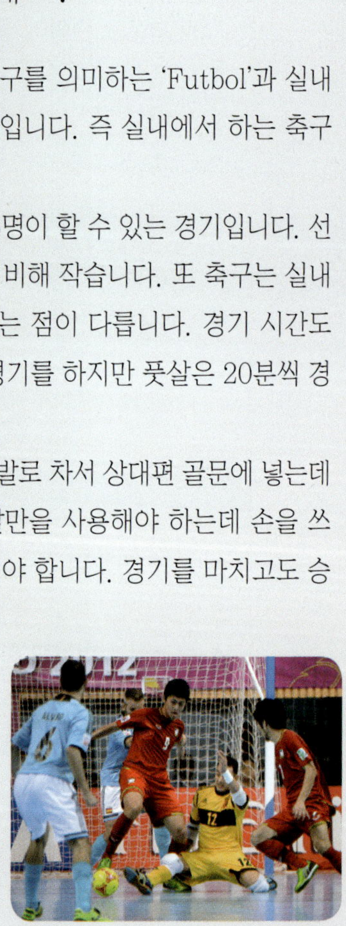

의미하다 to mean/signify 합치다 to combine 즉 in other words 뜻 meaning 인원 the number of people 각각 each; respectively
발로 차다 to kick (with a foot) 골문 (entrance of) goal 넘겨주다 to turn over to 무승부 a tie 진행 progress

1) 무엇에 대한 글입니까?

☐ 풋살에 대한 설명 ☐ 풋살 경기장에 대한 설명 ☐ 풋살 선수에 대한 설명

2) 읽은 내용을 친구와 이야기해 보세요.

① 가 풋살은 무슨 뜻입니까?

② 나 풋살 경기는 몇 명의 선수가 몇 분 동안 합니까?

③ 다 풋살 경기는 어떻게 합니까?

④ 라 풋살 경기의 장점은 무엇입니까?

3) 풋살과 축구에 대해 정리해 보세요.

| | 풋살 | 축구 |
|---|---|---|
| 인원 | | |
| 경기장과 공의 크기 | | |
| 경기 장소 | | |
| 경기 시간 | | |
| 경기 방법 | | |

4) 다음 단어를 사용해서 읽은 글을 다시 말해 보세요.

풋살 뜻 인원 크기 실내
전반전 후반전 경기 방법 좋은 점

## 쓰기 운동 경기를 비교하여 설명하는 글을 써 보세요.

1) 친구들과 이야기하면서 쓸 내용을 정리해 보세요.

| 경기 | | | |
|---|---|---|---|
| 내용 | 경기 이름의 뜻 | | |
| | 경기의 역사 | | |
| | 좋은 점 | | |
| | 다른 경기와 비교 | | |
| | | • <br>• <br>• | • <br>• <br>• |

2) 정리한 내용을 보고 운동을 소개하는 설명문을 써 보세요.

## 과제 Task

### 체육 대회를 어떻게 준비해야 할지 토의해 봅시다.

체육 대회를 위해 생각해야 할 내용을 정해 보세요.

- 경기 종목
- 경기 순서
- 경기 시간
- 경기 규칙
- 팀 구성 방법
- 상품
-
-
-



위에서 정한 항목에 대해 친구들과 토의해 보세요.

| 경기 종목 | |
|---|---|
| 경기 순서 | |
| 경기 시간 | |
| 경기 규칙 | |
| 팀 구성 방법 | |
| 상품 | |
| | |
| | |

토의에서 결정된 내용을 발표해 보세요.

종목 event　구성 organization　상품 prize

# 문화 산책 Culture Note

**준비** 씨름 경기를 본 적이 있습니까?

**알아보기** **씨름**

1) 경기장

**모래판**

모래가 깔려 있는 둥근 모양의 경기장이다.

2) 경기 복장

**샅바**

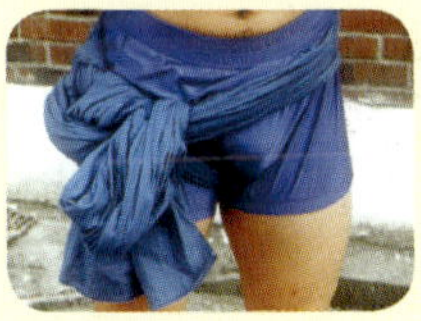

허리와 다리에 묶어서 손잡이로 쓰는 튼튼한 끈인데 빨간색과 파란색으로 선수를 구분한다.

3) 경기 방법

두 선수가 서로의 샅바를 잡고 상대방을 쓰러뜨리는 경기이다. 무릎 위의 어느 부분이 땅에 먼저 닿는 사람이 지게 된다.

4) 우승 상

과거에는 큰 씨름 대회에서 우승을 하게 되면 황소를 상으로 주었다. 경기의 규모에 따라 쌀을 상으로 주는 경우도 있었다.

**생각 나누기** 여러분 나라에 씨름과 비슷한 운동이 있습니까?

모래판 sand-filled area (for wrestling) 깔리다 to be laid 샅바 (wrestler's) thigh band 손잡이 hand-grip; handle 끈 sash
쓰러뜨리다 to throw down 닿다 to reach/touch 황소 bull; cow 규모 size; scale

## 발음 Pronunciation

**준비** 들어 보세요. track 30

1) 이번 경기에서 이길 수도 있었는데 아깝네요.

2) 아침에 못 일어날 정도로 피곤해요.

**규칙** '동사, 형용사 + -(으)ㄹ' 뒤에 오는 'ㄱ, ㄷ, ㅂ, ㅅ, ㅈ'은 [ㄲ, ㄸ, ㅃ, ㅆ, ㅉ]으로 발음됩니다.
When verbs and adjectives combined with '-(으)ㄹ' are followed by 'ㄱ, ㄷ, ㅂ, ㅅ, ㅈ', 'ㄱ, ㄷ, ㅂ, ㅅ, ㅈ' are pronounced as [ㄲ, ㄸ, ㅃ, ㅆ, ㅉ].

바쁠걸요 → [바쁠꺼료]

넘어질 거예요 → [너머질꺼예요]

무서울 정도로 → [무서울쩡도로]

이길 수 있어요 → [이길쑤이써요]

**연습** 잘 듣고 따라 해 보세요. track 31

1) 키가 작은 선수가 넘어질 것 같아요.

2) 오늘 날씨가 너무 추워서 손이 얼 정도예요.

3) 할 수 없지요, 뭐. 다음에 더 잘해야지요.

4) 금방 끝날 줄 알았는데 승부가 쉽게 안 나겠어요.

5) 이곳에 가면 쉴 곳도 많고 산책도 할 수 있어요.

6) 보나 마나 체격이 큰 선수가 이길 게 틀림없어요.

## 자기 평가 Self-Check

1. 다음은 주제 어휘입니다. 뜻을 확인해 보세요.

| | | | | | |
|---|---|---|---|---|---|
| ☐ | 결승전에 진출하다 | to advance to the finals | ☐ | 승부욕이 강하다 | to feel very competitive |
| ☐ | 경고를 받다 | to receive a warning | ☐ | 아슬아슬하다 | to be a close call/on the edge |
| ☐ | 규칙을 지키다 | to follow the rules | ☐ | 연장전을 하다 | to go into overtime |
| ☐ | 득점을 하다 | to score | ☐ | 자신만만하다 | to be full of confidence |
| ☐ | 막상막하이다 | to be neck-and-neck/ evenly matched in skill | ☐ | 정정당당하다 | to be fair (and square) |
| ☐ | 반칙을 하다 | to (commit a) foul | ☐ | 퇴장당하다 | to be kicked out (of a game) |
| ☐ | 승부가 나다 | to have a game reach its conclusion | ☐ | 흥미진진하다 | to be exciting |

2. 알맞은 것을 골라 완성해 만들어 보세요.

| -(으)나 마나 | -는 바람에 | (이)라는 | 에 비해(서) |
|---|---|---|---|

1) A 어제 늦게 자서 오늘 늦잠을 잤나 봐요.
   B 네, ______________________ 회사에 지각했어요.

2) A 요즘 물가가 많이 올랐지요?
   B 맞아요. ______________________ 정말 많이 오른 것 같아요.

3) A 제가 담근 김치인데 한번 먹어 보세요.
   B 마리코 씨는 요리를 잘하니까 ______________________ 맛있을 거예요.

4) A 요즘 인기 있는 영화가 뭐예요?
   B ______________________ 영화가 인기가 많대요.

3. 한국어로 할 수 있는 것에 ✓ 하세요.

- ☐ 운동 경기 결과에 대해서 설명할 수 있다.
- ☐ 경기장 소개를 읽고 경기장을 소개할 수 있다.
- ☐ 운동 경기 결과를 예측하는 대화를 듣고 말할 수 있다.
- ☐ 운동 경기에 대한 설명문을 읽고 쓸 수 있다.

**모범 답안**

2. 1) 늦잠을 자는 바람에 2) 작년에 비해서 3) 먹어 보나 마나 4) '친구'라는

# 4 남자와 여자
## Men and women

**잘 듣고 이야기해 보세요.** track 32

1. 여자는 남자의 선물이 마음에 들었습니까?
2. 여자는 무엇을 선물로 받고 싶었습니까?

# 학습목표

**어 휘**
- 태도와 불만
  Attitudes and complaints
- 능력
  Abilities
- –스럽다

**문법과 표현 1**
- A/V–기는커녕, N은/는커녕
- A/V–(으)ㄹ 게 뻔하다

**말하기**
- 친구에 대해 불평하기
  Complaining about friends

**문법과 표현 2**
- A–(으)ㄴ 반면(에), V–는 반면(에)
- A/V–(으)ㄹ 수밖에 없다

**읽고 말하기**
- 남자와 여자 비교하는 글 읽기
  Reading about comparisons between men and women
- 남자와 여자 비교하여 말하기
  Talking about comparisons between men and women

**듣고 말하기**
- 이성의 행동에 대한 불만 듣기
  Listening to complaints about behaviors of the opposite sex
- 의견 차이로 다투는 대화 듣기
  Listening to argumentative conversations due to differences in opinions
- 의견 강하게 표현하기
  Expressing opinions strongly

**읽고 쓰기**
- 실험 결과를 근거로 한 의견 제시 글 읽기
  Reading an opinionated piece based on the result of an experiment
- 실험 결과를 분석하는 글 쓰기
  Writing about the analysis of experimental results

**과 제**
- 남녀 차이 유무에 대해 토론하기
  Debating about the differences between men and women

**문화 산책**
- 남녀의 직업
  Job of men and women

**발 음**
- '–(으)ㄹ 게 뻔하다'의 억양
  Intonation of '–(으)ㄹ 게 뻔하다'

## 어 휘 Vocabulary

1. 다음은 다른 사람의 행동에 대해 불평할 때 사용하는 표현입니다. 상황에 맞게 이야기해 보세요.

계획성이 없다　　눈치가 없다　　고집이 세다　　자존심이 강하다

1) 남자 친구가 요즘 돈이 없어서 제가 빌려주겠다고 했더니 싫다고 화를 냈어요.

자존심이 강한가 봐요.

2) 날씨가 추운데도 우리 딸은 짧은 치마를 입고 유치원에 가겠다고 울어요.

3) 그 친구는 월급을 받으면 금방 다 써 버리고 저축을 하나도 안 해요. 나중에 어떻게 살려고 하는지 걱정이에요.

4) 내가 그 목걸이가 예쁘다고 몇 번이나 말했는데 남자 친구가 책을 선물로 줬어요.

- 여러분은 계획성이 있는 편입니까?
- 친구나 가족 중에서 고집이 센 사람이 있습니까?
- 자존심 때문에 하고 싶은 일을 하지 못한 적이 있습니까?



2. 다음은 불만과 관련된 단어입니다. 맞는 표현을 골라 보세요.

불만이다　　속상하다　　발끈하다　　따지다　　지적하다

1) 말도 안 돼. 또 갑자기 계획을 바꾸면 어떡하니? 더 이상 참을 수가 없어.

2) 어제 어디에 갔어요? 왜 전화를 안 받았어요? 누구랑 있었어요? 약속을 못 지키면 미리 전화를 해야 하는 거 아니에요?

3) 이 발표에서는 가장 중요한 부분이 빠졌군요. 주인공이 왜 그런 행동을 했는지 생각해 보셨나요?

4) 다른 친구들은 모두 커다란 곰 인형을 가지고 있는데 우리 부모님은 왜 나한테 안 사 주실까요?

5) 진짜 열심히 연습했는데 운동장에 가다가 교통사고가 나는 바람에 경기에 못 나갔어요. 경기에 나갔으면 우승할 수 있었는데…….

- 불만이 있을 때 참는 편입니까? 따지는 편입니까?
- 요즘 속상한 일이 있습니까?
- 다른 사람이 지적하면 잘 받아들이는 편입니까?

3. 다음 빈칸에 알맞은 말을 넣으세요.

**-스럽다**

여성스럽다　사랑스럽다　자랑스럽다　당황스럽다　걱정스럽다

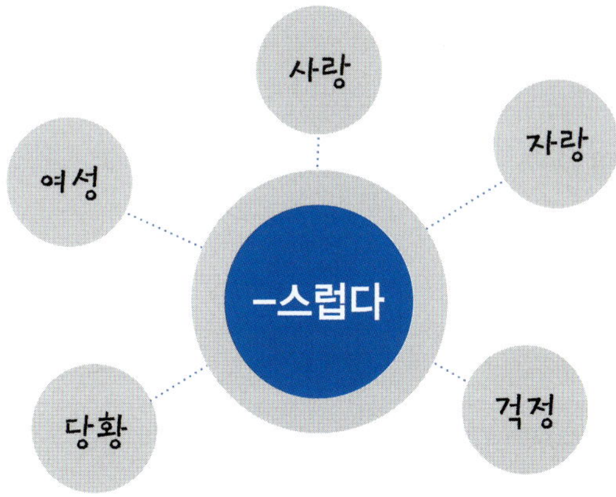


- 어떤 사람이 여성스럽다고 생각합니까?
- 여러분은 어떨 때 자기 자신이 자랑스럽습니까?
- 최근에 당황스러웠던 경험이 있습니까?

1) 그렇게 쉬지 않고 일하다가는 병에 걸릴 거야. 이제 좀 쉬어.

( 걱정스러운 ) 마음

2) 저 분홍색 원피스 어때? 꽃무늬도 예쁘고 리본도 달려 있어서 참 마음에 든다.

(　　　　　) 치마

3) 수업에 늦어서 급하게 교실 문을 열었는데 우리 교실이 아니었어요.

(　　　　　) 상황

4) 우리 아들이 서울에서 좋은 회사에 취직했어요. 어찌나 기쁜지 날아갈 것 같아요.

(　　　　　) 아들

5) 우리 딸은 웃는 것도 예쁘고 우는 것도 귀여워요. 보면 볼수록 예쁘네요.

(　　　　　) 딸

## 문법과 표현 1 Grammar and Expression 1

### 1. A/V-기는커녕, N은/는커녕

track 33

A 새로 산 휴대폰이 편리하지요?
B 편리하기는커녕 너무 기능이 많아서 사용법도 모르겠어요.

A 어제 영화는 재미있었니?
B 말도 마. 갑자기 배탈이 나는 바람에 영화관은커녕 집 밖에도 못 나갔어.

**연습** 광고를 보고 마음에 들지 않는 부분에 대해서 이야기해 보세요.

어제 헬스클럽에 갔지요? 어땠어요?

말도 마세요. 광고를 믿고 갔는데 넓기는커녕 세 사람이 운동하기에도 좁았어요.

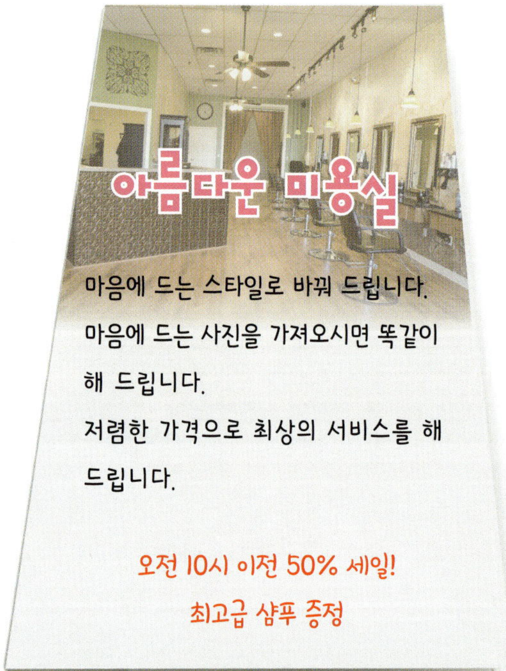


기능 function 사용법 usage method; instructions 광고 advertisement 전문적 professional 최신식 newest 사우나 sauna 주년 anniversary (year) 기념 commemoration 이벤트 event 회원 member 최상 the best

## 2. A/V-(으)ㄹ 게 뻔하다

track 34

A 이 책이 재미있을까?
B 제목을 보니까 재미없을 게 뻔해.

A 이번 달에는 저축을 좀 할 수 있겠어요?
B 저축이라니요? 돈을 많이 써서 저축은커녕 생활비도 모자랄 게 뻔해요.

**연습** 다음과 같이 한 친구에 대한 질문을 만들어서 다른 친구들에게 물어보고 대답을 들어 보세요.

________ 씨가 책을 선물받으면 좋아할까요?

________ 씨가 어젯밤에 무엇을 했을까요?

________ 씨가 지금 무슨 생각을 하고 있을까요?

________ 씨와 말다툼하면 내가 이길까요?

저축 saving (money)　말다툼하다 to argue

## 말하기 Speaking

track 35

켈리 오늘 스티븐이랑 영화 보러 간다면서? 좋겠다.

유진 좋기는커녕 안 싸우면 다행이야.

켈리 왜?

유진 서로 취향이 달라서 싸우는 거지. 오늘도 액션 영화를 보자고 할 게 뻔해.

켈리 넌 액션 영화 싫어하잖아.

유진 스티븐은 자기가 좋아하면 나도 좋아할 거라고 생각하거든.

켈리 그럼 너도 네가 보고 싶은 영화를 보자고 말해.

유진 다른 거 보자고 해도 눈치가 없어서 잘 모르던데…….

켈리 오늘 만나서 또 그러면 왜 항상 네가 보고 싶은 것만 보느냐고 말해 봐.

유진 너무 따지는 것 같아서 말하기 싫어.

켈리 그래도 말해야 알지. 말 안 하고 있으면 어떻게 알겠어?

**연습1** 대화를 만들어 보세요.

1) 저녁 먹으러 가다

매운 닭갈비를 먹다

고집이 세서 자기 마음대로 하다

2) 운동하러 가다

수영하러 가다

자기 생각대로만 하다

취향 taste; preference

**연습2** 다른 사람에 대한 불만을 이야기해 보세요.

주말에 여자 친구랑 록 콘서트 보러 간다면서요? 좋겠어요.

좋기는커녕 싸우기만 할 게 뻔해요.

왜요?

저는 시끄러운 콘서트를 싫어하거든요.

1) 여자 친구와 주말에 콘서트 장에 가기로 했는데 저는 시끄러운 록 콘서트는 싫어합니다.

2) 남자 친구는 오늘 드라이브를 가자고 하는데 저는 막히는 시내에서 드라이브를 하고 싶지 않습니다.

록 콘서트 rock concert　드라이브를 가다 to take a drive

## 문법과 표현 2 Grammar and Expression 2

### 1. A-(으)ㄴ 반면(에), V-는 반면(에)

track 36

- 우리 집은 학교에서 가까운 반면에 지하철역에서 멀다.
- 나는 책 읽는 것을 좋아하는 반면에 동생은 그림 그리는 것을 좋아한다.
- 남자들은 보통 자동차에 관심이 많은 반면 여자들은 자동차에 별로 관심이 없는 편이다.

**연습** 여러분 주변에 있는 것들에 대한 장점과 단점을 비교하여 말해 보세요.

| 학교 식당 | 우리 집 | 우리 삼촌 |
|---|---|---|
| 내가 자주 가는 가게 | 내가 최근 본 드라마 | ? |

최근 most recently; lately

## 2. A/V-(으)ㄹ 수밖에 없다

track 37

- 좋은 재료로 만들었으니까 음식이 맛있을 수밖에 없다.
- 등록금이 없어서 대학 입학을 포기할 수밖에 없었다.
- 남자와 여자는 체격이 다르기 때문에 잘할 수 있는 운동이 다를 수밖에 없다.

**연습** 다음과 같이 친구의 행동에 대해 이유를 말해 보세요.

**그 친구는 왜 자주 다리를 다칠까?**

- 성격이 급하니까 자주 다칠 수밖에 없다.
- 항상 높은 구두를 신으니까 자주 다칠 수밖에 없다.
- 항상 휴대 전화를 보면서 걸으니까 자주 다칠 수밖에 없다.
- 운동을 자주 하니까 자주 다칠 수밖에 없다.
- ?

**그 친구는 왜 물건을 자주 잃어버릴까?**

**그 친구는 왜 늘 웃고 다닐까?**

**?**

포기하다 to quit/give-up 늘 always; frequently

## 읽고 말하기 Reading and Speaking

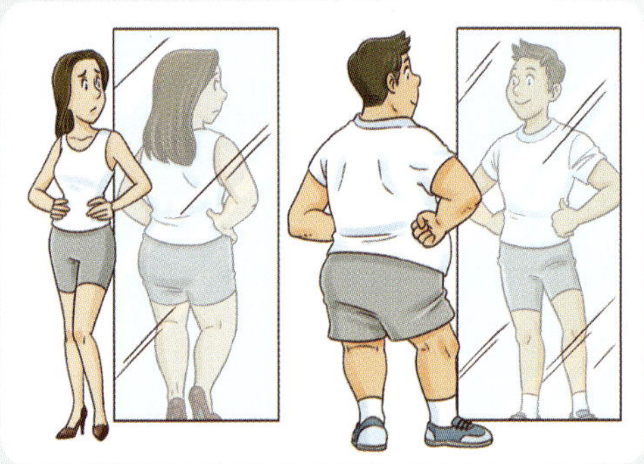

### 가 거울로 본 자신의 모습

여자는 거울을 볼 때 실제보다 자신이 뚱뚱하다고 생각하는 반면에 남자는 대부분 자신이 남자답고 멋있다고 생각한다. 그래서 여자가 남자에 비해서 몸매나 다이어트에 관심이 많을 수밖에 없다.

### 나 옷에 대한 생각

여자는 옷장에 옷이 많이 있어도 입을 옷이 없다고 생각하는 반면에 남자는 옷이 몇 벌만 있어도 충분하다고 생각한다. 여자는 옷을 멋으로 입지만 남자는 옷의 기능만 생각하기 때문에 그럴 수밖에 없다.

**연습1** 읽은 내용을 확인해 보세요.

1) 가 에서 거울을 볼 때 여자와 남자의 생각은 어떻게 다릅니까?
   - ▶ 여자 :
   - ▶ 남자 :

2) 가 에서 여자와 남자의 생각 차이로 무엇을 알 수 있습니까?

3) 나 에서 옷에 대한 여자와 남자의 생각은 어떻게 다릅니까?
   - ▶ 여자 :
   - ▶ 남자 :

4) 나 에서 여자와 남자의 생각이 다른 이유는 무엇입니까?

거울 mirror 실제 reality 남자답다 to be masculine/manly 몸매 body shape; figure 옷장 wardrobe; closet

**연습2** 친구와 이야기해 보세요.

1) 다음 상황에서 여자와 남자는 어떻게 행동할까요? 친구들의 생각을 알아보세요.

| | 여자 | 남자 |
|---|---|---|
| 길을 잘 모를 때 | | |
| 무서운 영화를 볼 때 | | |
| 친구에게 심각한 고민이 생겼을 때 | | |
| 친구와 같이 있다가 화장실에 갈 때 | | |

2) 친구들의 생각을 정리해서 말해 보세요.

여자는 ______________________________ 반면에

남자는 ______________________________

______________________________

______________________________ 수밖에 없습니다.

______________________________

______________________________.

심각하다 to be serious/severe

## 듣고 말하기 Listening and Speaking

**준비** 고민이 있을 때 다른 사람이 어떻게 해 주기를 기대합니까?

**듣기1** 다음은 친구에 대한 불만을 이야기하는 내용입니다. 잘 듣고 질문에 답하세요. track 38

1) 이 남자의 여자 친구는 무엇 때문에 힘들어합니까?

① 일 때문에 ② 직장 상사 때문에

2) 왜 이런 문제 상황이 생겼습니까?

① 남녀의 생각 차이 때문에

② 여자가 자존심이 강하기 때문에

③ 남자가 문제를 해결하지 못해서



**준비** 데이트할 때 싸운 적이 있습니까? 왜 싸웠습니까?

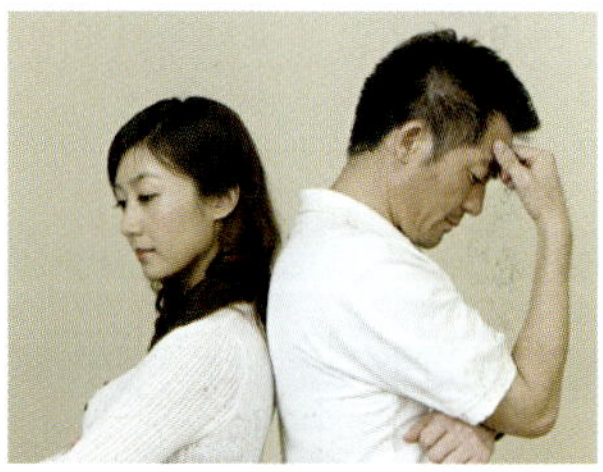

**듣기2** 다음은 다투고 있는 두 사람의 대화입니다. 잘 듣고 대답해 보세요. track 39

1) 남자와 여자는 무엇에 대해 이야기하고 있습니까?

① 식당의 분위기 ② 식당의 음식 맛 ③ 식당의 음식값

2) 대화를 듣고 맞는 대답에 표시하세요.

① 이 식당은 음식이 (비싼 / 싼) 편이다.

② 남자는 다른 식당에 (가고 싶어 한다 / 가고 싶어 하지 않는다).

③ 여자는 남자가 돈을 많이 (쓰는 / 안 쓰는) 것에 대해 불만이다.

3) 남자는 어떤 성격입니까?

상사 one's superior; boss 원만하다 to be smooth/easygoing 기대하다 to expect 고르다 to choose 수준 level; standard 정식 set-course meal
모처럼 after a long time 기분이 나다 to have feeling 메뉴판 menu

4) 다시 듣고 대화에서 사용한 표현을 찾아서 표시해 보세요.

**부정적 결과를 예상할 때**

- ☐ ~다가는
- ☐ ~기는커녕
- ☐ ~을 게 뻔해
- ☐ ~기는 틀렸다

**상대방에게 불만을 표현할 때**

- ☐ ~는 거 아냐?
- ☐ 왜 그래, 또?
- ☐ 어떻게 ~니/냐?
- ☐ ~는다는 게 말이 되니/되냐?

## 말하기 의견을 주장하는 대화를 해 보세요.

새 자동차를 살까 해.

새 자동차를 사려면 돈이 많이 필요한 거 아냐?

그렇기는 해도 중고 자동차를 살 수는 없잖아. 중고 자동차는 금방 고장 날 게 뻔해.

잘 고르면 괜찮아. 돈도 없는데 어떻게 새 자동차를 사냐?

| | 여자 | 남자 |
|---|---|---|
| 자동차 판매점에서 | 새 자동차를 사고 싶다. | 중고 자동차를 사고 싶다. |
| 여름휴가 계획을 세우면서 | 사람들과 어울려 놀 수 있는 곳이 좋다. | 조용한 곳이 좋다. |
| 친구 결혼 선물을 의논하면서 | 선물이 좋다. | 현금이 좋다. |

판매점 vendor; store  의논하다 to discuss  현금 cash

## 읽고 쓰기 Reading and Writing

**준비** 다음 8가지 일을 하는 데 시간이 얼마나 걸립니까?

- 다림질하기
- 택배 물건 받기
- 커피 내리기
- 식빵 굽기
- 복사하기
- 전화로 집의 위치를 설명해 주기
- 아이를 안고 달래 주기
- 아이에게 우유를 먹이고 기저귀 갈아 주기

**읽기** 다음 보고서를 읽고 물음에 답하세요.

남녀 대학생을 대상으로 흥미로운 실험을 했다. 여덟 가지 일을 10분 내에 모두 마치는 것이다. 그 일은 다림질하기, 택배 물건 받기, 전화가 오면 전화를 받아서 집의 위치를 설명해 주기, 아이에게 우유를 먹이고 기저귀 갈아 주기, 아이를 안고 달래 주기, 커피 내리기, 식빵 굽기, 복사하기였다.

실험 결과 일을 마치는 데 여학생은 평균 9분 56초가 걸렸고 남학생은 평균 13분 52초가 걸렸다. 대부분의 여학생들은 10분 내에 일을 마친 반면에 10분 내에 일을 마친 남학생은 한 명도 없었다. 여학생들은 아기를 안고 전화를 받으면서 집의 위치를 설명해 주는 동시에 갑자기 도착한 택배 물건을 받고, 커피를 내리면서 식빵도 굽고 복사도 했다. 한 번에 여러 가지 일을 허둥대지 않고 침착하게 해냈다. 이에 비해 남학생들은 처음부터 당황스러워했다. 다림질을 하고 있는데 택배 물건이 오고 전화까지 오니까 어떻게 해야 할지 몰라 우왕좌왕했다. 일을 마치는 시간도 오래 걸렸고 일을 동시에 하지 못하고 허둥대서 일의 결과도 엉망일 수밖에 없었다.

이 실험 결과를 보면 어떤 일이 동시에 주어졌을 때 여자는 남자보다 일의 순서를 정해 해내는 능력이 훨씬 뛰어나다는 것을 알 수 있다. 그 반면에 남자들은 일을 동시에 하는 능력이 여자에 비해 뒤떨어진다. 그러므로 여자들에게 일을 시킬 때는 여러 가지 일을 한꺼번에 줘도 크게 문제가 안 되지만 남자들에게 일을 줄 때는 여러 가지 일을 한꺼번에 주는 것보다는 한 가지 일이 끝나면 다음 일을 시키는 것이 훨씬 더 좋은 방법이다.

1) 읽은 내용에 대해 이야기해 보세요.

① 누구를 대상으로 어떤 실험을 하였습니까?

② 실험 결과 일을 하는 데 여자와 남자는 각각 시간이 얼마나 걸렸습니까?

③ 실험 과정에서 일을 하는 여자와 남자의 태도는 어떻게 달랐습니까?



다림질 ironing　커피를 내리다 to make coffee　식빵 (plain) bread　달래다 to comfort/pacify　기저귀를 갈다 to change a diaper　실험 experiment
평균 average　동시에 at the same time　허둥대다 to be flustered　침착하다 to remain composed　우왕좌왕하다 to rush around in confusion
주어지다 to be given　순서 order　뛰어나다 to be outstanding　뒤떨어지다 to be behind/lagging　시키다 to make (someone do something)　한꺼번에 all at once

2) 실험 결과를 정리해 보세요.

______ 대상으로 ______ 에 대한 실험을 했습니다. 실험 결과 여자들은 ______ 능력이 뛰어난 반면에 남자들은 ______ 능력이 여자에 비해 뒤떨어진다는 것을 알 수 있었습니다. 그러므로 여자에게 일을 줄 때는 ______도 되지만 남자에게 일을 줄 때는 ______ 일을 주는 것이 더 좋습니다.

3) 다음 단어를 사용해서 읽은 글을 다시 말해 보세요.

대상 실험 결과 평균 동시에 허둥대다
당황스러워하다 침착하다 뛰어나다 뒤떨어지다

## 쓰기 실험 결과를 근거로 의견을 제시하는 글을 써 보세요.

남자가 주차하는 데에 걸린 시간 43초

여자가 주차하는 데에 걸린 시간 3분 1초

1) 다음 그림을 보고 실험 내용을 이야기해 보세요.

2) 왜 이런 결과가 나왔는지 친구들과 이야기해 보세요.

3) 실험 방법과 결과를 설명하고 자기의 의견을 제시하는 글을 완성해 보세요.

______ 대상으로 ______ 실험을 했습니다.
실험 결과 남자들은 ______ 반면에
여자들은 ______다는 것을 알 수 있었습니다.
이런 결과가 나온 이유는 ______
______기 때문입니다.
그러므로 남자들은 ______ 수밖에 없고
여자들은 ______ 수밖에 없다는 점을 서로 잘 이해해야 합니다.

주차하다 to park

## 과제 Task

**남녀의 차이에 대해 이야기하고 자신의 입장을 주장하는 토론을 해 보세요.**

다음 설문에 대답해 보세요.

| | 예 | 아니요 | 차이가 없다 |
|---|---|---|---|
| 1. 여자가 남자보다 말을 더 잘한다. | | | |
| 2. 남자가 여자보다 운전을 더 잘한다. | | | |
| 3. 여자가 남자보다 집안일을 더 잘한다. | | | |
| 4. 남자가 여자보다 힘이 세다. | | | |
| 5. 여자가 남자보다 눈치가 빠르다. | | | |
| 6. 남자가 여자보다 방향을 잘 안다. | | | |
| 7. 여자가 남자보다 감정이 풍부하다. | | | |
| 8. 남자가 여자보다 승부욕이 강하다. | | | |



남자와 여자는 능력이 같다고 생각합니까? 다르다고 생각합니까?
생각이 같은 친구들끼리 모여서 그렇게 생각하는 이유와 근거를 이야기해 보세요.

남자와 여자는 잘할 수 있는 직업이 같다.

남자와 여자는 잘할 수 있는 직업이 다르다.

의견이 다른 사람들과 팀을 만들어 토론을 해 보세요.

감정이 풍부하다 to be full of emotion  근거 basis  토론을 하다 to debate

# 문화 산책 Culture Note

**준비** 여러분은 남자나 여자가 하면 안 되는 일이라고 생각하는 직업이 있습니까?

**알아보기** **남녀의 직업**

1) 의상 디자이너

앙드레 김은 1962년 앙드레 김 의상실을 열고 한국 최초의 남자 의상 디자이너로 활동했다.

2) 비행기 조종사

신수진 기장은 1997년 첫 여성 부기장으로 임명되었고 2008년 첫 여성 기장이 되었다.

3) 간호사

1962년 첫 남자 간호사 면허가 발급되었고 2012년에는 5000명이 넘었다. 2012년 면허 시험 합격자 중 남자가 7.5%를 차지했다.

4) 지휘자

김경희 교수는 2008년 한국 최초의 여성 상임 지휘자가 되었다. 지휘를 공부한 지 20년 만의 일이었다.

**생각 나누기** 여러분 나라에는 남자와 여자의 직업에 구분이 있는지 이야기해 보세요.

의상 디자이너 clothing designer　의상실 boutique　최초 first　조종사 pilot　부기장 co-pilot　임명되다 to be appointed　기장 (plane) captain
면허 license　발급되다 to be issued　차지하다 to occupy　지휘자 conductor　상임 permanent post

## 발음 Pronunciation

**준비** 들어 보세요. track 40

1) 친구가 오늘도 늦을 게 뻔해요.

2) 계단에서 넘어질 뻔했어요.

**규칙** '-(으)ㄹ 게 뻔하다'는 '-(으)ㄹ 뻔했다'보다 '뻔'을 조금 길게 발음합니다.
The '뻔' in '-(으)ㄹ 게 뻔하다' is pronounced a little longer than as in '-(으)ㄹ 뻔했다'.

늦을 게 뻔:해요

넘어질 뻔했어요



**연습** 잘 듣고 따라 해 보세요. track 41

1) A 오늘은 민수 씨가 약속 시간을 지킬까요?
   B 그 친구는 항상 시간을 안 지키니까 오늘도 늦을 게 뻔해요.

2) A 지금 가면 지하철을 탈 수 있을까요?
   B 12시가 넘었으니까 지하철이 끊겼을 게 뻔해요.

3) A 무슨 일 있어요?
   B 네, 학교에 오는 길에 교통사고를 당할 뻔했어요.

4) A 이게 무슨 냄새야?
   B 내가 음식을 태우는 바람에 불이 날 뻔했거든.

## 자기 평가 Self-Check

1. 다음은 주제 어휘입니다. 뜻을 확인해 보세요.

| | | | | | |
|---|---|---|---|---|---|
| □ | 걱정스럽다 | to be worried | □ | 불만이다 | to be dissatisfied |
| □ | 계획성이 없다 | to not plan ahead | □ | 사랑스럽다 | to be lovable |
| □ | 고집이 세다 | to be stubborn | □ | 속상하다 | to be distressed |
| □ | 눈치가 없다 | to lack tack/behave senselessly | □ | 여성스럽다 | to be feminine |
| □ | 당황스럽다 | to feel embarrassed | □ | 자랑스럽다 | to be proud |
| □ | 따지다 | to nitpick | □ | 자존심이 강하다 | to have a strong sense of pride |
| □ | 발끈하다 | to fly into a rage | □ | 지적하다 | to point out/indicate |

2. 알맞은 것을 골라 대화를 완성해 보세요.

–기는커녕　　–(으)ㄹ 게 뻔하다　　–(으)ㄴ/는 반면(에)　　–(으)ㄹ 수밖에 없다

1) A 이 영화 오늘 꼭 보고 싶은데 극장에 가면 표가 있을까?
   B 요즘 인기 많다던데. 주말이라서 ______________________.

2) A 생일 선물 많이 받았지?
   B ______________________ 생일 축하 인사를 해 주는 사람도 없었어요.

3) A 좀 더 넓은 방은 없을까요? 셋이 같이 지내기에 불편할 거 같은데요.
   B 지금은 다른 방이 없어서 이 방에서 같이 ______________________.

4) A 부모님이 식당을 하시니까 맛있는 음식을 많이 먹어서 좋지요?
   B ______________________ 너무 많이 먹게 돼서 자꾸 살이 쪄요.

3. 한국어로 할 수 있는 것에 ✓ 하세요.

□ 친구에 대한 불평을 말할 수 있다.

□ 남녀를 비교하는 글을 읽고 비교하여 말할 수 있다.

□ 의견 차이로 다투는 대화를 듣고 자신의 의견을 표현할 수 있다.

□ 실험 결과를 근거로 의견을 제시하는 글을 읽고 쓸 수 있다.

모범 답안

2. 1) 표가 없을 게 뻔해　2) 생일 선물을 받기는커녕　3) 지낼 수밖에 없어요　4) 맛있는 음식을 먹을 수 있어서 좋은 반면에

# 5 속담과 관용어

## Proverbs and idioms

**잘 듣고 이야기해 보세요.** track 42

1. 여자는 왜 화가 났습니까?
2. 여자는 남자에게 무슨 말을 하고 싶었습니까?

## 학습목표

**어 휘**
- 속담
  Proverbs
- 관용어
  Idioms

**문법과 표현 1**
- A/V-고 해서
- A-다더니, V-ㄴ/는다더니

**말하기**
- 속상한 일 설명하기
  Explaining disappointing events

**문법과 표현 2**
- A/V-기 마련이다
- V-다 보니(까)

**읽고 말하기**
- 성격 묘사하는 글 읽기
  Reading descriptions about personalities
- 다른 사람 성격 묘사하기
  Describing someone else's personality

**듣고 말하기**
- 라디오 편지 듣기
  Listening to a letter on the radio
- 속담을 인용하여 위로하는 대화 듣기
  Listening to consoling conversations that quote proverbs
- 속담을 인용하여 위로하기
  Consoling by quoting proverbs

**읽고 쓰기**
- 속담을 인용한 기사 읽기
  Reading articles that quote proverbs
- 속담을 인용하여 기사 쓰기
  Writing articles that quote proverbs

**과 제**
- 몸짓으로 표현하는 게임
  Pantomime game

**문화 산책**
- 속담의 주인공
  Main characters of proverbs

**발 음**
- 겹받침 'ㄺ', 'ㄼ'의 발음
  Pronunciation of final double-consonants 'ㄺ', 'ㄼ'

# 어 휘 Vocabulary

1. 다음은 여러 가지 속담입니다. 그림을 보면서 무슨 뜻인지 알아보세요.

1)

호랑이도 제 말 하면 온다

2)

개구리 올챙이 적 생각 못 한다

3)

소 잃고 외양간 고친다

4)

고래 싸움에 새우 등 터진다

5)

세 살 버릇 여든까지 간다

6)

믿는 도끼에 발등 찍힌다

7)

원숭이도 나무에서 떨어질 때가 있다

8)

젊어서 고생은 사서도 한다

9)

천 리 길도 한 걸음부터

10)

시작이 반이다

- 여러분 나라에도 위와 같은 뜻을 나타내는 속담이 있으면 소개해 보세요.

2. 다음은 많이 사용되는 표현입니다. 어떤 뜻을 표현하는지 그림에서 찾아보세요.

| 입이 가볍다 | 입이 무겁다 | 입이 짧다 | 눈이 높다 | 귀가 얇다 | 발이 넓다 |
|---|---|---|---|---|---|

1)

2)

3)

4)

5)

6)

## 문법과 표현 1 Grammar and Expression 1

### 1. A/V-고 해서

track 43

A 오늘 시간 있으면 같이 영화 보러 갈래요?
B 오늘은 몸도 피곤하고 해서 집에서 쉬려고요.

A 지연 씨 강아지가 힘이 없어 보이네요.
B 네, 요즘 밥도 잘 안 먹고 해서 걱정이에요. 병원에 데려가야 할 것 같아요.

**연습** 다음 상황에 대한 계획과 그 이유에 대해 이야기해 보세요.

내일 휴일인데 뭘 할 계획이에요?

시간도 많고 해서 오랜만에 서점에 갈 생각이에요.

1) 내일 휴일인데 뭘 할 계획이에요?

2) 이번 주말에 특별한 계획이 있어요?

3) 다음 방학 때 뭘 하고 싶어요?

4) 오늘 저녁에 ______________________?

시간이 많다

새로운 경험을 하고 싶다

가슴이 답답하다

친구들이 여러 번 추천했다

월급을 받았다

혼자 여행해 본 적 없다

?

## 2. A-다더니, V-ㄴ/는다더니

track 44

A 오늘 파티 준비를 혼자 했어요? 힘들었겠어요.
B 네, 친구가 도와준다더니 바쁜 일이 있다면서 그냥 가 버렸거든요.

A 지난번 회의에서 서지혜 씨가 큰 실수를 했다면서요?
B 네, 원숭이도 나무에서 떨어질 때가 있다더니 경험이 많은 지혜 씨도 실수를 하더라고요.

**연습** 다음 상황에 대해 불만을 이야기하는 대화를 만들어 보세요.

1)

2)

3)

4)

## 말하기 Speaking

track 45

아키라 회사 선배 때문에 속상해요.
정 우 왜요? 무슨 일 있었어요?
아키라 이번에 제가 회사에서 아주 중요한 일을 맡았거든요.
정 우 아키라 씨의 능력을 인정받은 모양이네요.
아키라 그런 건 아니고요. 일본어 능력이 필요한 일이라서요. 그런데 제가 아직 모르는 것도 많고 해서 선배에게 좀 도와 달라고 부탁을 했어요.
정 우 그런데 선배가 안 도와줘요?
아키라 네, 도와줄 줄 알았는데 도와주기는커녕 그렇게 쉬운 일도 혼자 못 하느냐면서 큰 소리로 야단을 쳤어요.
정 우 아이고, 개구리 올챙이 적 생각 못 한다더니 자기가 신입 사원일 때 생각은 못 하는군요.

**연습1** 대화를 만들어 보세요.

1) 내 전공과 관련된 일이다

자기가 경험이 많으니까 자기가 해 보겠다고 부장님께 말하다

믿는 도끼에 발등 찍힌다

믿고 있던 선배가 더 힘들게 하다

2) 전에 해 본 적이 있는 일이다

작은 일을 더 크게 만들어서 내가 부장님께 혼나다

호랑이도 제 말 하면 온다

저기 그 선배가 오다

인정을 받다 to receive recognition 야단을 치다 to scold 신입 사원 new employee 부장님 general manager 혼나다 to get a scolding

**연습2** 문제 상황에 대해 속담을 사용해서 이야기해 보세요.

요즘 일이 너무 많아서 힘들어요.

무슨 일이 그렇게 많은데요?

공부할 것도 많은데 학비 벌려고 아르바이트까지 하느라 잠 잘 시간도 없어요.

정말 힘들겠군요.

1) 동생이 어릴 때부터 내 옷을 말도 없이 입더니 대학생이 되어서도 내 옷을 마음대로 입고 나간다.

세 살 버릇 여든까지 간다

2) 큰 마트들이 너무 심하게 가격 경쟁을 해서 우리 가게가 장사가 안된다.

고래 싸움에 새우 등 터진다

마트 mart 경쟁 competition 장사가 안되다 to have business not do well/have poor sales

## 문법과 표현 2 Grammar and Expression 2

### 1. A/V-기 마련이다

track 46

- 소문은 눈덩이처럼 커지기 마련이다.
- 언어를 배우는 일은 시간이 걸리기 마련이다.
- 아무리 친한 친구라도 항상 같이 다니다 보면 마음이 안 맞을 때도 있기 마련이다.

**연습** 다음 주제에 맞는 시를 써 보세요.

1)

2)

눈덩이 snowball　외로움 loneliness

## 2. V-다 보니(까)

track 47

- 한국 사람을 자주 만나다 보니까 한국말을 잘하게 되었다.
- 여러 종류의 책을 다양하게 읽다 보니 상식이 풍부해졌다.
- 서로에게 모든 이야기를 하다 보니까 비밀이 없어졌다.

**연습** 요즘 잘하게 되거나 좋아하게 된 일을 소개하고 그 이유를 말해 보세요.

?

상식 common knowledge　풍부하다 to be ample

## 읽고 말하기 Reading and Speaking

가 내 동생은 귀가 얇은 편이다. 그래서 다른 사람의 말을 들으면 쉽게 자기 생각을 바꾼다. 귀가 얇으면 한 가지 일을 오래 못 하기 마련인데 내 동생이 그렇다. 얼마 전에는 건강을 위해 자전거를 타기 시작하더니 일주일도 안 지나서 수영이 좋다는 말을 듣고 자전거 대신 수영을 하기 시작했다. 수영도 역시 오래 못 하고 조깅이 좋다는 뉴스를 보더니 조깅으로 바꿨다. 내 동생이 한 가지 일이라도 제대로 했으면 좋겠다.

나 나에게는 초등학교 때부터 친하게 지낸 죽마고우가 있다. 어떤 이야기든지 다 하다 보니까 우리 사이에는 비밀이 없다. 서로에 대해 많이 알고 있다 보면 실수로 다른 사람에게 그 비밀을 말할 때도 있기 마련이지만 내 친구는 입이 무거워서 우리끼리 한 이야기를 절대로 다른 사람에게 말하지 않는다. 그래서 우리 부모님께 말하지 못하는 일도 그 친구에게는 마음 편하게 말할 수 있다.



**연습1** 읽은 내용을 확인해 보세요.

1) 가 에서 동생은 어떤 사람입니까?

2) 가 에서 얼마 전 동생에게 어떤 일이 있었습니까?

3) 나 에서 친구의 장점은 무엇입니까?

4) 나 에서 친구에게 어떤 일까지 말할 수 있습니까?

조깅 jogging 제대로 properly 죽마고우 childhood friend; old friend

**연습2** 친구와 이야기해 보세요.

1) 여러분이 아는 사람 중에 다음과 같은 사람이 있습니까? 친구들과 이야기해 보세요.

| | 자주 하는 행동 |
|---|---|
| 눈이 높은 사람 | |
| 입이 가벼운 사람 | |
| 귀가 얇은 사람 | |
| 발이 넓은 사람 | |

2) 위에서 이야기한 사람 중 한 명을 골라서 그 사람의 성격과 행동에 대해 말해 보세요.

제가 아는 사람 중에 ______________________ 사람이 한 명 있습니다.

그런 사람은 ______________________________기 마련입니다.

________________________________________다 보니(까)

____________________________________________

____________________________________________

____________________________________________.

## 듣고 말하기 Listening and Speaking

**준비** 여자 친구 또는 남자 친구가 생기면 누구에게 소개합니까?

**듣기1** 다음은 라디오 편지입니다. 잘 듣고 질문에 답하세요. track 48

1) 편지를 보낸 여자의 문제는 무엇입니까?

_______________________________

2) 여자의 상황에 맞는 속담을 고르세요.

① 호랑이도 제 말 하면 온다.

② 믿는 도끼에 발등 찍힌다.

③ 원숭이도 나무에서 떨어질 때가 있다.

**준비** 할 일이 있을 때 미리 부지런하게 하는 편입니까? 아니면 일을 미루는 편입니까?

**듣기2** 다음은 오랜만에 만난 두 친구의 대화입니다. 잘 듣고 질문에 답하세요. track 49

1) 여자가 힘들어하는 이유는 무엇입니까?

① 요즘 모임에 나갈 수 없어서

② 해야 할 일이 한꺼번에 생겨서

③ 친구들이 갑자기 여행을 가자고 해서

2) 여자가 지금 해야 할 일은 무엇입니까? 모두 쓰세요.

① 석사 논문 쓰기

② _______________________________

③ _______________________________

3) 남자의 생각으로 맞는 것을 고르세요.

① 남자는 여자가 게으르다고 생각한다.

② 남자는 여자의 상황을 안타까워하고 있다.

③ 남자는 여자가 바쁘다는 것을 모르고 있었다.

사연 story 여대생 female university student 연락이 뜸하다 to not hear much from 기말고사 final exam 왠지 somehow 배신감 sense of betrayal 안타깝다 to be pitiful/regrettable 석사 master (degree of) 논문 thesis; dissertation 느긋하게 relaxedly 박사 과정 doctoral coursework 입학 원서 entrance application form 마감 deadline 겹치다 to overlap 정신이 없다 to be out of one's mind 하필이면 of all occasions 겨우 nearly

4) 다시 듣고 대화에서 사용한 표현을 찾아서 표시해 보세요.

**인용할 때**

- ☐ ~는다더니
- ☐ ~는다고
- ☐ ~는다고 하잖아요[는다잖아요]
- ☐ ~는다는 말이 있잖아요

**위로할 때**

- ☐ 어떡해요
- ☐ 저런
- ☐ 안됐네요

**말하기** 속담을 인용하여 위로하는 대화를 해 보세요.

졸업 논문 쓴다고 바쁘다더니 아직도 할 게 많이 남았어요?

네, 마음만 급하고 잘 안되네요.

저런, 어떡해요. 할 일이 많으면 마음이 급해지기 마련이지요.

맞아요. 더구나 그동안 바빠서 논문을 조금밖에 못 썼어요.

| 상황 | 속담 |
|---|---|
| 졸업 논문 쓰느라 바쁜 친구에게 | 천 리 길도 한 걸음부터 |
| 회사 일이 많아서 힘든 친구에게 | 젊어서 고생은 사서도 한다 |
| 중국어 공부를 시작했는데 힘들어하는 친구에게 | 시작이 반이다 |

## 읽고 쓰기 Reading and Writing

**준비** 다음 그림들은 어떤 뜻을 나타내는 것 같습니까?

**읽기** 다음 신문 기사를 읽고 물음에 답하세요.

### 가 서울에서 집 사기
### 하늘의 별 따기

내년에 결혼을 하게 된 김대한 씨는 두 달 동안 집을 구하러 다니다가 결국 월세 집을 구하기로 했다. 자신이 가진 돈으로 서울에서 집을 사려면 은행에서 많은 돈을 빌릴 수밖에 없었기 때문이다. 이것은 김대한 씨만의 문제가 아니다. 평범한 직장인이 서울에서 집을 사는 것은 하늘의 별 따기이다.

### 나 10원짜리 동전 모아 사랑 나누기
### 티끌 모아 태산

오늘 오전 대전의 한 고등학교 강당에서는 '10원짜리 동전 모으기' 행사가 있었다. 사용할 일이 많지 않아서 집에 쌓아 두었던 10원짜리 동전을 모아서 어려운 이웃을 돕자는 행사였다.

학생 대표 송은희 양은 "10원은 적은 돈이지만 조금씩 모으다 보니 세 달 뒤에는 큰돈이 되어 있었다. 티끌 모아 태산이라는 속담을 직접 느낄 수 있는 소중한 경험이었다."라고 소감을 말했다.

### 다 배우 L 씨 가수 W 씨와 연애?
### 아니 땐 굴뚝에 연기 날까

최근 인기 연예인 L 씨와 W 씨의 스캔들로 인터넷이 시끄럽다. 네티즌들은 아니 땐 굴뚝에 연기가 나겠느냐면서 두 사람의 관계에 관심을 가지고 지켜보는 중이다. 두 사람이 공항에서 같이 출국하는 사진이 인터넷에 올라 온 후 관심은 더 뜨거워지고 있다. 하지만 L 씨의 매니저는 유명한 연예인들은 이런 소문이 나기 마련이라면서 L 씨와 W 씨는 친한 동료일 뿐이라고 말했다.

월세 monthly rent 직장인 office worker; salary man worker 강당 lecture hall 행사 event 큰돈 large amount of money 소중하다 to be precious 소감 thoughts and feelings 아니 땐 굴뚝에 연기 날까 there is no smoke without fire 스캔들 scandal 네티즌 netizen 지켜보다 to keep an eye on 출국하다 to depart a country 관심이 뜨겁다 to have interest heat up 매니저 manager 동료 colleague

1) 읽은 내용에 대해 이야기해 보세요.

① 김대한 씨는 서울에서 집을 살 수 있을까요?

② 왜 10원짜리 동전을 모으기로 했을까요?

③ L 씨와 W 씨는 어떤 관계일까요?

2) 이 글에서 사용된 속담을 가지고 기사의 내용을 정리해 보세요.

① 가 ____________________는 것은 하늘에 있는 별을 따는 것처럼 힘든 일이다.

② 나 작은 티끌을 모으면 큰 산이 될 수 있는 것처럼 ____________을 모아서 ____________ 일을 할 수 있었다.

③ 다 불을 피워야 연기가 나는 것처럼 ________________기 때문에 ________________이 생겼을 것이다.

**쓰기** 속담을 이용해서 신문 기사를 써 보세요.

1) 다음 기사의 내용에 대해 추측해 보세요.

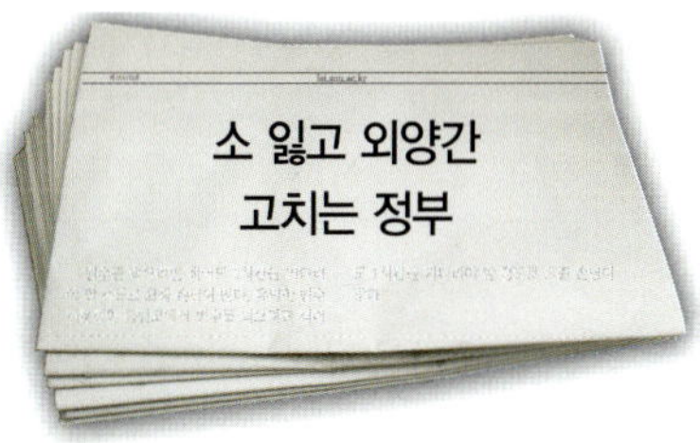


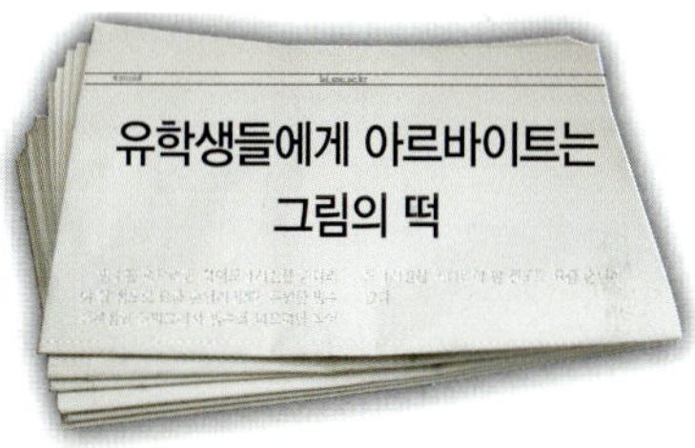


2) 속담을 이용해 제목을 쓰고 기사를 완성해 보세요.

제목 : ________________________

______________________________________________

______________________________________________

______________________________________________

______________________________________________

______________________________________________

______________________________________________

그림의 떡 pie in the sky; unattainable prize

## 과제 Task

### 속담과 관용어에 맞는 상황을 설명하고 알아맞히는 게임을 해 보세요.

- 팀을 나누고 문제를 설명할 사람 순서를 정하세요.

- 각 팀마다 한 사람씩 순서대로 나와 속담과 관용어 카드(활동지 p.213)를 보고 그에 맞는 상황을 설명하세요. 다른 팀원들은 그 설명을 듣고 속담이나 관용어를 알아맞혀 보세요.

- 속담이나 관용어를 가장 많이 알아맞힌 팀이 이 게임에서 이기게 됩니다.

## 문화 산책 Culture Note

**준비** 한국 속담에는 어떤 동물이나 식물 또는 물건이 자주 나옵니까?

**알아보기** 속담의 주인공

1) 떡

- 누워서 떡 먹기
- 그림의 떡

왜 자주 쓰였을까?

떡은 쌀로 만드는 음식이기 때문에 밥을 먹을 여유가 있는 집에서 먹을 수 있는 간식이었다. 또 명절이나 제사 같은 특별한 날에 먹는 귀한 음식이었다.

2) 소

- 소 잃고 외양간 고친다
- 바늘 도둑이 소도둑 된다

왜 자주 쓰였을까?

한국은 전통적으로 농업 국가였고 농사를 짓는 데는 소가 매우 중요했다. 소 없이는 농사짓기가 힘들었기 때문이다.

**생각 나누기** 여러분 나라 속담에는 어떤 것이 자주 나오는지 이야기해 보세요.

제사 ancestral rites 바늘 needle 농업 agriculture 농사짓다 to farm

## 발음 Pronunciation

**준비** 들어 보세요. track 50

1) 내 동생은 눈이 맑다는 말을 많이 들어요.

2) 회사 면접에 입고 가기에는 치마가 좀 짧지 않아요?

**규칙** 받침에 'ㄺ'이나 'ㄼ'이 있는 단어는 뒤에 자음이 따라올 때 다음과 같이 발음됩니다.
When a consonant comes after words that end in final 'ㄺ' or 'ㄼ', they are pronounced as the following.

1)

맑다[막따] 맑지[막찌]
맑네[망네]

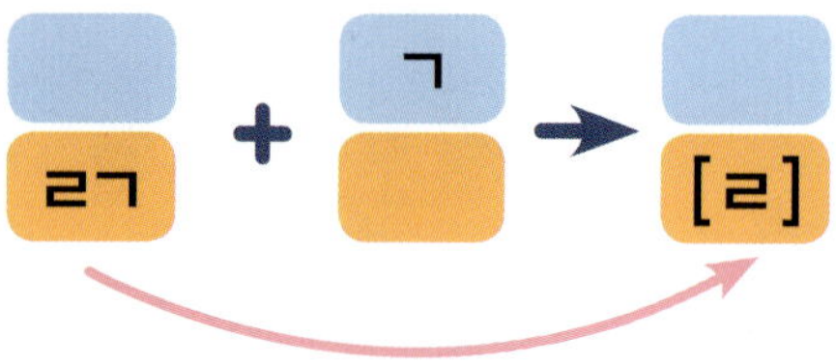


맑구나[말꾸나]

예] 읽다, 밝다, 늙다 등

2)

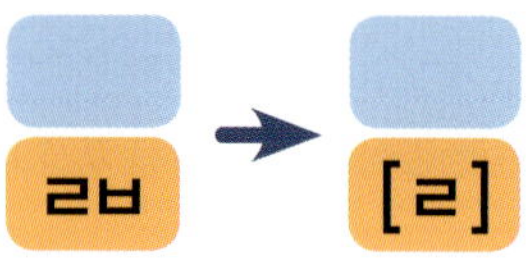


짧다[짤따] 짧지[짤찌]
짧구나[짤꾸나]

예] 넓다, 얇다 등

예외] 밟다는 [밥따]로 발음합니다.

**연습** 잘 듣고 맞는 발음을 고르세요. track 51

1) A 내 동생이 책을 너무 많이 읽어서 걱정이야.
B 무슨 책을 읽는데(①[일른데] ②[잉는데]) 걱정을 해?
A 매일 만화책만 읽거든(①[일꺼든] ②[익꺼든]).

2) A 민수는 귀가 얇아서 문제야.
B 뭐, 귀가 얇다고(①[얄따고] ②[압따고])?
A 응, 민수는 귀도 얇고(①[얄꼬] ②[압꼬]) 입도 너무 가벼워.

## 자기 평가 Self-Check

1. 다음은 주제 어휘입니다. 뜻을 확인해 보세요.

- ☐ 개구리 올챙이 적 생각 못 한다 — One must remember what it was like to be less experienced.
- ☐ 고래 싸움에 새우 등 터진다 — Innocent people are injured during the conflicts of the powerful.
- ☐ 믿는 도끼에 발등 찍힌다 — Trust is the mother of treason.
- ☐ 세 살 버릇 여든까지 간다 — Bad habits die hard as the boy so the man.
- ☐ 소 잃고 외양간 고친다 — It is useless to take precautions after the crisis has already happened.
- ☐ 시작이 반이다 — Starting is half the job.
- ☐ 원숭이도 나무에서 떨어질 때가 있다 — Everyone makes a mistake at one time or another.
- ☐ 젊어서 고생은 사서도 한다 — Early training means more than late learning.
- ☐ 천 리 길도 한 걸음부터 — A journey of a thousand miles must begin with the first step.
- ☐ 호랑이도 제 말 하면 온다 — Speak of the devil (and he will appear).
- ☐ 귀가 얇다 — easily swayed by what others say
- ☐ 눈이 높다 — to be choosy (not easily satisfied)
- ☐ 발이 넓다 — to have a wide acquaintance
- ☐ 입이 가볍다 — to be loose-lipped
- ☐ 입이 무겁다 — to be tight-lipped
- ☐ 입이 짧다 — to have a small appetite

2. 알맞은 것을 골라 다음 대화를 완성해 보세요.

| -다더니 | -고 해서 | -기 마련이다 | -다 보니(까) |
|---|---|---|---|

1) A 내일 뭘 할 거예요?
   B ______________________ 도서관에 가려고요.

2) A 한국어 실력이 많이 늘었네요.
   B 정말요? ______________________ 실력이 좋아졌나 봐요.

3) A 오늘 점심으로 켈리가 김밥을 사 줬어.
   B 그래? 장학금을 받아서 ______________________ 겨우 김밥을 사 줬구나

4) A 나는 죽지 않고 계속 살았으면 좋겠어.
   B 하하하, 말도 안 돼. 사람은 누구나 ______________________.

3. 한국어로 할 수 있는 것에 √ 하세요.

- ☐ 속상한 일을 설명할 수 있다.
- ☐ 성격을 묘사하는 글을 읽고 다른 사람의 성격을 묘사할 수 있다.
- ☐ 속담을 인용하여 위로하는 대화를 듣고 말할 수 있다.
- ☐ 속담을 인용한 기사를 읽고 기사를 쓸 수 있다.

모범 답안

2. 1) 시험 준비도 해야 하고 해서 2) 한국 사람과 이야기를 많이 하다 보니까 3) 한턱내겠다더니 4) 언젠가는 죽기 마련이야

# 6 공연과 축제
## Performances and festivals

**잘 듣고 이야기해 보세요.** track 52

1. 두 사람이 본 공연은 무엇입니까?
2. 공연을 본 소감이 어땠습니까?

## 학습목표

| | |
|---|---|
| 어 휘 | • 감상<br>Appreciation<br>• 평가<br>Evaluation<br>• -거리 |
| 문법과 표현 1 | • A/V-기는(요)<br>• A/V-든(지) A/V-든(지), N(이)든(지) N(이)든(지) |
| 말하기 | • 공연 참가 권유하기<br>Recommending participation in a performance |
| 문법과 표현 2 | • N(이)야말로<br>• 여간 A-(으)ㄴ 것이 아니다, 여간 V-는 것이 아니다, 여간 A/V-지 않다 |
| 읽고 말하기 | • 축제 소개하는 글 읽기<br>Reading introductions to festivals<br>• 축제 소개하기<br>Introducing a festival |
| 듣고 말하기 | • 축제 소개 뉴스 듣기<br>Listening to a news introduction about a festival<br>• 공연 감상 듣기<br>Listening to someone else's appreciation of a performance<br>• 공연 소개하고 평가하기<br>Introducing and evaluating performances |
| 읽고 쓰기 | • 공연 감상문 읽기<br>Reading a report about a performance<br>• 공연 감상문 쓰기<br>Writing a report about a performance |
| 과 제 | • 아리랑 개사하기<br>Changing lyrics of Arirang |
| 문화 산책 | • 한국의 아리랑<br>Korea's Arirang |
| 발 음 | • '-기는요'의 억양<br>Intonation of '-기는요' |

## 어 휘 Vocabulary

1. 감상에 대한 표현입니다. 맞는 표현을 골라 보세요.

대단하다 감동적이다 지루하다 신이 나다 가슴이 찡하다

1) 음악이 아주 즐거워서 손뼉을 쳤어요. 신이 나다
2) 강의가 재미없어서 졸았어요. ______
3) 노래가 너무 슬퍼서 눈물이 날 것 같았어요. ______
4) 뮤지컬 무대가 정말 크고 놀라울 정도로 멋있었어요. ______
5) 공연이 정말 마음에 들어서 잊을 수가 없어요. ______

- 지금까지 읽은 책 중에서 가장 감동적인 책은 무엇입니까?
- 좋아하는 사람과 영화를 보고 있는데 영화가 너무 지루하면 어떻게 합니까?
- 여러분은 어떨 때 신이 납니까?



2. 감상한 작품을 평가하는 표현입니다. 맞는 표현을 골라 보세요.

수준이 높다 기대만 못하다 이해가 안 되다 설명이 필요 없다

1) 이 그림이 세계적으로 유명한 화가가 그린 그림이라고요? 저는 화가가 뭘 표현하려는 건지 잘 모르겠는데요. 이해가 안 되다

2) 사람들이 하도 감동적인 영화라고 해서 어제 봤어요. 그런데 너무 기대를 해서 그런지 저는 별로였어요. ______

3) 바로 이 노래가 요즘 젊은 사람들에게 가장 인기가 많다는 그 노래지요? 직접 들어 보니 왜 좋아하는지 말 안 해도 알겠네요. ______

4) 저는 한국 문화에 관심이 있는 친구들에게 이 소설을 추천하고 싶어요. 읽기가 쉽지는 않겠지만 내용이 깊이가 있고 문학적으로도 뛰어난 작품이에요. ______

- 맛있다는 소문을 듣고 찾아갔는데 기대만 못해서 실망한 적이 있습니까?
- 사람들이 왜 좋아하는지 이해가 안 되는 것이 있습니까?
- 여러분 나라 사람 중에서 설명이 필요 없을 정도로 유명한 사람이 있습니까?

3. 그림을 보고 친구와 이야기해 보세요.

**-거리**

볼거리 이야깃거리 웃음거리 걱정거리 관심거리

**'-거리'로 만든 어휘는 [-꺼리]로 발음됩니다.**

예) 볼거리[볼꺼리]

1)

2)

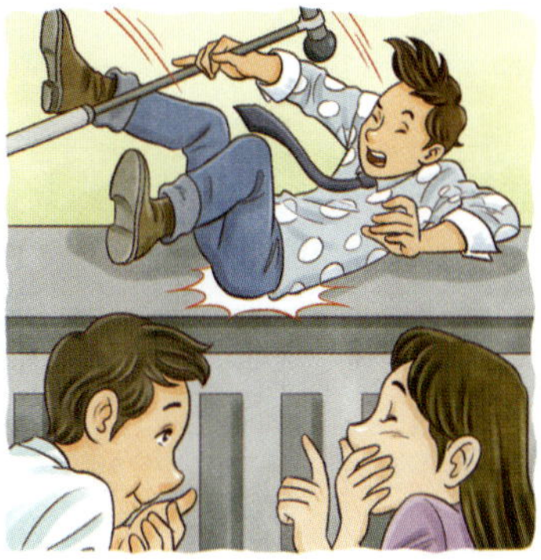

3)

4)

5)

- 재미있는 볼거리가 많은 장소를 추천해 보세요.
- 사람들 앞에서 웃음거리가 된 적이 있습니까?
- 요즘의 관심거리에 대해서 이야기해 보세요.

## 문법과 표현 1 Grammar and Expression 1

### 1. A/V-기는(요)

track 53

A 유진 씨는 교포니까 한국어 공부가 별로 안 어렵겠어요.

B 안 어렵기는요. 문법이 어려워서 매일 2시간씩 공부해야 해요.

A 친구한테 들었는데 노래를 잘한다면서?

B 잘하기는. 그냥 못 부른다는 소리는 안 들을 정도야.

**연습** 친구들과 서로 칭찬하고 대답해 보세요.

교포 Korean residing abroad; ethnic Korean

## 2. A/V-든(지) A/V-든(지), N(이)든(지) N(이)든(지)

track 54

A 일기 예보를 보니까 내일 비가 온다는데 경기가 취소되지 않을까요?
B 비가 오든지 눈이 오든지 경기 일정은 바뀌지 않을 거예요.

A 어떤 노래를 불러야 하는 거예요?
B 한국 노래면 발라드든지 댄스곡이든지 상관없대요.

**연습** 다음 상황에 대해 이야기해 보세요.

**데이트를 하기로 했습니다.**
1) 장소
2) 시간
3) 식당
4) 할 일

우리 내일 어디에서 만날까요?

지연 씨와 함께 가면 공원이든지 커피숍이든지 다 좋아요.

**회사 취직 인터뷰를 합니다.**
1) 자신 있는 일
2) 원하는 월급
3) 근무지
4) ?

김지연 씨는 어떤 일에 자신이 있습니까?

저는 사람들과 이야기하는 일이라면 상담이든지 판매든지 다 자신이 있습니다.

발라드 ballad 댄스곡 dance music 판매 sales 근무지 work region

## 말하기 Speaking

track 55

히 엔　소식 들었어요? 이번에 학교 축제에서 외국인 장기 자랑을 한대요.
줄리앙　그래요? 재미있겠는데요.
히 엔　줄리앙 씨도 한번 참가해 보면 어때요? 노래 실력이 대단하다면서요?
줄리앙　대단하기는요. 그냥 못 부른다는 소리는 안 들을 정도예요.
히 엔　잘한다고 소문이 났던데요, 뭐. 관심이 있으면 한번 나가 보세요.
줄리앙　글쎄요. 괜히 웃음거리가 될까 봐서요.
히 엔　외국에서 이런 대회에 나가 보는 것도 좋은 추억이잖아요. 무대에서 사람들한테 박수를 받으면 정말 신이 날 거 같지 않아요?
줄리앙　한번 생각해 볼게요. 그런데 어떤 노래를 불러야 하는 거예요?
히 엔　발라드든지 댄스곡이든지 상관없대요.
줄리앙　그래요? 그럼 한번 나가 볼까요?

**연습1** 대화를 만들어 보세요.

1) 춤을 잘 추다

친구들과 즐기다

외국에서 여러 가지 경험을 해 보면 좋다

힙합이든지 탭 댄스든지 상관없다

2) 마술을 잘하다

간단한 마술 몇 가지만 할 수 있다

실수해도 재미있다

동물 마술이든지 카드 마술이든지 상관없다

장기 자랑 talent show　힙합 hiphop　탭 댄스 tap dance　마술 magic

**연습2** 친구에게 대회 참가를 권해 보세요.

외국인 말하기 대회가 있다는데 참가해 보면 어때요? 말하기 실력이 좋다면서요?

실력이 좋기는요.

저도 나갈 건데 같이 나가요.

그럴까요? 그런데 언제 한대요?

1)

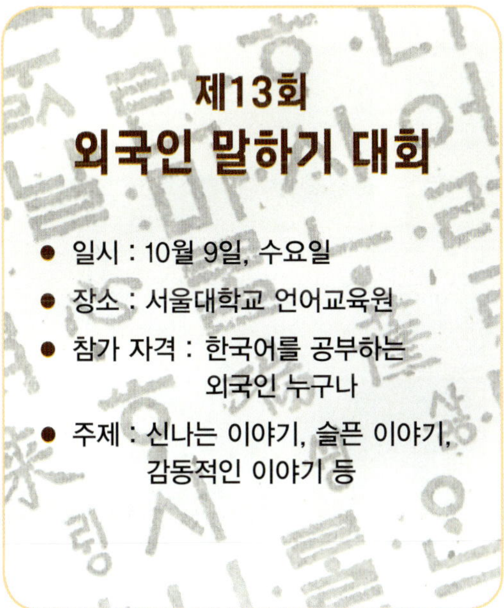


2)

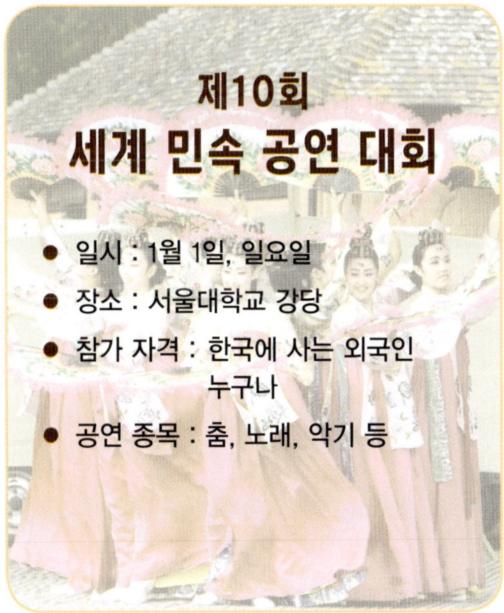


민속 공연 traditional folk performance

# 문법과 표현 2 Grammar and Expression 2

## 1. N(이)야말로

track 56

- 부모님이야말로 내가 가장 존경하는 분이다.
- 한글이야말로 세계 최고의 문자이다.
- 아리랑이야말로 한국을 대표하는 노래이다.

**연습** 다음에 대해서 어떻게 생각하는지 친구들의 의견을 모아 보세요.

1) 어디가 세계 최고의 관광지라고 생각합니까?

파리야말로 세계 최고의 관광지 입니다. 파리에 가면…….

?

2) 무엇이 가장 훌륭한 예술품이라고 생각합니까?

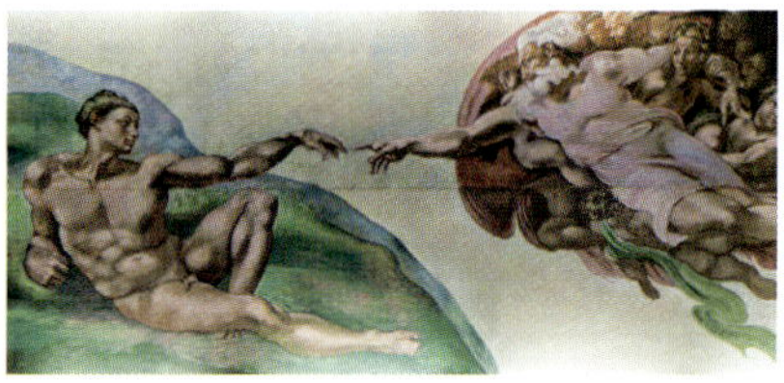

?

3) 여러분 나라 음식 중에서 외국인들에게 가장 인기가 많은 것은 무엇이라고 생각합니까?

?

존경하다 to respect 문자 character; letter 대표하다 to represent 예술품 work of art

## 2. 여간 A-(으)ㄴ 것이 아니다, 여간 V-는 것이 아니다, 여간 A/V-지 않다

track 57

- 우리 반 학생들은 여간 똑똑한 것이 아니다.
- 오랜만에 친구를 다시 만나서 여간 기쁘지 않았다.
- 내 동생은 여간 공부를 열심히 하는 것이 아니다.

**연습** 다음 인물이나 상황의 특징에 대해서 써 보세요.

1) 한국에서 생활하는 것은

여간 신경 쓸 일이 많은 것이 아니다.

2) 다른 사람을 도와주는 일은

3) 배낭여행을 가는 것은

4) 눈 오는 날 길을 걷는 것은

신경 쓰다 to show concern; to have one's eyes on

## 읽고 말하기 Reading and Speaking

### 이번 달 볼만한 축제

**하이서울 페스티벌**

가 서울 시민들의 가장 큰 축제인 하이서울페스티벌이 서울 시내 곳곳에서 일주일 동안 진행됩니다. 어른이든지 어린이든지, 한국 사람이든지 외국 사람이든지 누구나 참여하고 감상할 수 있는 신나는 잔치입니다. 특히 어느 때보다 화려하게 열릴 불꽃놀이야말로 이번 축제에서 가장 멋진 볼거리가 될 것입니다.

**국악 축제** 연주자와 관객이 하나가 되는 공간

나 한국을 대표하는 사물놀이 연주팀과 국립국악단, 그리고 세계적인 비보이들이 한자리에 모였습니다. 이번 공연이야말로 전통문화와 현대문화가 함께 어우러지는 축제가 될 것입니다. 이렇게 수준 높은 공연을 한꺼번에 만나는 것은 여간 어려운 일이 아닙니다. 이번 기회를 놓치지 마십시오.

**연습1** 읽은 내용을 확인해 보세요.

1) 가 에서 하이서울페스티벌에는 누가 참여할 수 있습니까?

2) 가 에서 이번 축제에서 가장 멋진 볼거리는 무엇입니까?

3) 나 에서 국악 축제에는 어떤 단체들이 공연을 합니까?

4) 나 에서 이런 공연이 자주 있습니까?

하이서울페스티벌 Hi! Seoul Festival　곳곳 here and there; everywhere　진행되다 to be underway　감상하다 to appreciate　잔치 party; feast
화려하다 to be bright/showy　불꽃놀이 fireworks　사물놀이 Samulnori: traditional percussion quartet　연주팀 performance team
국립국악단 National Performing Group for Korean Traditional Music　비보이 B-boy　한자리 the same place
어우러지다 to become well matched/mingle (with) well matched　기회를 놓치다 to miss an opportunity

**연습2** 친구와 이야기해 보세요.

1) 여러분 나라의 축제에 대해 이야기해 보세요.

한국의 '보령 머드 축제'

태국의 '쏭크란'

중국의 '하얼빈 빙등제'

스페인의 '토마토 축제'

브라질의 '삼바 축제'

?

2) 친구들에게 여러분 나라의 축제를 소개해 보세요.

우리 나라의 대표적인 축제는 ________________________________ 입니다.

이 축제는 ________________________________________________

________________________________________________

________________________________________________ 잔치입니다.

________________________________________________

________________________________________ . 이 축제를 꼭 보러 오세요.

보령 a city in Chungcheong-do　머드 축제 mud festival　쏭크란 new year festival in Thailand　하얼빈 Harbin　빙등제 Harbin Ice Lantern Festival　삼바 samba

## 듣고 말하기 Listening and Speaking

**준비** 머드 축제에 가 본 적이 있습니까?

**듣기1** 다음은 축제를 소개하는 뉴스입니다. 잘 듣고 질문에 답하세요. track 58

1) 머드 축제에 참가할 수 있는 사람은 누구입니까?

2) 보령 머드 축제에서 할 수 있는 것을 모두 고르세요.

① 콘서트를 볼 수 있다.

② 머드 씨름을 할 수 있다.

③ 무료 음식을 먹을 수 있다.

**준비** 한국 전통 공연을 본 적 있습니까? 어떤 공연을 봤습니까?

**듣기2** 다음은 공연을 보고 감상을 말하는 대화입니다. 잘 듣고 질문에 답하세요. track 59

1) 여자가 본 공연은 어느 것입니까? 모두 고르세요.

①

부채춤

②

강강술래

③

궁중 음악

2) 인터넷에 올린 공연 감상입니다. 어떤 공연인지 써 보세요.

전체 감상평 : ★★★★★ 한국의 전통을 이해하려는 외국인에게 추천!

__________ : ★★★★★ 수준이 높아서 이해하기 힘들었어요.

__________ : ★★★★★ 화려한 옷과 우아한 동작이 인상적

__________ : ★★★★★ 한국 사람의 정서를 이해할 수 있는 최고의 음악!

__________ : ★★★★★ 관객과 하나 되어 춤추는 신나고 흥겨운 무대

충남 Southern Chungcheong-do 대천 area in the city of Boryeong 해수욕장 beach 펼쳐지다 to be held; to be spread out 국내외 domestic and foreign 관광객 tourist 몰려들다 to crowd/gather 미끄럼틀 slide 유튜브 Youtube 체험 프로그램 experience program 요트 yacht 반응 response 궁중 음악 (royal) court music 부채춤 fan dance 인상적이다 to be impressive 우아하다 to be elegant 춤동작 dance movement 판소리 a form of folk music 정서 sentiment 강강술래 traditional Korean circle dance (also the refrain of the circle dance song)

3) 다시 듣고 대화에서 사용한 표현을 찾아서 표시해 보세요.

| 소개할 때 | 평가할 때 |
| --- | --- |
| □ ~었는데 | □ ~이야말로 |
| □ ~이라는 | □ 최고의 |
| □ 말로만 듣던 | □ ~을 만해요 |
| □ 첫 번째 / 그다음 / 마지막 | □ 여간 ~는 게 아니에요 |

**말하기** 공연을 소개하고 평가하는 대화를 해 보세요.

외국인을 위한 국악 공연을 봤다면서요? 어땠어요? 지루하지 않았어요?

지루하기는요. 정말 최고의 공연이었어요.

뭘 봤는데요?

첫 번째 본 공연은 심청전이라는 판소리 공연이었는데 아주 감동적이었어요.

**외국인을 위한 국악 공연**

1. 판소리 '심청가'
2. 부채춤
3. 사물놀이

**K-팝 콘서트**

1. 수지 '사랑하는 그대' (발라드)
2. 싸이 '바람' (댄스곡)
3. 정화 '아름다워' (록 음악)

**부산 국제 영화제**

1. 공중전화 (한국, 공포 영화)
2. 화려한 잔치 (중국, 액션 영화)
3. 빨간 구두 (영국, 멜로 영화)

K-팝 K-POP 공포 영화 horror movie 멜로 영화 melodramatic movie; romance movie

## 읽고 쓰기 Reading and Writing

**준비** 어떤 음악을 좋아합니까?

☐ 재즈 ☐ 클래식 ☐ 발라드 ☐ 록 ☐ 기타

**읽기** 다음 공연 감상문을 읽고 질문에 답하세요.

얼마 전에 재즈 콘서트를 보러 갔다 왔다. 전부터 재즈에 관심이 많아서 한국에서의 재즈는 어떨지 기대가 많이 되었다. 콘서트가 시작되기를 기다리면서 공연이 기대만 못할까 봐 은근히 걱정됐다. 하지만 공연이 진행될수록 수준 높은 재즈곡들을 들을 수 있어서 정말 기쁘고 신이 났다.

드디어 그날 공연의 마지막 곡 순서가 되었다. 가수가 천천히 무대를 걸어오면서 노래를 부르기 시작했다.

아리랑 아리랑 아라리요
아리랑 고개로 넘어간다
나를 버리고 가시는 임은
십 리도 못 가서 발병 난다

왠지 모르게 가슴이 찡해지고 아름다우면서도 슬픈 느낌이 드는 곡이었다. 다른 사람들이 조용히 노래를 따라 부르는 모습이 여간 감동적이지 않았다.

공연이 끝나고 집에 돌아와서도 마지막 곡이 계속 생각이 나서 그 곡에 대해 찾아보았다. 그 곡은 아리랑이라는 곡인데 한국 사람이면 누구나 알고 있는 전통 민요라는 것을 알게 되었다. 국내에서든지 해외에서든지 한국 사람들이 하나라는 것을 느끼게 해 주는 노래라고 했다. 아리랑은 지역마다 종류가 다른데 가장 대표적인 아리랑으로는 '경기 아리랑', '밀양 아리랑', '진도 아리랑', '정선 아리랑'이 있으며 그중에 내가 들었던 아리랑은 가장 널리 알려진 '경기 아리랑'이었다.

전통 민요를 재즈로 바꾸어 부른 공연 방식이 신선하고 새로웠다. 아리랑이 유네스코 인류 무형 유산으로 정해졌다는 기사를 읽고 콘서트의 마지막 곡으로 아리랑을 왜 선택했는지 이해할 수 있었다. 아리랑이야말로 한국을 대표하는 민요라는 생각이 들었다.

재즈 jazz 은근히 quietly; inwardly 넘어가다 to cross/pass 임 one's beloved 리 a unit of distance (1리=0.393km) 발병 sore feet
왠지 모르게 without knowing why 민요 folk song 지역 region 경기 Gyeonggi province area 밀양 city in Gyeongsangnam-do
진도 island in Jeollanam-do 정선 city in Gangwon-do 널리 widely 방식 method 신선하다 to be fresh 새롭다 to be new
유네스코 UNESCO 인류 무형 유산 Masterpieces of the Oral and Intangible Heritage of Humanity

1) 무엇을 소개하는 글입니까?

① 감동적인 공연　　② 한국 전통 공연　　③ 듣고 싶은 재즈곡

2) 아리랑에 대한 설명으로 맞는 것을 고르세요.

① 아리랑의 종류는 모두 4가지만 있다.

② 유네스코 인류 무형 유산으로 정해졌다.

③ 한국 사람이든지 외국 사람이든지 누구나 알고 있는 전통 민요다.

3) 대표적인 아리랑의 종류는 무엇이 있습니까?

__________ 아리랑, __________ 아리랑, __________ 아리랑, __________ 아리랑

4) 다음 단어를 사용해서 읽은 글을 다시 말해 보세요.

| 기대만 못하다 | 수준이 높다 | 신나다 | 아리랑 |
|---|---|---|---|
| 가슴이 찡하다 | 감동적이다 | 전통 민요 | 대표적이다 |

**쓰기** 감동적이었던 공연을 소개하는 글을 써 보세요.

____________________________________________ 보았다.

____________________________________________

__________________________ 여간 __________________지 않았다.

____________________________________________

____________________________________________

____________________________________________

__________________________야말로 __________________________

____________________________________________.

## 과제 Task

**아리랑의 가사를 바꿔 쓰고 친구들과 공연을 해 보세요.**

'경기 아리랑'을 듣고 느낌을 이야기해 보세요.

친구와 함께 경기 아리랑의 가사를 바꿔서 써 보세요.

아리랑 아리랑 아라리요
아리랑 고개로 넘어간다
나를 버리고 가시는 임은
십 리도 못 가서 발병 난다

→

장학금 장학금 받았는데
한턱도 안 내고 넘어간다
한턱 안 내고 가시는 임은
십 리도 못 가서 거지 된다

팀별로 돌아가면서 새로 만든 아리랑을 친구들 앞에서 불러 보세요.

가사 lyrics　거지 beggar

# 문화 산책 Culture Note

**준비** 경기 아리랑 외에 어떤 아리랑을 들어 봤습니까?

**알아보기** 지역별 아리랑

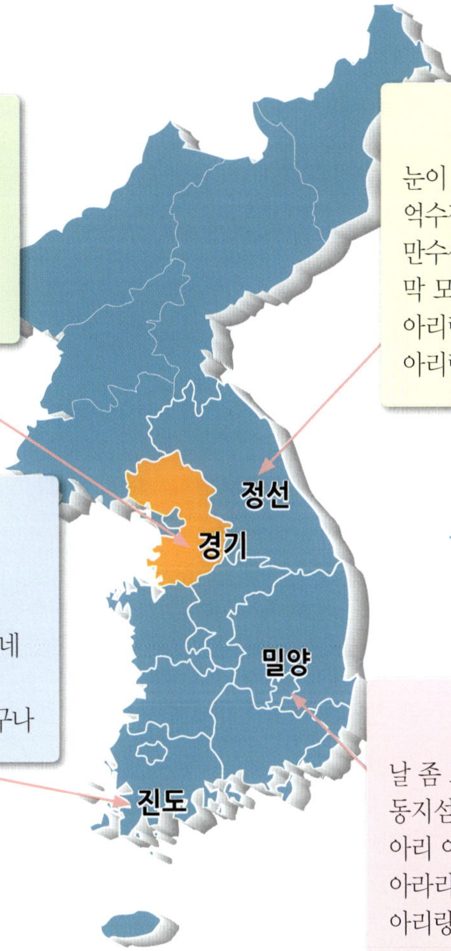


### 경기 아리랑

아리랑 아리랑 아라리요
아리랑 고개로 넘어간다
나를 버리고 가시는 임은
십 리도 못 가서 발병 난다

### 정선 아리랑

눈이 올라나 비가 올라나
억수장마 질라나
만수산 검은 구름이
막 모여든다
아리랑 아리랑 아라리요
아리랑 고개로 나를 넘겨 주소

### 진도 아리랑

아리 아리랑 쓰리 쓰리랑
아라리가 났네
아리랑 응 응 응 아라리가 났네
문경 새재는 웬 고갠가
구부야 구부 구부가 눈물이로구나

### 밀양 아리랑

날 좀 보소 날 좀 보소 날 좀 보소
동지섣달 꽃 본 듯이 날 좀 보소
아리 아리랑 쓰리 쓰리랑
아라리가 났네
아리랑 고개로 날 넘겨 주소

**생각 나누기** 여러분 나라의 유명한 민요에 대해 소개해 보세요.

억수 장마 long and heavy rainy season  만수산 another name for Songak Mountain  문경 새재 peak between Mungyeong and Gwesan
동지섣달 the 11th and 12th months of the lunar calendar

## 발음 Pronunciation

**준비** 들어 보세요. track 60

1) A 노래 실력이 대단하다면서요?
   B 대단하기는요. 그냥 못 부른다는 소리는 안 들어요.

2) A 어제 모임 재미있었어요?
   B 재미있기는요. 정말 지루했어요.

**규칙** '-기는요'로 끝나는 문장은 끝을 약간 내렸다가 올립니다.

Use a slightly falling and then rising intonation at '-기는요' sentence endings.

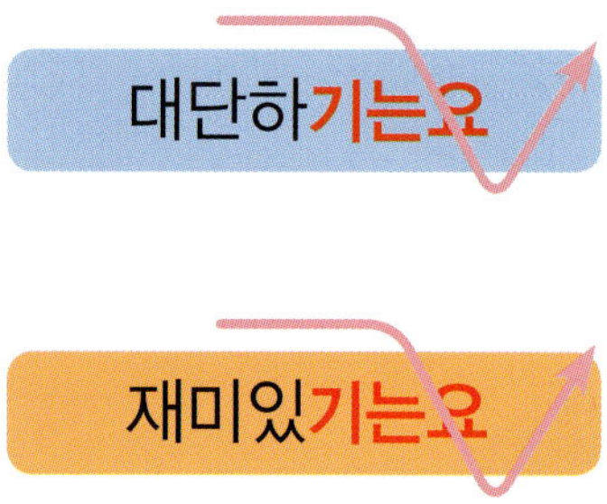


**연습** 잘 듣고 따라 해 보세요. track 61

1) A 그 식당이 음식을 그렇게 잘한다면서요?
   B 잘하기는요. 생각보다 별로던데요.

2) A 어제 부동산에서 소개받은 집 괜찮았어요?
   B 괜찮기는요. 다른 집을 알아봐야 할 것 같아요.

3) A 목소리가 참 예쁘네요.
   B 예쁘기는요. 전 히엔 씨 목소리가 더 예쁜 것 같아요.

4) A 케이크를 잘 만드시네요.
   B 잘 만들기는요. 그냥 인터넷을 보고 따라 만든 거예요.

# 자기 평가 Self-Check

1. 다음은 주제 어휘입니다. 뜻을 확인해 보세요.

| | | | |
|---|---|---|---|
| ☐ 가슴이 찡하다 | to be touched | ☐ 설명이 필요 없다 | to have no need for explanation |
| ☐ 감동적이다 | to be touching/moving | ☐ 수준이 높다 | to be high-level |
| ☐ 걱정거리 | (cause of) worry | ☐ 신이 나다 | to feel elated/excited |
| ☐ 관심거리 | thing of interest | ☐ 웃음거리 | a thing to laugh about |
| ☐ 기대만 못하다 | to not live up to one's expectations | ☐ 이야깃거리 | thing to talk about; subject of conversation |
| ☐ 대단하다 | to be great | ☐ 이해가 안 되다 | to not have an understanding |
| ☐ 볼거리 | thing to see; attraction | ☐ 지루하다 | to be boring |

2. 알맞은 것을 골라 대화를 완성해 보세요.

| -기는(요) | -든(지) -든(지) | (이)야말로 | 여간 -(으)ㄴ/는 것이 아니다 |
|---|---|---|---|

1) A 김진호 선수는 외국에서 생활하고 계신데요, 외국 생활은 어떻습니까?
   B 우리나라 날씨하고 너무 달라서 ____________________.

2) A 주말에 시간이 괜찮으시면 같이 차나 한잔 하고 싶은데 언제가 좋아요?
   B 저는 ____________________ 다 괜찮아요.

3) A 진짜 꽃이라고 해도 믿겠어요. 정말 그림을 잘 그리시네요.
   B ____________________. 아직 더 연습해야 해요.

4) A 우리 반에서 누가 가장 성실하다고 생각해요?
   B ____________________ 우리 반에서 가장 성실한 사람이지요.

3. 한국어로 할 수 있는 것에 ✓ 하세요.

☐ 다른 사람에게 공연 참가를 권유할 수 있다.

☐ 축제를 소개하는 글을 읽고 축제를 소개할 수 있다.

☐ 공연 감상을 듣고 공연을 평가할 수 있다.

☐ 공연 감상문을 읽고 쓸 수 있다.

모범 답안

2. 1) 여간 힘든 것이 아닙니다 2) 토요일이든지 일요일이든지 3) 잘 그리기는요 4) 마이클 씨야말로

# 7 옳고 그름
# Right and wrong

**잘 듣고 이야기해 보세요.** track 62

1. 남자와 여자는 무엇에 대해 이야기하고 있습니까?
2. 남자와 여자의 생각은 어떻게 다릅니까?

## 학 습 목 표

| | |
|---|---|
| **어 휘** | • 의견<br>Opinions<br>• 행동<br>Actions<br>• –질 |
| **문법과 표현 1** | • A/V–더라도<br>• A–다고 보다, V–ㄴ/는다고 보다 |
| **말하기** | • 드라마에 대한 자신의 관점 주장하기<br>Asserting opinions about dramas |
| **문법과 표현 2** | • V–(으)ㄴ 채(로)<br>• A–(으)ㄴ지 A–(으)ㄴ지, V–는지 V–는지 |
| **읽고 말하기** | • 공공장소에서의 행동에 대한 블로그 글 읽기<br>Reading blogs about behavior in public places<br>• 공공장소에서의 행동에 대한 의견 주장하기<br>Asserting opinions about behavior in public places |
| **듣고 말하기** | • 아파트 소음에 대한 관리 사무소 공지 방송 듣기<br>Listening to management office's announcements about apartment noise<br>• 아파트 소음에 대한 의견 듣기<br>Listening to opinions about apartment noise<br>• 예를 들어 의견 주장하기<br>Asserting opinions with supporting examples |
| **읽고 쓰기** | • 영화관에 대한 건의문 읽기<br>Reading a proposal regarding a movie theater<br>• 건의문 쓰기<br>Writing proposals |
| **과 제** | • 정해진 주제에 대해 의견 말하기<br>Speaking about one's opinion on a fixed topic |
| **문화 산책** | • 신문고<br>Sinmungo: petition drum |
| **발 음** | • 유음화 '논란'<br>Liquidization '논란' |

## 어 휘 Vocabulary

1. 상황에 대한 의견을 말하는 표현입니다. 맞는 표현을 골라 보세요.

| 말도 안 되다 | 현실성이 없다 | 앞뒤가 안 맞다 | 논란이 되다 | 문제가 안 되다 |
|---|---|---|---|---|

1) 버스에 애완견을 데리고 타면? — 된다! / 안 된다! — 논란이 되다

2) 50살에 가족을 두고 유학을 떠나는 엄마, 괜찮을까? — 그럼요! — ________

3) 우리 집 고양이는 노래를 부를 줄 알아요. — 네? — ________

4) 택시 요금은 비싸니까 버스 타지 말고 택시 타는 게 좋겠어요. — 네? — ________

5) 지금부터 수영을 배우면 내년에 올림픽에 나갈 수 있을까? — 글쎄요. — ________

- 현실성이 없는 소원이 이루어지기를 바란 적이 있습니까?
- 요즘 사회에서 논란이 되고 있는 문제는 무엇입니까?
- 부모님은 반대하시지만 여러분은 문제가 안 된다고 생각하는 일이 있습니까?

2. 다른 사람의 행동에 대한 표현입니다. 맞는 표현을 골라 보세요.

| 배려를 하다 | 양해를 구하다 | 방해가 되다 | 불편을 주다 | 양심이 없다 |
|---|---|---|---|---|

앞사람에게 불편을 주는 행동이에요.

- 어떤 일을 할 때 미리 양해를 구해야 한다고 생각합니까?
- 교실에서 친구들에게 방해가 되는 행동은 무엇이 있을까요?
- 어떤 사람을 보면 양심이 없다고 생각합니까?

3. 그림을 보고 친구와 말해 보세요.

**-질**

젓가락질　　망치질　　도둑질　　손가락질　　딸꾹질

망치질을 하고 있어요.

1)

2)

- 젓가락질을 몇 살부터 할 수 있었습니까? 누구한테 배웠습니까?
- 어떤 일을 하면 사람들의 손가락질을 받습니까?
- 딸꾹질이 날 때는 어떻게 해야 멈출까요?

3)

4)

5)

## 문법과 표현 1 Grammar and Expression 1

### 1. A/V-더라도

track 63

A 이번에 맡은 일이 힘들어서 그만두고 싶어요.
B 힘들더라도 포기하지 말고 끝까지 해 보세요.

A 상대 팀이 지난 대회에서 우승한 팀이에요.
B 괜찮아요. 이번에 지더라도 한 번 더 기회가 있잖아요.

**연습** 다음 상황에 대해 이야기해 보세요.

항상 지각하는 친구에게

과소비하는 친구에게

엄마가 결혼하는 딸에게

월급을 적게 주는 사장님에게

외국으로 유학 가는 친구에게

## 2. A-다고 보다, V-ㄴ/는다고 보다

track 64

A 저 사람이 정말 배가 많이 고팠나 봐요. 빵을 훔치다니.

B 아무리 배가 고프더라도 도둑질을 하면 안 된다고 봐요.

A 20살이나 나이 차이가 나는데 어떻게 결혼을 해요?

B 저는 두 사람이 사랑하면 나이 차이는 중요하지 않다고 봐요.

**연습** 다음 질문에 대해 자기 생각을 이야기해 보세요.

남자와 여자가 친구가 될 수 있다고 생각하세요?

중 · 고등학생들이 교복을 입는 것에 대해 어떻게 생각하세요?

육체노동과 정신노동 중에서 어떤 것이 더 힘들다고 생각하세요?

훔치다 to steal　육체노동 physical labor　정신노동 mental labor

# 말하기 Speaking

track 65

| | |
|---|---|
| **지 연** | 어제 드라마 봤어요? 내용이 너무 이상하지 않았어요? |
| **마리코** | 못 봤는데요. 무슨 내용이었어요? |
| **지 연** | 어떤 남자가 20살이나 나이가 많은 여자와 결혼하는 이야기였어요. |
| **마리코** | 그래요? 두 사람이 정말 사랑했나 봐요. |
| **지 연** | 그렇긴 하지만 아무리 사랑하더라도 결혼까지 하는 건 말도 안 돼요. |
| **마리코** | 진심으로 사랑하면 그럴 수도 있지요. |
| **지 연** | 지금은 잘 모르겠지만 나중에 세대 차이도 점점 느끼게 될 텐데요. 마리코 씨 같으면 그렇게 할 수 있겠어요? |
| **마리코** | 글쎄요. 이해는 되지만 저도 그럴 용기까지는 없는데요. |
| **지 연** | 그것 보세요. 마리코 씨도 그렇게 못 하잖아요. 그래서 저는 그 드라마 내용이 너무 현실성이 없다고 봐요. |

**연습1** 대화를 만들어 보세요.

1) 성공을 위해 사랑하지 않는 여자와 결혼하다

그 남자가 정말 성공하고 싶다

성공이 제일 중요하다

성격이 안 맞아서 문제가 생기다

2) 사랑하는 여자와 결혼하기 위해 반대하는 부모님과 관계를 끊다

그 남자가 그 여자를 정말 사랑하다

정말로 사랑하다

시간이 지나면 후회하다

진심 sincerity 세대 차이 generation gap 용기 bravery 관계를 끊다 to end a relationship

**연습2** 드라마 내용에 대한 관점을 주장해 보세요.

어제 드라마 내용이 이상하지 않았어요?

못 봤는데 무슨 내용이었어요?

사랑하는 남자가 알고 보니까 어릴 때 헤어진 오빠였다는 이야기였어요.

말도 안 돼요. 어떻게 그런 일이 있어요?

1) 사랑하는 남자가 알고 보니까 어릴 때 헤어진 오빠였다. 그것을 알면서도 결혼하려고 한다.

2) 요리 대회에서 1등하기 위해 경쟁자가 사용할 재료를 몰래 숨겼다. 재료가 없었는데도 경쟁자는 1등을 했다.

## 문법과 표현 2 Grammar and Expression 2

### 1. V-(으)ㄴ 채(로)

track 66

- 전화가 끊어질까 봐 신발을 신은 채로 집으로 뛰어 들어갔다.
- 어제는 너무 피곤해서 옷도 갈아입지 않은 채 잠이 들었다.
- 지하철 안에서 문에 기댄 채로 음식을 먹고 있는 사람들을 자주 볼 수 있다.

**연습** 여러분이 실수해서 당황했던 경험을 말해 보세요.

기대다 to lean (on/against)

## 2. A-(으)ㄴ지 A-(으)ㄴ지, V-는지 V-는지

track 67

- 부모님께 전화하면 몸이 아픈지 안 아픈지 계속 물어보신다.
- 히엔 씨가 빨간색을 좋아하는지 노란색을 좋아하는지 잘 모르겠어요.
- 여기에서 시청역이 가까운지 광화문역이 가까운지 확인해 보세요.

**연습** 다음 상황에서 어떤 질문을 할지 물어보세요.

| 질문 | 친구 이름 | |
|---|---|---|
| | | |
| 소개팅을 한다면? | | |
| 한국 대통령을 만난다면? | | |
| 유명한 연예인을 인터뷰한다면? | | |
| 미래를 볼 수 있는 사람을 만난다면? | | |
| ____________________? | | |

미래 future

## 읽고 말하기 Reading and Speaking

ID : 하늘바다

얼마 전에 지하철에서 음식을 먹는 사람을 보았습니다. 복잡한 지하철에서 문에 기댄 채로 김밥을 먹고 있는 그 사람을 보고 기분이 별로 안 좋았습니다. 사람들이 함께 이용하는 공공장소에서 다른 사람을 배려하지 않고 냄새가 나는 음식을 먹는 것이 이해가 안 됐습니다. 지하철에서 음식을 먹는 것이 옳은 일인지 그른 일인지 잘 모르겠습니다. 여러분은 어떻게 생각하십니까?

ㄴ RE : [ID : 풍선]

출근할 때 지하철에서 음식을 먹는 사람은 양심이 없다고 봅니다. 아무리 배가 고프더라도 다른 사람을 배려해야 하지 않을까요? 30분만 일찍 일어나서 집에서 먹고 나오면 될 텐데 왜 그러는 걸까요?

ㄴ RE : [ID : 개구리]

저도 아침을 못 먹고 나올 때는 역에서 파는 빵이나 떡을 사서 지하철 안에서 해결합니다. 냄새가 안 나는 음식을 먹는 정도는 방해가 안 되니까 괜찮다고 봅니다.

완료 인터넷 100%

**연습1** 읽은 내용을 확인해 보세요.

1) 하늘바다는 지하철에서 음식을 먹는 사람을 보면서 어떤 생각을 했습니까?

______________________________

2) 지하철에서 음식을 먹는 것에 대해 어떤 의견을 가지고 있습니까?

• 풍선 : ______________________________

• 개구리 : ______________________________

공공장소 public place 냄새가 나다 to smell 옳다 to be right 그르다 to be wrong

**연습2** 친구와 이야기해 보세요.

1) 다음 상황에 대한 여러분의 생각을 이야기해 보세요.

지하철 안에서 음식을 먹는 것

아파트 베란다에서 담배를 피우는 것

비행기나 기차의 좌석을 뒤로 많이 젖히는 것

2) 위의 상황 중 하나를 골라 다음과 같이 의견을 말해 보세요.

____________________ 사람들을 볼 수 있습니다.
______________________________
____________________ 것이 이해가 안 됩니다.
______________________________
______________________________
__________________________다고 봅니다.

좌석 seat 젖히다 to bend (back)/recline

## 듣고 말하기 Listening and Speaking

**준비** 이웃 사람들과 생기는 문제에는 어떤 것이 있습니까?

**듣기1** 다음은 아파트의 안내 방송입니다. 잘 듣고 질문에 답하세요. track 68

1) 아파트에 최근 어떤 문제가 있었습니까?

2) 들은 내용과 다른 것을 고르세요.

① 아이들이 심하게 뛰지 않도록 해야 한다.

② 서로를 배려하고 불편을 주지 않아야 한다.

③ 손님이 오면 관리 사무소에 미리 양해를 구해야 한다.

**준비** 아파트에서 해도 되는 것과 하면 안 되는 것은 무엇이라고 생각합니까?



**듣기2** 다음은 아파트 소음에 대한 토론입니다. 잘 듣고 질문에 답하세요. track 69

1) 토론자 1의 의견을 정리해 보세요.

의견 아파트에서 악기 연주를 금지해야 한다.

이유 ______________________________기 때문이다.

2) 토론자 2의 의견을 정리해 보세요.

의견 아파트에서 악기 연주를 완전히 금지해서는 안 된다.

이유 ______________________________기 때문이다.

3) 토론자 1이 금지되어야 할 것으로 예를 든 것은 무엇입니까?

______________, ______________, 악기 연주하기

4) 토론자 2가 이해가 되지 않는다고 하는 것은 무엇입니까?

______________________________

주민 resident 관리 사무소 management office 이웃집 neighbor's house 들려오다 to reach one's ear 소음 noise pollution 불편을 겪다 to experience difficulty 항의 complaint 악기 musical instrument 진행하다 to progress; to be underway 대표 representative 금지하다 to prohibit 한밤중 in the middle of the night 따라서 accordingly 의견 opinion 개인 individual

5) 다시 듣고 대화에서 사용한 표현을 찾아서 표시해 보세요.

**의견을 제시할 때**

- [ ] 제가 생각하기에는[보기에는]
- [ ] 제 생각에는
- [ ] 저는 ~는다고 봅니다
- [ ] 저는 ~는다고 생각합니다

**예를 들어 설명할 때**

- [ ] 예를 들면[예를 들어서]
- [ ] 저의 경우에는
- [ ] 구체적으로 말하면

**말하기** 자신의 의견을 제시하고 알맞은 이유를 예를 들어 설명해 보세요.

> 저는 학교에 다녀야 한다고 생각합니다. 왜냐하면 학교에서는 공부뿐만 아니라 사회생활 방법도 배울 수 있기 때문입니다. 저의 경우에……

**학교에 다녀야 할까?**

| 의견 | 학교에 다녀야 한다. | 학교에 안 다녀도 된다. |
|---|---|---|
| 이유 | | |
| 예를 들기 | | |

**데이트 비용은 누가 내야 할까?**

| 의견 | 한 사람이 내야 한다. | 나눠서 내야 한다. |
|---|---|---|
| 이유 | | |
| 예를 들기 | | |

경우 case; circumstance　사회생활 social life　비용 fee

## 읽고 쓰기 Reading and Writing

**준비** 극장에서 영화를 볼 때 다른 사람의 행동 때문에 불편한 적이 있습니까?

**읽기** 다음 건의문을 읽고 질문에 답하세요.

### 음식 없는 영화관을 만들어 주세요

영화관 관계자께

저는 영화를 공부하고 있는 학생입니다. 요즘 사람들 사이에서 영화관에 음식을 가지고 들어갈 수 있게 한 것에 대해 옳은지 그른지 논란이 되고 있습니다. 저는 모든 음식물 반입을 금지하는 '깨끗한 상영관'을 만들어 주실 것을 건의하고 싶습니다.

얼마 전에 정말 보고 싶은 영화가 개봉되어 잔뜩 기대를 하고 영화관에 들어갔습니다. 그러나 여기저기에서 들려오는 음식 먹는 소리 때문에 영화에 집중할 수 없었습니다. 어떤 사람들은 소리가 나지 않는 음식은 괜찮다고 합니다. 하지만 소리뿐만 아니라 음식에서 나는 냄새도 방해가 됩니다. 저는 십 분 동안 코를 막은 채로 영화를 보았습니다.

배가 고파서 밥을 먹으면서 영화를 보고 싶다면 집에서 보면 됩니다. 적지 않은 돈을 내고 영화관에 오는 것은 큰 화면과 훌륭한 음향 시설을 통해 생생하게 영화를 즐기고 싶어서입니다. 팝콘 먹는 소리와 오징어 냄새를 참으면서 영화를 보려고 오는 것은 아닙니다. 또 먹다 남은 음식물 쓰레기와 팝콘 때문에 극장 안이 더러워지는 것도 문제라고 생각합니다.

그러나 당장 팝콘 없는 영화관을 만드는 것은 현실성이 없다고 봅니다. 그러니까 우선 영화관의 여러 상영관 중에서 하나를 '깨끗한 상영관'으로 지정해서 관객들이 선택할 수 있도록 해 주십시오. 많은 관객들이 그곳을 선택한다면 조금씩 그런 상영관 수를 늘려 갈 수 있을 것이라고 봅니다. 앞으로 좋은 영화를 편안하게 볼 수 있는 영화관이 되기를 기대합니다.

음식물 food 반입하다 to bring 상영관 screening room; theater 건의하다 to petition (a proposal) 개봉되다 to open (a movie) 잔뜩 fully
코를 막다 to plug one's nose 음향 시설 sound equipment 생생하다 to be vivid 당장 immediately 우선 first 지정하다 to designate/appoint
늘려 가다 to increase (amount of something)

1) 글쓴이는 무엇을 건의하고 있습니까?

2) 영화관에 음식을 가지고 가면 안 된다고 하는 이유는 무엇입니까?

① 음식 먹는 소리와 냄새 때문에 ________________.

② 음식 쓰레기 때문에 ________________.

3) 이 사람이 제안하는 '깨끗한 상영관'을 만드는 방법은 무엇입니까?

4) 다음 단어를 사용해서 읽은 글을 다시 말해 보세요.

| 영화관 | 음식물 반입 | 금지 | 소리 | 냄새 |
|---|---|---|---|---|
| | 깨끗한 상영관 | 관객 | 선택하다 | |

**쓰기** 고치고 싶은 일이나 반대하고 싶은 일에 대해 건의하는 글을 써 보세요.

저는 ________________입니다.

________________

________________에 대해 건의를 드립니다.

________________

________________

________________

________________

________________기 바랍니다.

## 과제 Task

### 다음 주제에 대해 자기의 의견을 말해 보세요.

다음 주제 중에서 이야기하고 싶은 것을 고르세요.

가 사랑하는 강아지가 죽었어요. 공원에 묻어 주고 싶은데 괜찮을까요?

나 신호등이 빨간 불이고 도로에는 차가 없어요. 급한 일이 있는데 그냥 건너도 될까요?

다 결혼을 할 때 사랑하는 사람과 경제적 여유가 있는 사람 중에서 누구를 선택해야 할까요?

라 병원에서 제 어머니께서 3개월 정도밖에 살 수 없다고 했어요. 어머니께 말씀드려야 할까요?



같은 주제를 선택한 친구들끼리 모여서 그 주제에 대해 의견을 모아 보세요.

자기 팀의 의견을 정리해서 발표해 보세요.

묻다 to bury 도로 road 경제적 economic

## 문화 산책 Culture Note

**준비** 무엇에 대한 광고일까요?

**알아 보기**

신문고는 조선 시대에 임금님이 백성들의 문제를 직접 해결해 주기 위해 대궐 밖에 달아 놓았던 북입니다. 조선 초기에 신문고를 설치했는데 북을 친 사람의 억울한 사연을 임금님이 직접 듣고 해결해 주었습니다. 모든 백성들의 문제를 해결할 수는 없었지만 신문고를 통해 많은 사람들이 자신의 억울함을 임금님에게 이야기할 수 있었습니다.

지금은 '국민 신문고', '환경 신문고'와 같이 국민들의 문제를 해결해 주기 위해 만들어 놓은 정부의 민원 창구의 이름으로 많이 쓰이고 있습니다.

**생각 나누기** 여러분 나라에서는 국민들이 정부에 어떤 방법으로 자신들의 의견을 알립니까?

신문고 petition drum 임금님 the King; monarch 백성 the common populace 대궐 royal palace 달아 놓다 to hang up 북 drum 초기 early
설치하다 to install 사연 circumstance; reason 민원 창구 complaints window

## 발음 Pronunciation

**준비** 들어 보세요. track 70

1) 아파트에서 애완견을 키우는 것이 논란이 되고 있습니다.

2) 건강을 위해 저녁마다 줄넘기를 해요.

**규칙** 'ㄴ'은 앞이나 뒤에 'ㄹ'이 오면 [ㄹ]로 발음됩니다.
'ㄴ' following or preceding 'ㄹ' is pronounced as [ㄹ].

1)

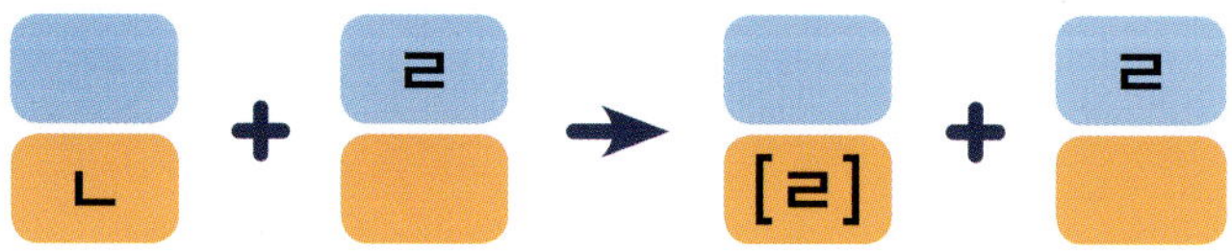


예) 논란[놀란]

전라도[절라도]

2)

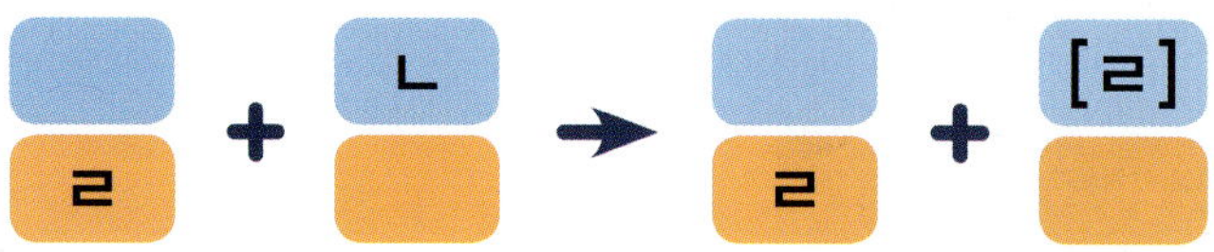


예) 줄넘기[줄럼끼]

실내[실래]

**연습** 잘 듣고 따라 해 보세요. track 71

1) 전라도 사투리는 서울말과 많이 다르네요.

2) 풋살은 실내에서도 할 수 있는 경기입니다.

3) 라면을 끓는 물에 넣으세요.

4) 여기에서 담배를 피우시면 곤란합니다.

## 자기 평가 Self-Check

1. 다음은 주제 어휘입니다. 뜻을 확인해 보세요.

- ☐ 논란이 되다 — to become controversial
- ☐ 도둑질 — theft
- ☐ 딸꾹질 — hiccup
- ☐ 말도 안 되다 — to be ridiculous
- ☐ 망치질 — hammering
- ☐ 문제가 안 되다 — to not be an issue
- ☐ 방해가 되다 — to become an interference
- ☐ 배려를 하다 — to be considerate of
- ☐ 불편을 주다 — to cause inconvenience
- ☐ 손가락질 — pointing
- ☐ 앞뒤가 안 맞다 — to be illogical
- ☐ 양심이 없다 — to lack a conscience
- ☐ 양해를 구하다 — to ask for understanding
- ☐ 젓가락질 — chopstick use
- ☐ 현실성이 없다 — to lack a sense of reality

2. 알맞은 것을 골라 대화를 완성해 보세요.

–는다고 보다　　–더라도　　–(으)ㄴ 채(로)　　–(으)ㄴ/는지 –(으)ㄴ/는지

1) A 우리 회사에 대해서 궁금한 것이 있으면 편하게 질문하세요.
   B ______________________ 알고 싶습니다.

2) A 여자만 집안일을 하는 것에 대해서 어떻게 생각하세요?
   B 저는 ______________________.

3) A 여행갈 때 도둑이 들까 봐 걱정이에요.
   B ______________________ 가면 집에 사람이 있다고 생각하고 도둑이 안 들어올 거예요.

4) A 남자 친구가 준 선물이 정말 마음에 안 들어요.
   B ______________________ 좋아하는 척하세요. 남자 친구의 정성이 있잖아요.

3. 한국어로 할 수 있는 것에 √ 하세요.

- ☐ 드라마 내용에 대한 자신의 관점을 주장할 수 있다.
- ☐ 공공장소에서의 행동에 대한 글을 읽고 의견을 말할 수 있다.
- ☐ 아파트 소음에 대한 의견을 듣고 자신의 의견을 주장할 수 있다.
- ☐ 영화관에 대한 건의문을 읽고 쓸 수 있다.

**모범 답안**

2. 1) 한 달에 한 번 휴가를 써도 되는지 안 되는지　2) 남자도 같이 해야 한다고 봐요　3) 불을 켜 놓은 채로　4) 마음에 안 들더라도

# 8 흥미로운 세상
## Intriguing world

잘 듣고 이야기해 보세요. track 72

1. 어느 나라의 집입니까?
2. 왜 집을 높이 지었습니까?

## 학습목표

**어 휘**
- 문화
  Culture
- 특징
  Characteristics
- –별

**문법과 표현 1**
- V–아다(가)/어다(가)
- A–다는 N, V–ㄴ/는다는 N

**말하기**
- 시장 정보 설명하기
  Explaining market information

**문법과 표현 2**
- N을/를 비롯해서[비롯한]
- A/V–(으)며

**읽고 말하기**
- 놀이 설명하는 글 읽기
  Reading explanations about games
- 고향의 놀이 설명하기
  Explaining games from your hometown

**듣고 말하기**
- 한국 사투리에 관한 발표 듣기
  Listening to a presentation on Korean dialects
- 발표 후 질의응답 듣기
  Listening to post presentation question and answer (Q & A)
- 설명 듣고 질의응답하기
  Having a question and answer after listening to explanations

**읽고 쓰기**
- 소수 민족의 특징에 대한 설명문 읽기
  Reading explanations about characteristics of minority's culture
- 소수 민족의 특징 소개하는 설명문 쓰기
  Writing explanations about characteristics of minority's culture

**과 제**
- 발표문 작성하기
  Writing presentations

**문화 산책**
- 제주도의 정낭
  Jeju-do pole-fence gates

**발 음**
- 유기음화 '비롯해서'
  Aspiration '비롯해서'

## 어 휘 Vocabulary

1. 문화를 설명하는 표현입니다. 바꿔 쓸 수 있는 표현을 골라 보세요.

| 대표적이다 | 공통점이 있다 | 차이가 있다 | 전통을 지키다 | 영향을 받다 |
|---|---|---|---|---|

1) 사람들이 즐겨 입는 옷의 색깔은 날씨에 따라 달라질 수 있다고 한다.
2) 한국 사람들은 설날이 되면 어른들께 세배를 드리는 오랜 풍습을 지금까지 이어 오고 있다.
3) 한국과 일본, 중국은 모두 젓가락을 사용하는 나라지만 젓가락의 모양은 나라마다 약간씩 다르다.
4) 비빔밥은 한국에 온 외국인들은 누구나 먹어 볼 정도로 유명하고 많이 알려진 한국 전통 음식이다.
5) 아리랑의 멜로디는 지역마다 다르지만 그 가사에는 비슷한 내용이 있다.

- 여러분이 알고 있는 다른 나라의 대표적인 인물에 대해 말해 보세요.
- 여러분 나라와 한국은 버스를 이용하는 방법에 어떤 차이가 있습니까?
- 여러분은 누구의 말에 영향을 많이 받습니까?

2. 문화의 특징을 설명하는 표현입니다. 맞는 표현을 골라 보세요.

| 독특하다 | 흥미롭다 | 단순하다 | 평범하다 | 흔하다 |
|---|---|---|---|---|

1) 이건 처음 먹어 보는 음식인데 뭐라고 설명할 수 없을 정도로 특별한 맛이네요. 독특하다
2) '김'이라는 성은 한국에서 어디를 가더라도 쉽게 볼 수 있는 성이지요. ________
3) 이 책에서 소개하고 있는 문화는 정말 재미있어서 더 알고 싶어요. ________
4) 그 아이의 얼굴은 특별히 예쁘거나 못생기지도 않았고 특별히 기억에 남지도 않는 보통 얼굴이에요. ________
5) 이 카메라는 사용하기 어렵지 않아요. 복잡한 기능은 다 빼고 사진을 찍는 기능만 있거든요. ________

- 자신의 물건 중에 디자인이 독특한 것이 있습니까?
- 평범한 사람이 되고 싶습니까? 아니면 특별한 사람이 되고 싶습니까?
- 여러분 나라에서는 어떤 이름이 흔합니까?

3. 무엇을 기준으로 나뉘어 있는지 이야기해 보세요.

**–별**

직업별　　분야별　　지역별　　나이별　　나라별

1)

| | | | |
|---|---|---|---|
| 총류 | 000 | 기술과학 | 500 |
| 철학 | 100 | 예술 | 600 |
| 종교 | 200 | 언어 | 700 |
| 사회과학 | 300 | 문학 | 800 |
| 순수과학 | 400 | 역사 | 900 |

2)

**시간이 나면 뭘 하세요?**

| | |
|---|---|
| 10대 | 컴퓨터 |
| 20대 | 음악 감상 |
| 30대 | 운동 |
| 40대 | 여행 |

3)

**<하루 중 근무 시간>**

① 회사원 : 9시~18시

② 환경미화원 : 새벽 4시 ~17시

③ 소방관 : 하루 24시간, 하루 휴식

4)

**<김치의 특징>**

5)

**'–별'로 만든 어휘는 다음과 같이 사용합니다.**

직업별로 다르다.

직업별로 차이가 있다.

- 여러분 나라에는 직업별로 월급에 차이가 많습니까?
- 여러분 나라에는 지역별로 날씨에 차이가 있습니까?
- 나이별로 제한되는 것은 무엇이 있습니까?

## 문법과 표현 1 Grammar and Expression 1

### 1. V-아다(가)/어다(가)

track 73

A 지연 씨는 김치를 집에서 담가 드세요?
B 아니요, 전에는 담가 먹었는데 요즘은 사다가 먹어요.

A 한복이 참 예쁘네요. 어디에서 샀어요?
B 산 게 아니에요. 친구에게서 빌려다 입은 거예요.

**연습** 다음 상황에 대해 조언해 보세요.

1) 이 소설책을 읽고 싶은데 책이 다 팔렸어요.

그러면 친구에게 빌려다 읽으세요.

2) 친구들과 같이 저녁 만들어 먹기로 했는데 어떤 음식을 가져가면 좋을까요?

3) 선생님이 마이클 씨 전화번호를 알려 달라고 하셨는데 저도 모르겠어요.

4) 커피를 마시고 싶은데 일이 많아서 사러 갈 시간이 없네요.

## 2. A-다는 N, V-ㄴ/는다는 N

track 74

A　지수 씨가 요즘 모임에 계속 안 나오네요.
B　저도 직접 연락은 못 했는데 유학 준비를 한다는 소문을 들었어요.

A　남대문시장에는 왜 가려고 해요?
B　거기 가면 싸고 좋은 물건이 많다는 말을 들어서요.

**연습**　다음과 같이 믿을 수 없는 기사나 소문에 대해 친구들과 이야기해 보세요.

## 말하기 Speaking

track 75

| | |
|---|---|
| 샤오밍 | 이 찻잔 디자인이 독특한데요. 어디에서 샀어요? |
| 줄리앙 | 아, 이거요? 지난번 영국에 갔을 때 카부츠 세일에서 샀어요. |
| 샤오밍 | 카부츠 세일요? 그게 뭐예요? |
| 줄리앙 | 자기가 쓰던 물건 중에서 필요 없는 물건을 가져다가 다른 사람에게 파는 시장이에요. |
| 샤오밍 | 아, 벼룩시장하고 비슷한 곳이군요. 그런데 왜 카부츠 세일이라고 불러요? |
| 줄리앙 | 카부츠는 '자동차 트렁크'라는 뜻인데 트렁크에 물건을 놓고 팔기 때문에 그런 이름이 생겼대요. |
| 샤오밍 | 그렇군요. 그 시장이 매일 열려요? |
| 줄리앙 | 아니요, 보통 주말에 열리는데 장소가 정해져 있대요. |

**연습1** 대화를 만들어 보세요.

1) 〈말레이시아 '파사 말람'〉

두리안 케이크가 맛있다

음식도 팔고 옷도 파는 말레이시아 전통 시장

야시장이라는 뜻인데 밤에 열린다

일주일에 한 번 저녁부터 밤늦게까지

2) 〈태국 '차투착'〉

향초의 향이 좋다

다양한 물건을 파는 시장이다

48년이라는 뜻인데 왕이 자신의 48살 생일을 기념하여 그 이름을 붙여 줬다

토요일과 일요일 낮에

찻잔 teacup 디자인 design 카부츠 carboots (flea market in the United Kingdom) 벼룩시장 flea market 트렁크 trunk
파사 말람 a night market in Malaysia 두리안 durian 야시장 night market 차투착 traditional market in Thailand 향초 scented candle 향 fragrance

**연습2** 여러분 나라의 시장에 대해 설명해 보세요.

우리 나라에는 수상 시장이 있어요.

수상 시장요? 수상 시장이 뭐예요?

수상 시장은 물 위에서 배에 물건을 싣고 다니면서 파는 시장이에요.

거기는 뭐가 유명해요?

| 시장 이름 | |
|---|---|
| 특징 | |
| 파는 물건 | |
| 열리는 시간 | |
| 열리는 장소 | |

역사가 오래되다　　없는 물건이 없다

값을 깎을 수 있다　　특별한 물건을 살 수 있다

수상 시장 floating market

## 문법과 표현 2 Grammar and Expression 2

### 1. N을/를 비롯해서[비롯한]

track 76

- 세계에는 아시아, 유럽을 비롯해서 모두 6대륙이 있다.
- 이번 회의에는 한국을 비롯한 10개국 대표들이 참석했다.
- 설날에 한국 사람들은 윷놀이를 비롯해서 다양한 민속놀이를 한다.

**연습** 다음 축제에 대해 말해 보세요.

이 축제에는 중국을 비롯한 아시아
여러 나라들이 참가한대요.

### 아시아 음식 축제

서울에서 열리는 아시아 음식 축제에 오십시오!
나라별로 대표적인 음식을 모두 먹어 볼 수 있습니다.
이번 행사에는 아시아 4개국이 참가합니다

- 한국 : 불고기, 비빔밥 등
- 중국 : 딤섬, 북경 오리 등
- 일본 : 초밥, 우동 등
- 태국 : 팟타이, 똠얌꿍 등

날짜 : 10월 15일~10월 20일
장소 : 서울 한강시민공원

### 한국 전통문화 축제

한국 전통문화에 관심이 많으십니까?
그렇다면 한국 전통문화 체험 행사에 오십시오.
이번 행사에서는 전통 음악과 전통 춤 공연을 볼 수 있을 뿐만 아니라 배울 수도 있습니다.

〈공연〉
- 음악 공연 : 판소리, 사물놀이, 민요
- 춤 공연 : 부채춤, 탈춤, 장구춤

〈체험 행사〉
- 도자기 만들기, 한지 부채 만들기, 한복 입기

날짜 : 1월 1일~1월 10일
장소 : 민속촌

대륙 continent 다양하다 to be various 민속놀이 folk game 한강시민공원 Han River Public Park 탈춤 mask dance 장구춤 drum dance 민속촌 folk village

## 2. A/V-(으)며

track 77

- 이 도서관에는 디자인 관련 책이 많으며 세계 여러 나라의 잡지도 많이 있다.
- 배가 아프고 소화가 안되며 속이 거북할 때 손을 따면 효과가 있다.
- 이 민족은 아이들이 어머니의 성을 따르며 재산도 딸이 물려받는다.

**연습** 수수께끼를 만들어서 친구들에게 질문해 보세요.

이 동물은 목이 길고
몸에 무늬가 있으며
풀을 먹고 삽니다.
이 동물은 무엇일까요?

이 친구는 노래를
잘하고 무엇이든지
잘 먹으며 친구가
많습니다. 이 친구는
누구일까요?

________________은/는 ________________고

________________________________며

________________________________다.

관련 relation; connection 재산 property; possession 물려받다 to inherit

## 읽고 말하기 Reading and Speaking

실뜨기는 아시아를 비롯한 세계 여러 나라 아이들이 즐겨하는 대표적인 놀이입니다. 나라별로 이름이나 방법은 조금씩 차이가 있지만 실 하나만 있으면 어디에서나 쉽게 할 수 있다는 공통점이 있습니다. 보기에는 단순하고 평범해 보이지만 손을 많이 사용할 수 있어서 두뇌 발달에 효과가 있으며 두 사람이 같이 하기 때문에 서로 친해지는 데에도 좋습니다. 한국에서 주로 하는 실뜨기 방법은 다음과 같습니다.

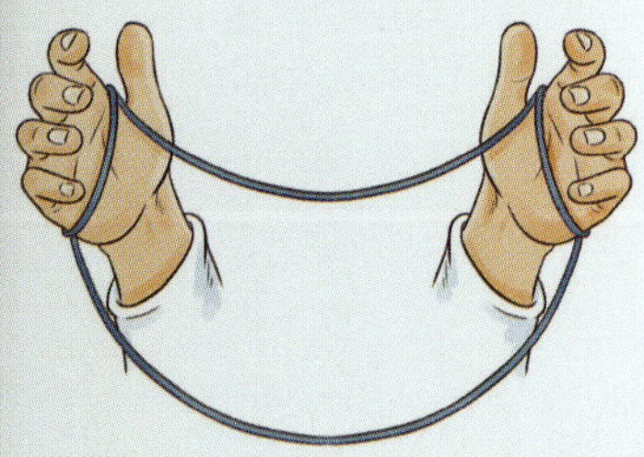

① 손가락에 실을 걸고 네 손가락으로 한 번 감습니다.

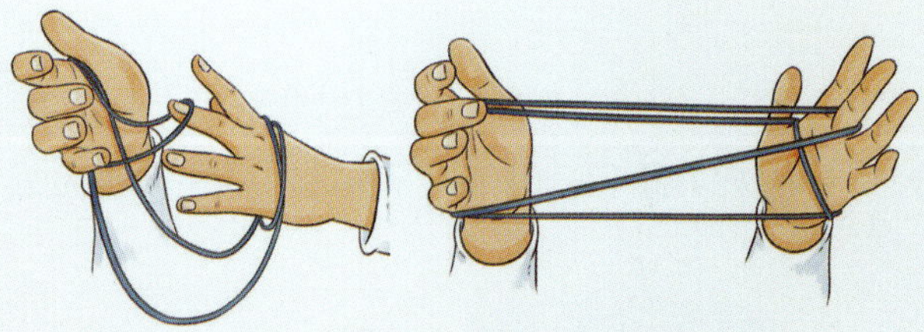

② 오른손으로 왼손의 실을 걸어서 당깁니다.

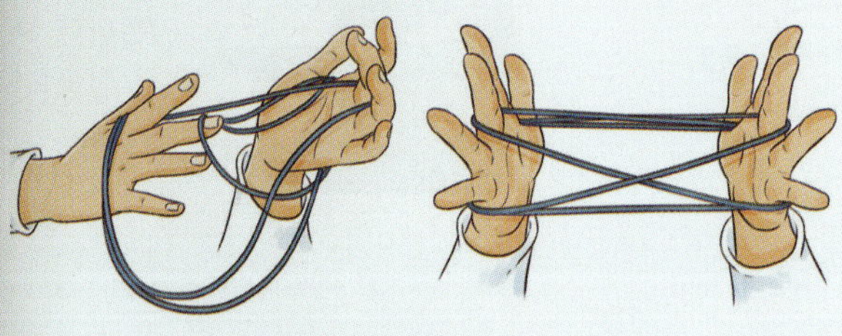

③ 왼손으로 오른손의 실을 걸어서 당깁니다.

④ 두 사람이 놀이를 합니다.

**연습1** 읽은 내용을 확인해 보세요.

1) 실뜨기는 어느 나라 아이들이 하는 놀이입니까?

____________________________________________.

2) 실뜨기의 좋은 점은 무엇입니까?

____________________________________________.

____________________________________________.

실뜨기 cat's-cradle 즐겨하다 to enjoy 실 thread 두뇌 발달 mental development 효과가 있다 to have an effect 감다 to wind 걸다 to hang 당기다 to pull

**연습2** 친구와 이야기해 보세요.

1) 여러분 나라의 놀이에 대해 이야기해 보세요.

줄넘기

숨바꼭질

구슬치기

| 이름 | 인원 | 준비물 | 술래 | 방법 |
|---|---|---|---|---|

2) 친구들에게 여러분 나라의 놀이를 설명해 보세요.

__________________은/는 ____________________________________는 놀이입니다.

____________________________________________________________________________

____________________________________________________________________________

놀이 방법은 ________________________________________________________________

____________________________________________________________________________

______________________________________________________________이/가 이깁니다.

줄넘기 jump rope 숨바꼭질 hide-and-seek 구슬치기 play marbles 준비물 things to be prepared 술래 the tagger; the person who is 'it'

## 듣고 말하기 Listening and Speaking

**준비** 한국인의 억양이나 말투에 대해 독특하다고 생각한 적이 있습니까?

**듣기1** 다음은 한국의 사투리에 관한 발표입니다. 잘 듣고 들은 내용을 정리하세요. track 78

1)
**제목:** ____________
발표자 : 마쓰모토 게이고

2)
**사투리에 관심을 갖게 된 이유**
- 친구들 ____________로 억양, 말투, 사용하는 단어 등에 차이가 있다는 것을 알게 되었다.

3)
**경상도 사투리의 특징**
- 억양이 ____________ 짧고 분명하게 말한다.
- 무뚝뚝하다는 말을 자주 듣는다.

4)
**전라도 사투리의 특징**
- 감탄사를 많이 사용하고 표현이 ____________한 편이다.
- 정겨운 느낌이 든다.

5)
**충청도 사투리의 특징**
- 느리게 말해서 ________ 들리며 편안한 느낌이다.
- 자기 생각을 __________ _____ 말하지 않는다.



**준비** 위 발표를 듣고 이해가 안 되거나 질문하고 싶은 것이 있습니까?

**듣기2** 다음은 발표에 대한 질문과 응답입니다. 잘 듣고 그 내용을 써 보세요. track 79

1) 질문 사투리가 지역별로 다른 원인은 무엇입니까?
응답 ________________서 말이 그 영향을 받기 때문이다.

2) 질문 억양, 말투, 사용하는 단어 등이 다르다고 말씀하셨는데 구체적인 예를 들어 설명해 주세요.
응답 "빨리 오세요."를 ________________에서는 "퍼뜩 오이소.", ________________에서는 "빨랑 오랑게요.", ________________에서는 "어서 와유."라고 합니다.

3) 질문 충청도에서는 직접적으로 말하지 않는다고 하셨는데 이것은 무슨 뜻입니까?
응답 자기 생각을 직접적으로 말하지 않고 ______________________________는 뜻입니다.

사투리 dialect 관심을 갖다 to be interested in something 출신 ancestry; origin 억양 intonation 말투 one's way of speaking 경상도 Gyeongsang-do 전라도 Jeolla-do 충청도 Chungcheong-do 무뚝뚝하다 to be blunt/curt 감탄사 exclamation 정겹다 to be affectionate 끌다 to pull/drag 점잖다 to be gentle/well mannered 보존하다 to preserve/conserve 원인 cause 돌려 말하다 to talk around 자기주장을 내세우다 to put forth an assertion 반복하다 to repeat

4) 다시 듣고 대화에서 사용한 표현을 찾아서 표시해 보세요.

**질문할 때**

- ☐ ~는다고 말씀하셨는데
- ☐ 저는 잘 이해가 안 되는데 다시 한번 설명해 주시기 바랍니다
- ☐ 그 원인이 무엇인지 궁금합니다
- ☐ 구체적인 예를 들어 설명해 주십시오

**답변할 때**

- ☐ 이미 말씀드린 대로
- ☐ 구체적으로 예를 들어 보면
- ☐ ~는다는 뜻입니다
- ☐ ~는 것으로 알고 있습니다

**말하기** 여러분 나라의 사투리에 대해 질의응답 하는 대화를 해 보세요.

1) 여러분 나라의 사투리를 정리하여 친구에게 설명해 보세요.

| 나라 | 지역별 사투리 | 특징 |
|---|---|---|
| 한국 | 경상도 사투리 | 억양이 강하며 짧고 분명하게 말한다. |
| | 전라도 사투리 | 표현이 풍부하여 정겨운 느낌이 든다. |
| | 충청도 사투리 | 말을 끌면서 느리게 말하여 점잖게 들린다. |
| | | |
| | | |
| | | |

2) 설명을 들은 후 서로 질문과 응답을 해 보세요.

지역별로 말투가 다르다고 하셨는데 그 원인이 무엇인지 궁금합니다.

사투리가 지역별로 차이가 있는 것은 자연환경의 영향이 큰 것으로 알고 있습니다.

지역별로 사투리가 어떻게 다른지 구체적으로 예를 들어서 설명해 주십시오.

예를 들어서 "빨리 오세요."를 경상도 사람들은 "퍼뜩 오이소."라고 합니다.

# 읽고 쓰기 Reading and Writing

**준비** 여러분 나라에는 어떤 민족들이 살고 있습니까?

**읽기** 다음 글을 읽고 물음에 답하세요.

## 아버지가 없는 모소족

현대인들은 대부분 부모가 중심이 되어 자식과 함께 가정을 이루며 살아간다. 그런데 현대인과는 다른 방식으로 살아가는 사람들이 있다. 중국의 모소족이 그 대표적인 예이다. 중국에는 인구의 대부분을 구성하는 한족과 함께 좡족을 비롯한 다수의 소수 민족이 살고 있는데 모소족은 그중 하나이다.

중국 남서부 로고호 주변에 사는 모소족은 집안의 가장이 여자이다. 가족은 할머니를 중심으로 구성되며 집안에 아버지는 존재하지 않는다. 할머니, 어머니, 이모, 그리고 손녀들이 모여 살고 집안의 남자는 할아버지나 아버지가 아니라 외삼촌이나 외손자이다. 아이들은 어머니의 성을 따르며 집안의 모든 재산도 딸이 물려받는다.

남녀가 만나 가정을 구성하지 않기 때문에 결혼도 이혼도 없다. 여자는 16세가 되면 성인식을 하고 마음에 드는 남자를 만나면 사랑을 나눌 수 있지만 함께 살지는 않는다. 남자들은 가족에 대한 경제적인 책임이나 자식을 키울 의무가 없다. 여자들은 할머니를 중심으로 농사일과 집안일을 하며 아이들을 키우고 교육시킨다. 외삼촌들은 산에서 야크를 치거나 말을 타고 돌아다니면서 물건을 가져다가 팔고 생활에 필요한 물건을 사다가 가족에게 준다.

이처럼 모소족은 오랜 세월 동안 자신들만의 전통을 지켜 왔다. 그러나 최근 현대 사회의 영향을 받아 그들의 가족 형태도 점점 변해가고 있다.

모소족 Moso (Na) Tribe　현대인 contemporary person　가정을 이루다 to start a family　구성하다 to constitute　한족 Han Tribe (majority group in China)
좡족 Zhang tribe　다수 majority　소수 민족 minority (race/group)　남서부 south-western　로고호 Lugu lake　주변 area　집안 household
가장 head of household　존재하다 to exist　이모 mother's sister　손녀 granddaughter　외삼촌 maternal uncle　외손자 child of one's daughter
성인식 coming-of-age ceremony　키우다 to raise　의무 duty; obligation　야크를 치다 to shepherd yak　세월 time　형태 form; shape

1) 현대인과 모소족의 삶의 방식이 다른 점은 무엇입니까?

- 현대인 : ______________________________
- 모소족 : ______________________________

2) 모소족의 특징에 대해 이야기해 보세요.

**모소족**

사는 곳 : ______________________________

가족 구성원 : ______________________________

아이의 성과 재산 : ______________________________

결혼 제도 : ______________________________

여자가 주로 하는 일 : ______________________________

남자가 주로 하는 일 : ______________________________

3) 다음 단어를 사용해서 읽은 글을 다시 말해 보세요.

현대인　가정을 이루다　모소족　가장　양육하다
책임　의무　전통을 지키다　영향을 받다

**쓰기** 여러분 나라 민족의 특징이나 독특한 문화를 가진 소수 민족의 특징을 글로 써 보세요.

우리 나라에는 ____________ 비롯한 ________________ 살고 있다. 그중에서 ______________________________다는 점이 특별하다.
______________________________
______________________________.
______________________________
______________________________.
이러한 전통은 ______________________________
______________________________.

## 과제 Task

**자기 나라의 흥미로운 문화에 대해 조사해서 발표해 보세요.**

여러분 나라의 흥미로운 문화를 생각해 보고 친구들에게 소개하고 싶은 주제를 정해 보세요.

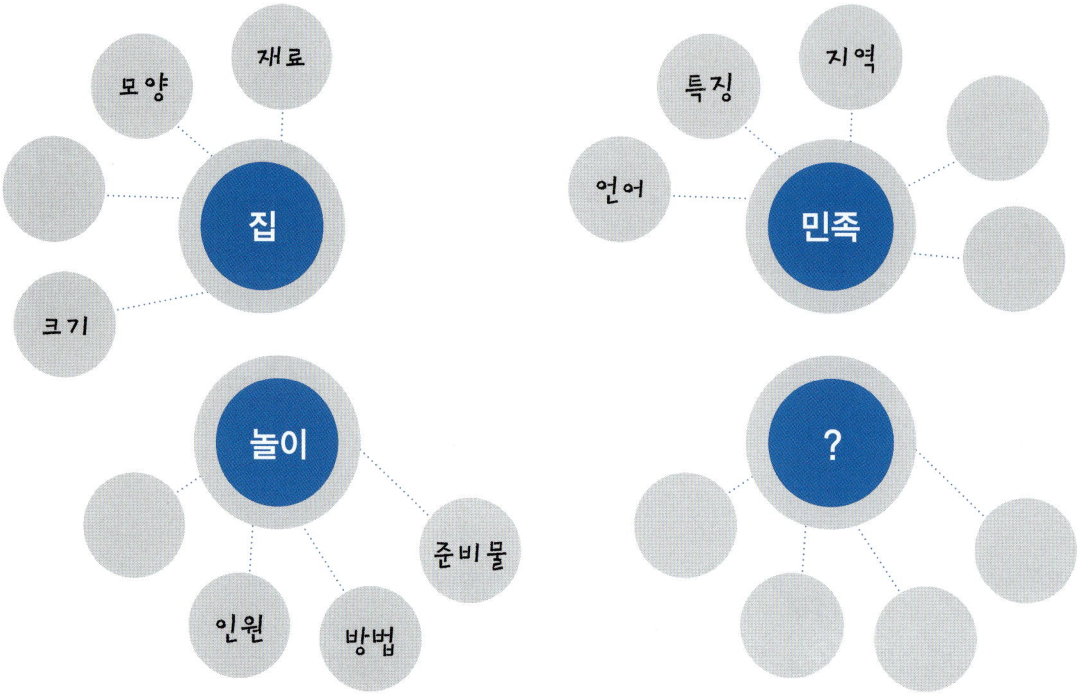


주제에 대해 간단히 소개하고 친구들이 알고 싶어 하는 내용을 정리하세요.

| 주제 | 친구들이 궁금해하는 부분 |
|---|---|
| 태국 과일 시장 | • 어떤 과일을 팔아요?<br>• 언제부터 시작됐어요?<br>• 한국 시장과 뭐가 달라요? |
| | •<br>•<br>•<br>• |

조사한 내용으로 발표문을 작성하고 발표해 보세요.

## 문화 산책 Culture Note

**준비** 다음 집은 한국의 어느 지역에서 볼 수 있을까요?

**알아보기**

제주도의 전통 집에는 대문이 없습니다. 대문 대신에 '정낭'이라는 문이 있는데 여기에 세 개의 막대기가 걸려 있습니다. 세 개가 모두 걸려 있으면 '며칠 있다가 돌아옵니다.', 두 개가 걸려 있으면 '오늘 안에 돌아옵니다.', 한 개가 걸려 있으면 '금방 옵니다.', 모두 내려져 있으면 '주인이 집에 있으니 들어오세요.'라는 뜻입니다.

**생각 나누기** 여러분 나라에 있는 독특한 집을 소개해 보세요.

대문 front gate　정낭 pole-fence gates　막대기 stick

## 발음 Pronunciation

**준비** 들어 보세요. track 80

1) 세계에는 아시아, 유럽을 비롯해서 모두 6대륙이 있다.

2) 사람들은 누구나 자기와 비슷한 사람과 어울리기 마련이다.

**규칙** 받침 'ㅅ'은 '–하다' 앞에서 [ㄷ]으로 바뀐 후 'ㅎ'과 하나로 합쳐져서 [ㅌ]으로 발음됩니다.
When the final consonant 'ㅅ' precedes '–하다', it changes to [ㄷ] and merges with 'ㅎ' to be pronounced as [ㅌ].

| | | | | | |
|---|---|---|---|---|---|
| 비롯해서 | 비롯[비롣] | + | 해서 | → | [비로태서] |
| 깨끗하고 | 깨끗[깨끋] | + | 하고 | → | [깨끄타고] |
| 못 해요 | 못[몯] | + | 해요 | → | [모태요] |



**연습** 잘 듣고 따라 해 보세요. track 81

1) A 이번 글쓰기 대회에 참석 못 하는 학생이 많아요?
   B 네, 줄리앙을 비롯해서 오후 수업이 있는 학생 3명은 참석 못 한대요.

2) A 조용하고 깨끗한 방으로 드리면 되지요?
   B 네, 날씨가 추우니까 따뜻한 방이면 더 좋겠어요.

3) A 형은 성격이 별로 급하지 않은가 봐요.
   B 네, 아버지랑 비슷해서 좀 느긋한 편이에요.

4) A 날씨가 따뜻해서 좋은데 드라이브 갈까요?
   B 글쎄요, 아직 운전을 잘 못해서 멀리 가기는 힘들어요.

## 자기 평가 Self-Check

1. 다음은 주제 어휘입니다. 뜻을 확인해 보세요.

- ☐ 공통점이 있다 — to have a common point
- ☐ 나라별 — by country/nation
- ☐ 나이별 — by age
- ☐ 단순하다 — to be simple
- ☐ 대표적이다 — to be representative
- ☐ 독특하다 — to be unique
- ☐ 분야별 — by field
- ☐ 영향을 받다 — to be influenced by
- ☐ 전통을 지키다 — to follow tradition
- ☐ 지역별 — by region
- ☐ 직업별 — by profession/job
- ☐ 차이가 있다 — to have a difference
- ☐ 평범하다 — to be average/normal
- ☐ 흔하다 — to be common
- ☐ 흥미롭다 — to be interesting

2. 알맞은 것을 골라 대화를 완성해 보세요.

–아다(가)/어다(가)　　–다는　　을/를 비롯해서　　–(으)며

1) A 대표적인 한국 음식에는 어떤 것이 있습니까?
   B 비빔밥________________ 불고기, 김치 등 다양한 음식이 있습니다.

2) A 냉장고에 달걀이 없네요. 저녁에 꼭 필요한데…….
   B 걱정 마세요. 이따가 퇴근할 때 ________________ 줄게요.

3) A 신문에 재미있는 기사가 있어요?
   B 네, ________________이/가 있네요.

4) A 이번에 새로 나온 컴퓨터의 특징이 무엇입니까?
   B 이 컴퓨터는 ________________ 속도가 매우 빠릅니다.

3. 한국어로 할 수 있는 것에 ✓ 하세요.

- ☐ 시장의 정보를 설명할 수 있다.
- ☐ 놀이 방법을 설명할 수 있다.
- ☐ 발표를 듣고 질문을 할 수 있다.
- ☐ 민족의 특징에 대한 설명문을 읽고 쓸 수 있다.

모범 답안

2. 1) 을 비롯해서 2) 가게에서 사다가 3) 하늘을 나는 자동차를 만들었다는 기사 4) 사용하기 편리하며

# 9 한국의 대중문화
## Korea's popular culture

잘 듣고 이야기해 보세요. track 82

1. 이곳은 어디입니까?
2. 이곳의 분위기는 어떻습니까?

## 학 습 목 표

**어 휘**
- 기분
  Feelings and moods
- 작품 설명
  Explaining about (theatrical) works
- –히

**문법과 표현 1**
- A/V–거든
- A/V–았더라면/었더라면

**말하기**
- 경험 자랑하기
  Boasting about one's experiences

**문법과 표현 2**
- A/V–(으)ㅁ
- A–(으)ㄴ 듯하다, V–는 듯하다

**읽고 말하기**
- 인물 정보 읽기
  Reading personal profile
- 좋아하는 연예인 소개하기
  Introducing a celebrity you like

**듣고 말하기**
- 드라마 듣기
  Listening to dramas
- 인터뷰 듣기
  Listening to interviews
- 인터뷰하기
  Doing interviews

**읽고 쓰기**
- 텔레비전 프로그램 안내 읽기
  Reading explanations about TV programs
- 텔레비전 프로그램 소개하는 글 쓰기
  Writing introductions to TV programs

**과 제**
- 좋아하는 유명인의 작품 소개하기
  Introducing a work of a famous person you like

**문화 산책**
- 케이 팝(K–POP)
  K-POP

**발 음**
- '–거든'의 억양
  Intonation of '–거든'

## 어 휘 Vocabulary

1. 기분을 나타내는 표현입니다. 다음 사람들의 기분을 이야기해 보세요.

| 꿈만 같다 | 믿기지 않다 | 숨이 멎는 줄 알았다 |
|---|---|---|
| 심장이 터질 것 같다 | 실감이 안 나다 | 얼떨떨하다 |

저 가수를 보다니 믿기지 않아요.

- 너무 기뻐서 꿈만 같았던 일을 이야기해 보세요.
- 깜짝 놀라서 숨이 멎는 줄 알았던 경험이 있습니까?
- 언제 심장이 터질 것 같았습니까?

2. 연예인이나 작품을 설명하는 표현입니다. 그림을 보고 순서에 맞게 말해 보세요.

| 인기가 있다 | 좋은 반응을 얻다 | 주목을 받다 |
|---|---|---|
| 작품에 출연하다 | 역할을 맡다 | |

- 요즘 좋은 반응을 얻고 있는 영화는 무엇입니까?
- 좋아하는 연예인이 어떤 작품에 출연했습니까?
- 여러분이 배우라면 어떤 역할을 맡고 싶습니까?

3. 그림을 보고 친구와 이야기해 보세요.

**-히**

급히 당연히 솔직히 우연히 은근히 흔히

그 친구를 어디에서 만났어요?

길 가다가 우연히 만났어요.

1)

사자가 어느 것을 먹고 싶어 할까요?

2)

- 어떤 일을 급히 하다가 큰 실수를 한 적이 있습니까?
- 다른 사람에게 자기 생각을 솔직히 말하는 편입니까?
- 연인들이 흔히 하는 거짓말은 무엇일까요?

어디에서 떡볶이를 먹을 수 있어요?

3)

김 선생님 어디 가셨어요?

4)

오늘 날씨가 따뜻한가요?

5)

저 가수 노래 어때요?

6)

## 문법과 표현 1 Grammar and Expression 1

### 1. A/V-거든

track 83

A 무슨 일이 있거든 먼저 엄마한테 연락해야 한다. 알겠지?

B 네, 그럴게요. 걱정하지 마세요.

A 콘서트 소식을 듣거든 저한테도 알려 주세요.

B 네, 소식을 듣자마자 바로 알려 드릴게요.

**연습** 다음 상황에 대해 친구들에게 부탁이나 당부를 해 보세요.

이번 방학에 인도로 여행을 갈 거예요.

내일 선생님과 만나기로 약속했어요.

복권에 1등으로 당첨되는 꿈을 꿨어요.

돈을 모아서 내년에 자동차를 살 거예요.

저는 나중에 꼭 우리 나라의 대통령이 될 거예요.

## 2. A/V-았더라면/었더라면

track 84

A 조금만 더 늦었더라면 비행기를 놓칠 뻔했어.

B 그래, 지금 도착해서 다행이야.

---

A 우리가 10분만 일찍 도착했더라면 지금 시작하는 영화를 볼 수 있었는데…….

B 할 수 없지, 뭐. 다음 영화표를 사자.

**연습** 다음 상황을 보고 가정하는 말하기를 해 보세요.

내가 어젯밤에 커피를 안 마셨더라면

잠을 더 잘 수 있었을 텐데…….

아마 숙제를 다 하지 못했을 거예요.

어제 일기 예보를 봤더라면

아침에 지하철을 탔더라면

키가 10cm 더 컸더라면

그때 그 사람과 헤어지지 않았더라면

## 말하기 Speaking

track 85

| | |
|---|---|
| 히 엔 | 저 어제 이준 봤어요. |
| 마리코 | 네? 가수 이준을요? 어디에서요? |
| 히 엔 | 어제 K-POP 콘서트에 갔다 왔거든요. |
| 마리코 | 와, 거기 갔군요. 직접 보니까 어때요? 방송으로 보는 것보다 훨씬 멋있어요? |
| 히 엔 | 그럼요. 정말 꿈만 같았어요. 공연 끝나고 나서 사인도 받았는데요. |
| 마리코 | 직접 만난 거예요? |
| 히 엔 | 네, 같이 사진도 찍었어요. |
| 마리코 | 나도 갔더라면 좋았을 텐데……. 공연은 어땠어요? |
| 히 엔 | 정말 최고였어요! 관객들이 모두 일어나서 다 같이 노래를 따라 불렀어요. |
| 마리코 | 부러워요. 다음에 그런 기회가 생기거든 꼭 저한테도 알려 주세요. |

**연습1** 대화를 만들어 보세요.

1) 〈배우 강보라의 영화 시사회〉

실제로 보면 화면으로 보는 것보다 멋있다

영화 끝나고 나서 악수도 하다

정말 감동적이다

영화가 끝나자 관객들이 모두 기립 박수를 치다

2) 〈소설가 김인수의 팬 미팅〉

작가와 함께 이야기하니까 더 감동적이다

팬 미팅 중에 작가에게 기념품도 받다

분위기가 진지하다

새 소설의 내용에 대해서 작가와 열띤 토론을 벌이다

시사회 preview　실제로 actually　기립 박수 standing ovation　팬 미팅 fan meeting　진지하다 to be serious　열띠다 to be enthusiastic　벌이다 to stage/set up

**연습2** 경험한 일을 자랑하는 말하기를 해 보세요.

저는 연예인을 만나 본 적이 있어요.

정말이에요? 어디에서 봤어요?

길 가다가 우연히 봤어요.

직접 보니까 어땠어요?

1) 좋아하는 연예인을 만났습니다.

2) 번지 점프를 했습니다.

# 문법과 표현 2 Grammar and Expression 2

## 1. A/V-(으)ㅁ

track 86

- 이곳은 안개가 자주 끼기 때문에 교통사고가 자주 발생함.
- 시험 기간에는 관계자 외에는 이 사무실에 들어오지 못함.
- 대학 졸업 후 50여 개국을 여행하면서 작품 활동 중임.

**연습** 친구의 공부 습관에 대해 인터뷰한 후 이야기한 내용을 메모해 보세요.

이름 :

- 공부 시간 : ________________
- 공부 장소 : ________________
- 특별한 습관 : ________________
- 단어 외우는 비결 : ________________
- ________________
- ________________

안개가 끼다 to have fog (form) 발생하다 to occur 관계자 related person(s) 비결 key (to); secret (to)

## 2. A-(으)ㄴ 듯하다, V-는 듯하다

track 87

- 마리코 씨는 요즘 회사 일 때문에 스트레스가 많은 듯하다.
- 어머니가 주무시는 듯해서 조용히 준비를 하고 학교에 갔다.
- 이 작가는 내년에 새로운 작품을 가지고 귀국할 듯하다.

**연습** 다음 그림을 보고 이런 행동을 하고 있는 이유에 대해서 추측해 보세요.

이 여자는 배가 많이 아픈 듯합니다.

이 여자는 애인과 헤어진 듯합니다.

1) 

2) 

3) 

4) 

5) 

6) 

## 읽고 말하기 Reading and Speaking

가 인물 정보

| **강지헌** | 가수, 영화배우 |
|---|---|
| 나이 | 27세 |
| 신체 | 185cm, 74kg |
| 데뷔 | 2008년 1집 앨범 [첫사랑] |
| 취미 | 영화 감상, 신발 수집 |
| 별명 | 강아지 |
| 성격 | 솔직하고 적극적임. |
| 이상형 | 착하고 애교 많은 여자 |
| 좌우명 | 항상 노력하자. |
| 매력 포인트 | 큰 소리로 시원하게 웃음. |
| 향후 계획 | 올해 말에 입대할 듯함. |

나 인물 정보

**박유은** 시나리오 작가

나이 59세

부잣집 막내딸로 태어나 귀하게 자랐지만 고2 때 아버지 사업이 실패해서 고등학교 졸업 후 바로 사회생활을 시작함. 그 후 5년간 번역, 장사 등 여러 가지 일을 하면서 야간 대학교를 졸업함. 대학 졸업 후 50여 개국을 여행하면서 작품 활동을 함. 현재 이탈리아 여행 중이며 내년에 새로운 작품을 가지고 귀국할 듯함.

**연습1** 읽은 내용을 확인해 보세요.

1) 가에서 이 사람의 성격은 어떻습니까?

2) 가에서 이 사람은 앞으로 어떤 계획을 가지고 있습니까?

3) 나에서 이 사람이 고등학교 졸업 후 사회생활을 시작한 이유는 무엇입니까?

4) 나에서 이 사람은 앞으로 어떤 계획을 가지고 있습니까?

솔직하다 to be honest/frank 애교가 많다 to be very charming 향후 hereafter 입대하다 to enter the military 시나리오 scenario
막내딸 youngest daughter 귀하다 to be precious/valuable 번역 translation 장사 business; trade 야간 대학교 night university

**연습2** 친구와 이야기해 보세요.

1) 여러분이 좋아하는 연예인이나 작가에 대해 이야기해 보세요.

| 이름 | | |
|---|---|---|
| 직업 | | |
| 작품 | | |
| 성격 | | |
| 좋아하는 이유 | | |
| ? | | |

2) 친구들에게 여러분이 좋아하는 연예인이나 작가에 대해 설명해 보세요.

제가 좋아하는 ______________은/는 ______________________________입니다.

그 사람은 ______________________________________________________________

________________________________________________________________________

________________________________________________________________________

제가 그 사람을 좋아하는 이유는 __________________________________________

__________________________________________________________ 때문입니다.

## 듣고 말하기 Listening and Speaking

**준비** 요즘 재미있게 보는 드라마가 있습니까? 어떤 내용입니까?

**듣기1** 다음은 드라마의 일부분입니다. 잘 듣고 질문에 답하세요. track 88

1) 인물에 맞는 내용을 찾아보세요.

|  |  |  |  |
|---|---|---|---|
| 준영 (준수의 동생) | 준수 (준영의 형) | 서윤 (준영의 친구) | 혜수 (준수의 약혼녀) |
| • | • | • | • |
| • | • | • | • |
| 혜수를 좋아해서 준수를 죽였다고 오해받고 있음. | 서윤과 등산을 갔다가 사고로 죽음. | 준수와 결혼을 약속한 사이임. | 서윤이 자기 형을 죽였다고 생각하여 복수하기로 마음먹음. |

**준비** 인터뷰를 하고 싶은 배우가 있습니까? 어떤 내용을 질문하고 싶습니까?

**듣기2** 다음은 서윤 역할을 맡은 연기자와의 인터뷰입니다. 잘 듣고 질문에 답하세요. track 89

1) 들은 내용을 정리해 보세요.

**주목받는 연기자 '하지욱'**

요즘 인기를 얻고 있는 드라마는? '형제'

드라마에서 맡고 있는 역할은? '서윤' 역을 맡음.

데뷔하게 된 동기는? ______________________

실제 성격은? ______________________

앞으로 하고 싶은 역할은? ______________________

어쩔 수 없다 to be unavoidable 놓치다 to miss/drop 애를 쓰다 to make an effort 절대로 never 험하다 to be rugged 눈치를 채다 to notice 말리다 to keep/stop (from doing) 오해 misunderstanding 화해하다 to reconcile 질투심 jealousy 밝혀내다 to discover 실감하다 to realize/feel 데뷔하다 to make one's debut 동기 motivation 그리 not very much 추천하다 to recommend 역 role 멜로 드라마 melodrama 주인공 main character 복수하다 to revenge

2) 다시 듣고 대화에서 사용한 표현을 찾아서 표시해 보세요.

**인터뷰에서 질문할 때**

- ☐ ~은가요/나요?
- ☐ ~는다면서요?
- ☐ ~게 된 동기가 있습니까?
- ☐ ~에 대해 말씀해 주시기 바랍니다

**인터뷰에서 대답할 때**

- ☐ ~는다는 생각을 합니다
- ☐ ~는 편입니다
- ☐ ~게 되었습니다
- ☐ ~어 보고 싶습니다

**말하기** 다음 기사를 보고 인터뷰를 해 보세요.

요즘 좋은 반응을 얻고 있는데 인기를 실감하고 계신가요?

아직 얼떨떨해서 꿈만 같다는 생각을 합니다.

데뷔하게 된 특별한 동기가 있습니까?

동아리 활동을 하다가 시작하게 되었습니다.

### 떠오르는 신인 가수 '비지에'

대표 곡은?
'꿈을 꾸다'

장점은?
댄스 실력이 뛰어남.

데뷔하게 된 동기는?
대학 동아리에서 시작함.

요즘 팬들의 반응에 대한 소감은?
기대 이상의 관심으로 행복할 뿐임.

앞으로의 계획은?
팬들과의 만남을 위해 전국 공연 예정임.

### 인기 절정의 배우 '채민'

대표적인 출연작은?
영화 '달빛 인형'

장점은?
감정 표현이 뛰어남.

데뷔하게 된 동기는?
뮤직 비디오 출연으로 연예 활동을 시작함.

앞으로의 계획은?
다양한 연예 활동을 하고 싶음.
TV 드라마, 예능 프로그램, 라디오 진행 등.

대표 곡 representative song 절정 peak 출연작 work (film; show) that one appears on 예능 프로그램 variety show

# 읽고 쓰기 Reading and Writing

**준비** 다음 텔레비전 편성표에서 관심 있는 프로그램을 찾아보세요.

| ◁ | KBC | EBN | SBO | MBS | ▷ |
|---|---|---|---|---|---|
| 7시 | 어린이 만화 〈달려라〉 | 최고의 요리 | 고향 자랑 | 세계로 여행 | |
| 8시 | 도전 퀴즈 | 직업 탐구 | 8시 뉴스 | MBS 뉴스 | |
| 9시 | KBC 뉴스 | 50분 토론 | 주말 드라마 〈널 못 만났더라면〉 | 금주의 인기 가요 | |
| 10시 | 드라마 〈형제〉 | 다큐멘터리 〈한국의 역사〉 | 오늘의 스포츠 | TV영화관 | |

**읽기** 다음 텔레비전 안내를 읽고 물음에 답하세요.

## 주말 드라마 〈널 못 만났더라면〉 (SBO 오후 9시)

오주희 작가의 소설 '가족'을 드라마로 만든 주말 드라마.

주변에서 흔히 볼 수 있는 평범한 가족의 일상을 보여 줘 시청자들에게 좋은 반응을 얻고 있다. 80대 노부부와 그 아들 사 형제, 그리고 손자 손녀들까지 3대가 한 시대에 살아가면서 일어나는 가족 문제가 드라마의 중심이다. 가족 간에 일어나는 사소한 갈등을 해결하는 과정 속에서 진정한 가족의 의미를 알게 해 준다.

최근 주목받고 있는 배우 하지욱과 영화에서 좋은 반응을 얻고 있는 배우 채민이 출연하여 관심을 끌고 있다. 또한 모든 배우들의 연기가 뛰어나 드라마의 수준을 높였다는 평가를 받고 있다.

## 도전 퀴즈(KBC 오후 8시)

다양한 퀴즈 문제를 풀어 최후의 일 등에게 5천만 원의 상금을 주는 프로그램.

등록금을 준비하려는 대학생, 가족과 여행을 계획하고 있는 주부, 부모님에게 효도 여행을 보내 드리고 싶다는 직장인 등 여섯 명의 참가자들이 나와 승부를 펼친다.

대부분의 출연자들은 좋은 추억을 만들고 싶어서 출연하게 되었다고 말하지만 은근히 강한 승부욕을 보여 흥미진진하게 진행된다.

출연자들이 놓친 문제는 전화로 시청자들에게 기회를 줘 많은 상품을 주고 있으니 전화로 참여해도 좋을 듯하다.

일상 everyday life 노부부 old couple 대 generation 사소하다 to be minor/trivial 갈등 conflict 상금 prize money 효도 filial piety
승부를 펼치다 to have a match (game) unfold 출연자 cast member

1) 각각 어떤 프로그램입니까?

- 〈널 못 만났더라면〉 : ______________________
- 〈도전 퀴즈〉 : ______________________

2) 프로그램의 내용에 대해 이야기해 보세요.

**〈널 못 만났더라면〉**

① 드라마의 원작은 무엇입니까?
② 시청자들에게 좋은 반응을 얻고 있는 이유는 무엇입니까?
③ 드라마에 나오는 인물을 소개해 주세요.
④ 어떤 평가를 받고 있습니까? 그 이유는 무엇입니까?

**〈도전 퀴즈〉**

① 우승자에게 어떤 혜택이 있습니까?
② 참가자들이 출연하는 목적은 무엇입니까?
③ 프로그램이 흥미진진한 이유는 무엇입니까?
④ 시청자들이 참여할 수 있는 방법은 무엇입니까?

3) 다음 단어를 사용해서 읽은 글을 요약해 보세요.

주말 드라마 　 일상 　 좋은 반응을 얻다 　 뛰어나다 　 평가를 받다
퀴즈 프로그램 　 상금 　 출연자 　 승부욕 　 흥미진진하다 　 참여하다

**쓰기** 여러분 나라의 텔레비전 프로그램을 소개하는 글을 써 보세요.

______________________는 내용이다.

출연자는 ______________________

______________________

______________________

______________________

______________________다는 평가를 받고 있다.

원작 original work 　 혜택 benefit

## 과제 Task

### 자기가 좋아하는 유명인의 작품을 소개해 보세요.

자기가 소개하고 싶은 유명인을 정하고 간단한 인물 정보를 찾아보세요.

- 이름
- 나이
- 대표적인 작품
- 장점
- 성격

| 영화감독 | 가수 | 배우 |
|---|---|---|
| 작가 | 화가 | ? |

선택한 인물의 대표적인 작품 하나를 골라 특징을 자세히 정리해 보세요.

**<올드 보이>**

- 2003년 박찬욱 감독이 만들고 최민식이 주연함.
- '복수'를 주제로 하는 세 개의 영화들 중 두 번째 작품임.
- 굉장히 어두운 영화이지만 곳곳에 감독의 유머가 들어 있음.
- 처음부터 끝까지 이어지는 음악을 통해 관객을 영화 속으로 끌어들인다는 점 때문에 좋아함.

<　　　　>

- 누가? 언제?
- 특징은?
- 내가 좋아하는 이유는?
- 

정리한 내용으로 친구들에게 자신이 좋아하는 유명인의 작품을 소개해 보세요.

# 문화 산책 Culture Note

**준비** 여러분 고향에서 요즘 인기 있는 케이 팝(K-POP) 가수가 있습니까?

**알아보기** 사람들이 케이 팝(K-POP)가수를 좋아하는 이유는 무엇이라고 생각합니까?

외모

가창력

춤 실력

경쾌한 리듬과 멜로디

**생각 나누기** 여러분 나라에 세계적으로 유명한 가수나 음악이 있으면 소개해 주세요.

가창력 singing ability 경쾌하다 to be cheerful/rhythmical 리듬 rhythm

## 발음 Pronunciation

**준비** 들어 보세요. track 90

1) 다음에 콘서트 소식을 듣거든 꼭 저한테 알려 주세요.

2) 난 오늘 모임에 못 가. 아버지 생신이거든.

3) 어제 백화점에 갔거든. 그런데 거기에서 유 선생님을 만났어.

**규칙** '-거든'은 뜻에 따라 억양이 달라집니다.
Intonation of '-거든' changes depending on the meaning.

1) 조건을 말할 때에는  억양으로 말합니다.

콘서트 소식을 듣**거든** 저한테 알려 주세요.

2) 이유를 말할 때에는  억양으로 말합니다.

오늘 못 가. 아버지 생신이**거든**.

3) 자기가 하고 싶은 말의 배경을 말할 때에는  억양으로 말합니다.

백화점에 갔**거든**. 그런데 세일 기간이더라.

**연습** 잘 듣고 따라 해 보세요. track 91

1) A 무슨 일이 생기거든 꼭 연락하세요.
B 네, 고마워요.

2) A 민수 씨를 만나거든 안부를 전해 주세요.
B 네, 그럴게요.

3) A 왜 라면에 우유를 넣어요?
B 이렇게 먹으면 얼굴이 안 붓거든요.

4) A 오랜만에 동창을 만났거든. 그런데 많이 달라져서 놀랐어.
B 그래?

## 자기 평가 Self-Check

1. 다음은 주제 어휘입니다. 뜻을 확인해 보세요.

| | | | | | |
|---|---|---|---|---|---|
| ☐ | 급히 | hastily; in a hurry | ☐ | 역할을 맡다 | to take a role |
| ☐ | 꿈만 같다 | to be like (only) a dream | ☐ | 우연히 | by chance |
| ☐ | 당연히 | of course | ☐ | 은근히 | slightly |
| ☐ | 믿기지 않다 | to not be believed | ☐ | 인기가 있다 | to be popular |
| ☐ | 솔직히 | honestly | ☐ | 작품에 출연하다 | to appear in a work(of art)/play/movie, etc. |
| ☐ | 숨이 멎는 줄 알았다 | to feel like losing one's breath | ☐ | 좋은 반응을 얻다 | to be well received |
| ☐ | 심장이 터질 것 같다 | to feel like one's heart will burst | ☐ | 주목을 받다 | to get attention |
| ☐ | 실감이 안 나다 | to feel unreal | ☐ | 흔히 | commonly; frequently |
| ☐ | 얼떨떨하다 | to be puzzled/dazed | | | |

2. 알맞은 것을 골라 대화를 완성해 보세요.

–거든　　–았더라면/었더라면　　–(으)ㅁ　　–(으)ㄴ/는 듯하다

1) A 나중에 세계적인 가수가 되고 싶어요.
   B 그래요? ______________________ 콘서트에 저를 꼭 좀 초대해 주세요.

2) A 그 작가의 새 소설이 언제 나온대요?
   B 잘 모르지만 올해 안에는 ______________________.

3) A 이번 여행은 정말 재미있었어요. 구경거리도 아주 많았고요.
   B 안타깝네요. ______________________ 좋았을 텐데요.

3. 한국어로 할 수 있는 것에 ✓ 하세요.

- ☐ 경험을 자랑하여 말할 수 있다.
- ☐ 좋아하는 연예인을 소개할 수 있다.
- ☐ 인터뷰를 듣고 직접 인터뷰를 할 수 있다.
- ☐ 텔레비전 프로그램을 소개하는 글을 읽고 소개하는 글을 쓸 수 있다.

모범 답안

2. 1) 가수가 되거든　2) 나올 듯합니다　3) 같이 갔더라면

# 부록 Appendix

| | |
|---|---|
| 활동지 | Activity Sheets |
| 문법 해설 | Grammar Extension |
| 번역 | Translation |
| 문화 해설 | Culture Extension |
| 듣기 지문 | Listening Scripts |
| 과제 도움말 | Task Guide |
| 모범 답안 | Answer Key |
| 어휘 색인 | Glossary |

## 1과 과제 직업 카드

p.40

| | | | |
|---|---|---|---|
| 의사<br>doctor | 간호사<br>nurse | 통역사<br>interpreter | 건축 설계사<br>architect |
| 운동선수<br>athlete | 연구원<br>researcher | 자동차 기술자<br>mechanic | 사회학자<br>sociologist |
| 약사<br>pharmacist | 미용사<br>hairdresser | 소설가<br>novelist | 유치원 교사<br>kindergarten teacher |
| 초중고 교사<br>school teacher | 경찰관<br>police officer | 항공기 승무원<br>flight attendant | 도서관 사서<br>librarian |
| 소방관<br>firefighter | 종교 지도자<br>religious leader | 과학자<br>scientist | 군인<br>soldier |
| 컴퓨터 프로그래머<br>computer programmer | 회계사<br>accountant | 배우<br>actor | 방송 기자<br>journalist |
| 외교관<br>diplomat | 사진 작가<br>photographer | 출판물 편집자<br>editor | 여행 상품 개발자<br>tour planner |
| 방송 연출가<br>program director | 항공기 조종사<br>pilot | 패션 디자이너<br>fashion designer | 영양사<br>nutritionist |
| 아나운서<br>announcer | 상담가<br>counselor | 은행원<br>bank clerk | 농부<br>farmer |
| 사무직 공무원<br>public officer | 정치가<br>politician | 심리학자<br>psychologist | 컴퓨터 보안 전문가<br>computer security professional |
| 변호사<br>lawyer | 비서<br>secretary | 광고 기획자<br>advertisement planner | 영화감독<br>film director |
| 만화가<br>cartoonist | 선장<br>captain | 증권 분석가<br>security analyst | 경영인<br>CEO |

| 현실적 유형 (Realistic type) | 탐구적 유형 (Investigative type) | 사회적 유형 (Social type) |
| --- | --- | --- |
| • 몸으로 하는 활동을 좋아함.<br>• 손재주가 좋음.<br>• 운동에 소질이 많지만 사교적 능력 부족. | • 깊이 생각하고 연구하는 것을 좋아함.<br>• 새로운 것을 발견하는 일에 관심 많음.<br>• 일상적인 일에 관심이 부족함. | • 다른 사람의 문제를 들어주는 것을 좋아함.<br>• 성격이 부드럽고 친절함.<br>• 다른 사람과 어울려 지내는 것을 좋아함. |
| 운동선수, 항공기 조종사, 군인, 기술자 등 | 학자, 의사, 연구원, 심리학자, 사회학자 등 | 간호사, 상담가, 교사, 사회 복지사 등 |

| 예술적 유형 (Artistic type) | 관습적 유형 (Conventional type) | 진취적 유형 (Enterprising type) |
| --- | --- | --- |
| • 창의적인 일을 좋아함.<br>• 변화와 다양성을 좋아함.<br>• 독립적이고 자유로운 활동을 좋아함.<br>• 반복적인 일을 싫어함. | • 자료 정리하는 일을 좋아함.<br>• 창의적인 일을 싫어함.<br>• 정확하고 책임감이 강하고 안정을 추구함. | • 설득력이 있어서 다른 사람을 이끄는 것을 좋아함.<br>• 다른 사람 앞에서 말하는 것을 좋아하고 칭찬받는 것을 좋아함.<br>• 성공에 관심 많음. |
| 미술가, 음악가, 무용가, 디자이너 등 | 은행원, 도서관 사서, 회사 경리, 사무직 공무원 등 | 호텔 관리자, 경영인, 정치가 등 |

어제 밖에서 친구를 기다리느라
비를 많이 맞았어요.

자전거를 타다가 넘어졌어요.

비행기를 15시간 동안
타고 왔어요.

아침에 너무 배가 고파서
김밥 두 줄을 급하게 먹었어요.

주말에 대청소를 했어요.
네 시간 동안 청소하고
빨래하고 설거지를 했어요.

자다가 이 층 침대에서
떨어졌어요.

하루 종일 소파에 누워서
텔레비전을 봤어요.

여자 친구와 같이 백화점에서
세 시간 동안 쇼핑했어요.

키우던 강아지가 죽어서
밤새도록 울었어요.

새로 산 신발을 신고
오랫동안 걸었어요.

어제 매운 음식을
많이 먹었어요.

우리 집 히터가 고장이 나서 잘 때
너무 추웠어요.

정말 열심히 일했는데 과장님이
제대로 못 했다고 화를 냈어요.

다섯 시간이 넘도록
컴퓨터 작업을 했어요.

| | |
|---|---|
| 속이 거북하다 | 속이 쓰리다 |
| 목이 따끔거리다 | 목이 뻣뻣하다 |
| 눈이 붓다 | 눈이 침침하다 |
| 코가 막히다 | 가슴이 답답하다 |

피부가 가렵다

손이 저리다

발목을 삐다

멍이 들다

목이 붓다

소화가 안되다

머리가 어지럽다

숨이 막히다

| | |
|---|---|
| 토할 것 같다 | 입맛이 없다 |
| 눈이 빨개지다 | 기운이 없다 |

호랑이도 제 말 하면 온다

개구리 올챙이 적 생각 못 한다

소 잃고 외양간 고친다

원숭이도 나무에서
떨어질 때가 있다

고래 싸움에 새우 등 터진다

세 살 버릇 여든까지 간다

시작이 반이다

믿는 도끼에 발등 찍힌다

젊어서 고생은 사서도 한다

천 리 길도 한 걸음부터

입이 짧다

입이 무겁다

귀가 얇다

발이 넓다

입이 가볍다

눈이 높다

# 문법 해설 Grammar Extension

## 1과

### 1. A-다면서요?, V-ㄴ/는다면서(요)?

p.28

이미 알고 있거나 들은 사실을 다시 한번 확인하여 물어볼 때 쓴다.
Used when asking for the purpose of reconfirming something previously heard or already known.

예) 일본은 한국보다 물가가 비싸**다면서요**?
주말에 제주도에 **간다면서요**?
게이코 씨는 한국에 처음 오셨**다면서요**?
외국 여행이 처음**이라면서요**?

### 2. V-다 보면

p.29

어떤 행동을 지속하거나 반복해서 하면 뒤에 이어질 상황이 올 수 있음을 표현할 때 쓴다.
Used when expressing that a situation can/will follow the continuation/repetition of some action.

동사와 결합한다. Combines with verbs.

예) 계속 한국어를 공부하**다 보면** 잘하게 될 거예요.
그렇게 답이 없는 문제를 계속 고민하**다 보면** 건강도 안 좋아질 거예요.
처음에는 별로인 사람도 계속 만나**다 보면** 좋아질 수 있어요.
외국에서 오래 살**다 보면** 자기 나라 말이 가끔 생각이 안 날 수도 있다.

'-다 보면'의 뒤에 오는 문장은 '-(으)ㄹ 수 있다'나 '-(으)ㄹ 것이다'와 같은 추측 표현을 쓴다.
Use '-다 보면' with expressions indicating possibility such as '-(으)ㄹ 수 있다' or '-(으)ㄹ 것이다'.

예) 지금은 회사 사정이 안 좋지만 모든 직원들이 열심히 노력하다 보면 꼭 다시 좋아**질 수 있어요**.
한국 음식이 처음에는 매워도 자꾸 먹다 보면 익숙해**질 거예요**.

'V-다 보면'과 'V-아/어 보면'(2권 3과)의 비교

| V-다 보면 | V-아/어 보면 |
|---|---|
| • 어떤 행동을 반복할 때 사용한다.<br>Used when expressing the repetition of an action.<br>예) 그 사람을 만나**다 보면** 좋아하게 될 거야.<br>(= 그 사람을 지금은 좋아하지 않지만 계속 만나면 좋아하게 될 것이다.) | • 어떤 행동을 처음 하거나 한 번 할 때 사용한다.<br>Used when expressing a first, initial, or single instance of an action.<br>예) 그 사람을 만**나 보면** 좋아하게 될 거야.<br>(= 아직 만나지 않았는데 한 번 만나면 좋아하게 될 것이다.) |

### 3. N은/는 A-다는 것이다[점이다], N은/는 V-ㄴ/는다는 것이다[점이다]

p.32

주제의 의미나 내용을 자세히 설명할 때 쓴다. Used when explaining in detail the meaning or content of a topic.

예) 친구들이 말하는 나의 장점**은** 말을 잘**한다는 점이다**.
지금 가장 큰 문제점**은** 이 일을 맡을 사람이 없**다는 점이다**.
동아리 활동에서 힘든 점**은** 시간을 너무 많이 써야 **한다는 점이다**.
한국어의 특징**은** 존댓말이 발달했**다는 점이다**.

문장 안에 포함된 문장의 주어에는 조사 '이/가'가 결합한다.
The subject of an embedded clause always combines with '이/가'.

예) 선생님**이** 강조하여 말씀하신 것은 시간 관리가 중요하다는 것이었다. (O)
선생님**은** 강조하여 말씀하신 것은 시간 관리가 중요하다는 것이었다. (X)
대학교가 고등학교와 다른 점은 학생들**이** 교복을 입지 않는다는 점이다. (O)
대학교가 고등학교와 다른 점은 학생들**은** 교복을 입지 않는다는 점이다. (X)

## 4. V-는 대로, N대로

p.33

어떤 모양이나 상태와 똑같이 한다는 것을 나타낼 때 사용한다.
Used when expressing that something is done 'exactly as' or that 'a situation/appearance is like' another.

'-는 대로'는 동사와 결합하고 '대로'는 명사와 결합한다. '-는 대로' combines with verbs and '대로' combines with nouns.

예) 이 새는 사람이 말하**는 대로** 똑같이 따라 할 수 있어요.
선생님이 칠판에 쓰시**는 대로** 공책에 썼어요.
두 사람의 대화를 듣고 들**은 대로** 써 보세요.
일을 마음**대로** 하지 말고 하기 전에 꼭 사장님에게 물어보세요.
미리 계획한 일이 계획**대로** 되지 않아서 속상해요.

과거 시제는 '-(으)ㄴ 대로'의 형태로 사용한다. 앞의 행동이 뒤의 행동보다 먼저 끝난 경우에만 과거 시제를 사용한다.
Use '-(으)ㄴ 대로' when expressing the past tense. Used only when the verb action preceding '-(으)ㄴ 대로' was completed before the verb action following it.

예) 어제 말**한 대로** 준비해 주세요. (과거 시제)
지금 말하**는 대로** 준비해 주세요. (현재 시제)



'-(으)ㄹ 대로'로는 쓰이지 않는다. Don't use '-(으)ㄹ 대로'.

예) 길을 잘 모르니까 다른 사람들이 **갈 대로** 가야겠다. (X)
길을 잘 모르니까 다른 사람들이 가**는 대로** 가야겠다. (O)

간접 화법의 명령형인 '-(으)라고 하다'와 결합하여 '-(으)라는 대로'의 형태로도 사용한다.
Use '-(으)라는 대로' when combining the indirect quotation imperative '-(으)라고 하다' with '-(으)ㄴ 대로'.

예) 다른 사람이 하**라는 대로** 하지 마세요.

# 2과

## 1. 어찌나[얼마나] A-(으)ㄴ지, 어찌나[얼마나] V-는지

p.48

일이나 상태의 정도가 심해서 뒤의 결과가 올 때 사용한다.
Used when expressing that the degree of an event, condition, or situation is so severe, it leads to a following result.

예) 날씨가 **어찌나** 추**운지** 오 분도 서 있을 수가 없다.
머리가 **어찌나** 아**픈지** 아무 일도 못 할 정도예요.
집에 모기가 **어찌나** 많**은지** 밤에 한잠도 못 잤어요.
그 학생은 한국말을 **어찌나** 잘하**는지** 한국 사람인 줄 알았어요.
길이 **어찌나** 막히**는지** 보통 십 분이면 올 수 있는데 한 시간이나 걸렸어요.
어제 저녁을 **어찌나** 많이 먹었**는지** 아침까지 배가 불러요.

## 2. A/V-(으)ㄹ 정도로, A/V-(으)ㄹ 정도이다

p.49

일이나 상태의 성질이나 수준을 비유적으로 강조하여 설명할 때 사용한다.
Used when metaphorically emphasizing the degree of a state or event.

예) 손이 **얼 정도로** 날씨가 추워요.
둘이 먹다가 하나가 죽어도 모**를 정도로** 맛있어요.
앞으로 걸어갈 수 없**을 정도로** 바람이 심하게 불어요.
신문에서 정치면을 매일 읽**을 정도로** 정치에 관심이 많아요.

'-(으)ㄹ 정도이다'의 형태로도 사용한다. '-(으)ㄹ 정도이다' is also used.

예) 요새는 뉴스 보기가 무서**울 정도로** 끔찍한 사건이 많이 일어나요.
= 요새는 끔찍한 사건이 많이 일어나서 뉴스 보기가 무서**울 정도예요**.

## 3. V-다가는

p.52

어떤 행동을 지속하거나 반복해서 하면 안 좋은 상황이 생길 수 있음을 나타낼 때 사용한다.
Used when expressing that a negative/undesirable situation could occur if an action is continued/repeated.

동사와 결합한다. Combines with verbs.

예) 매일 밤늦게까지 컴퓨터로 일을 하**다가는** 눈이 나빠질 거예요.
두 사람이 매일 저렇게 싸우**다가는** 헤어지게 될 거야.
바쁘다고 그렇게 밥을 안 먹**다가는** 쓰러질 수도 있어요.

'-다가는'의 후행절에는 '-(으)ㄹ 수 있다'나 '-(으)ㄹ 것이다'와 같은 추측 표현이 온다.
Use '-다가는' with expressions indicating possibility such as '-(으)ㄹ 수 있다' or '-(으)ㄹ 것이다'.

'-다가는'과 '-다 보면'(1과)의 비교

| -다가는 | -다 보면 |
|---|---|
| • 후행절에 안 좋은 상황이 이어질 때만 사용한다.<br>Used only when expressing undesirable situations.<br>예) 매일 그 약을 먹**다가는** 큰 문제가 생길 수 있어요. | • 후행절에 좋은 상황이나 안 좋은 상황이 모두 이어질 수 있다.<br>Used when expressing both desirable and undesirable situations.<br>예) 매일 그 약을 먹**다 보면** 건강해질 거예요.<br>매일 그 약을 먹**다 보면** 큰 문제가 생길 수 있어요. |

## 4. A/V-(으)ㄹ 뿐만 아니라, N뿐만 아니라

p.53

앞의 정보와 함께 다른 정보를 추가할 때 사용한다.
Used when expressing information and then adding different additional information. (Not only — —, but that — —)

예) 요즘 대학생들은 전공 공부를 **할 뿐만 아니라** 여러 가지 사회 경험도 쌓고 있다.
인터넷을 사용해서 신문을 읽**을 뿐만 아니라** 쇼핑도 할 수 있다.
요즘은 날씨가 추**울 뿐만 아니라** 건조해서 감기에 걸리기 쉬워요.
이 음식은 모양이 예**쁠 뿐만 아니라** 건강에도 좋다.
제 친구는 강아지**뿐만 아니라** 고양이도 키워요.
나는 한국어**뿐만 아니라** 영어도 공부하고 있다.

선행절에 긍정적인 내용이 오면 후행절에도 긍정적인 내용이 와야 하고, 선행절에 부정적인 내용이 오면 후행절에도 부정적인 내용이 와야 한다.
The information in both clauses, while different, must be either positive or negative. Don't mix positive and negative information.

예) 우리나라는 경치가 아름다**울 뿐만 아니라** 사람들도 친절해요.
그 사람은 성격이 안 좋**을 뿐만 아니라** 책임감도 없어요.

## 3과

### 1. V-(으)나 마나

p.68

부정의 뜻이 있는 '말다'를 붙여 써서 행동을 하거나 안 하거나 결과에 영향을 미치지 않음을 나타낸다.
Used when expressing that doing or not doing an action will not influence a result.

동사와 결합한다. Combines with verbs.

예) 옷이 너무 얇아서 입**으나 마나**겠어요.
배가 고파서 김밥 한 줄은 먹**으나 마나**일 텐데.
남의 것을 보고 베끼는 숙제는 하**나 마나**입니다.
벌써 방을 이렇게 엉망으로 만들었니? 청소하**나 마나**구나.
그 친구는 고집이 세서 네가 충고하**나 마나** 듣지 않을 거야.
이 수학 문제는 너무 어려워서 설명하**나 마나** 그 아이는 이해 못 할 거야.

시도의 뜻인 '-아/어 보다'와 결합하여 '-아/어 보나 마나'로도 자주 쓴다. 어떤 일을 시도해 봐도 결과가 달라지지 않을 거라고 예측할 때 사용한다.
Used often in combination with '-아/어 보다(to try ——),' to produce '-아/어 보나 마나'. Used when expressing that 'trying (or not trying) to do something' will not influence a result.

예) 이 경기는 **해 보나 마나** 우리 팀이 이길 게 틀림없어.
물**어보나 마나** 좋은 대답은 못 들을 거예요.
우리 어머니가 얼마나 음식을 잘하시는데. 먹**어 보나 마나** 입에 딱 맞을 거야.
벌써 가게 문 닫았을걸. **가 보나 마나**야.

### 2. V-는 바람에

p.69

앞의 행위가 뒤 상황의 부정적인 원인이나 이유가 됨을 나타낼 때 사용한다.
Used when expressing that an action was the cause of a negative/undesirable effect on a situation.

동사와 결합한다. Combines with verbs.

예) 바람이 너무 많이 부**는 바람에** 빨래가 다 날아갔어요.
예상보다 친구들이 많이 오**는 바람에** 음식이 모자라게 되었어요.
옆 사람이 책을 소리 내어 읽**는 바람에** 잠을 잘 수가 없었어요.
저녁이 맛있어서 너무 많이 먹**는 바람에** 배탈이 났어요.

과거의 일에 대해서도 '-는 바람에'로만 쓰인다.
'-는 바람에' is also used for past events. Verb tense is applied only at the end of the sentence.

예) 버스를 잘못 **탄 바람에** 학교에 늦었습니다. (X)
버스를 잘못 타**는 바람에** 학교에 늦었습니다. (O)

## 3. N(이)라는 N

p.72

듣는 사람이 모르는 대상의 명칭을 소개할 때 쓴다.
Used when introducing what 'something is called', to someone who does not know.

예) 지난번에 '집으로'**라는** 영화를 보았습니다.
저는 어릴 때 정읍**이라는** 곳에서 살았습니다.
이것은 신선로**라는** 한국의 전통 음식입니다.

선행하는 N에는 말하고자 하는 구체적인 명사를 쓰고 후행하는 N에는 그 명사의 상위어를 써야 한다.
Specific nouns must precede noun categories.

예) 이것은 수박**이라는** 과일입니다. (O)
이것은 수박**이라는** 선물입니다. (X)

## 4. N에 비해(서)

p.73

대상을 비교하거나 비교하는 기준을 제시할 때 쓴다. Used when comparing or providing a standard for comparison.

예) 유진은 히엔**에 비해** 한국어를 잘한다.
그는 나이**에 비해서** 키가 크다.

비교하는 방법에 따라 두 가지 의미로 구분될 수 있다. Used in two ways, depending on the method of comparison.

① 두 가지 대상을 비교할 때는 '보다'로 바꾸어 쓸 수 있다.
Used when expressing a comparison of two nouns: N1 compared to N2. 'N보다' is used in the same way.

예) 한국 사람은 일본 사람**에 비해** 술을 많이 마셔요.
= 한국 사람은 일본 사람**보다** 술을 많이 마셔요.

② 비교 기준을 두고 한 대상을 설명할 때는 '보다'로 바꾸어 쓸 수 없다.
Used when providing a standard of comparison: compared to in the same way.

예) 저는 키**에 비해** 몸무게가 많이 나가요. (O)
저는 키**보다** 몸무게가 많이 나가요. (X)

# 4과

## 1. A/V-기는커녕, N은/는커녕

p.88

앞의 상황은 당연히 불가능하고 그보다 쉬운 뒤의 상황조차 이루기 어려움을 나타낼 때 사용한다.
Used when expressing that one situation is obviously impossible and another—which is comparatively easier—is also hard.

예) 이 월급으로는 돈을 모으**기는커녕** 생활비로 쓰기에도 모자라요.
그 책이 재미있**기는커녕** 무슨 내용인지도 모르겠던데요.
택시**는커녕** 버스 타고 다닐 돈도 없어요.
아침에 밥**은커녕** 물도 못 마시고 나왔어요.
철수는 집에서**는커녕** 학교에서도 이야기를 잘 안 해요.

부정적인 상황에 쓰이기 때문에 후행절에 긍정적인 내용이 올 수 없다.
Used only for negative or undesirable situations, so the content of the following clause must be negative.

예) 냉장고에 주스**는커녕** 물도 없어요. (O)
냉장고에 주스**는커녕** 물이 있어요. (X)
밖이 추워서 나가기**는커녕** 문도 못 열어요. (O)
밖이 추워서 나가기**는커녕** 문을 열어요. (X)

## 2. A/V-(으)ㄹ 게 뻔하다

p.89

어떤 근거에 의해 부정적인 행동이나 결과를 확신할 때 사용한다.
Used when expressing 'certainty' about a negative action or result based on some evidence.

예) 시험 준비를 안 해서 이번에도 시험 점수가 나**쁠 게 뻔해요**.
식당에 손님이 없는 것을 보니 맛이 없**을 게 뻔해**.
장마철이니까 내일도 비가 **올 게 뻔해요**.
저렇게 컴퓨터 게임만 하다가는 눈이 나빠**질 게 뻔해**.
유진 씨는 요즘 다이어트를 하니까 피자를 안 먹**을 게 뻔해요**.
눈이 부은 것을 보니 어젯밤에 많이 울었**을 게 뻔해**.
두 사람이 말을 안 하는 걸 보니 또 싸웠**을 게 뻔해요**.

## 3. A-(으)ㄴ 반면(에), V-는 반면(에)

p.92



앞에 오는 상황과 뒤에 오는 상황이 상반되는 사실임을 나타낼 때 쓴다.
Used when expressing that two situations are opposing facts.

예) 나는 아침마다 바빠서 서두르**는 반면에** 동생은 천천히 준비한다.
우리 집은 학교에서 멀어 불편**한 반면** 공기는 좋다.
우리 형은 키가 **큰 반면에** 나는 키가 작다.
그 여자는 똑똑**한 반면에** 성격이 나쁘다.

하나의 주어의 상반되는 성격에 대해 말할 수도 있고 서로 다른 주어의 차이점을 나타낼 때 사용할 수도 있다.
Used when expressing the difference in character of one subject or the difference between two separate subjects.

예) 그 여자는 똑똑**한 반면에** 성격이 나쁘다.
나는 아침마다 바빠서 서두르**는 반면에** 동생은 천천히 준비한다.

## 4. A/V-(으)ㄹ 수밖에 없다

p.93

다른 방법이나 가능성이 없음을 나타낼 때 쓴다. Used when expressing the lack of a different possibility or choice.

예) 그렇게 자꾸 거짓말을 하면 친구들이 의심**할 수밖에 없다**.
생활비가 부족하지만 공부하기 위해서 그 책을 **살 수밖에 없다**.
정말 맛이 없는 음식이지만 배가 고프니까 먹**을 수밖에 없다**.
길이 많이 막히면 좀 늦**을 수밖에 없다**.

## 1. A/V-고 해서

p.108

선행절의 내용이 후행절의 행동을 하는 여러 가지 이유 중 하나임을 나타낼 때 사용한다.
Used when expressing that a situation is one of several reasons for an action.

예) 바쁜 일도 끝났고 약속도 없고 피곤하**고 해서** 주말에는 집에서 쉬려고 해요.
그 남자가 친절하**고 해서** 마음에 들었어요.
택시도 안 잡히**고 해서** 그냥 걸어 왔어요.
친구도 추천하**고 해서** 오랜만에 뮤지컬을 보고 왔어요.

'N도 A/V-고 해서'나 'A/V-기도 하고 해서'의 형태로도 사용한다.
'N도 A/V-고 해서' and 'A/V-기도 하고 해서' are also used with similar meaning.

예) 머리**도** 아프**고 해서** 일찍 잤다.
머리가 아프**기도 하고 해서** 일찍 잤다.

후행절에는 평서문이 온다. 후행절에 의문문이나 청유문이 올 때는 '-고 해서' 대신 '-고 한데'나 '-고 하니까'를 쓰는 것이 자연스럽다.
Use '-고 해서' when the action is stated in declarative sentences. Use '-고 한데' or '-고 하니까' when asking a question or making a suggestion about the action in interrogative and propositive sentences.

예) 날씨도 좋**고 한데** 공원에 산책하러 갈까요?
오늘은 수업이 없**고 하니까** 같이 영화보러 가는 게 어때요?
밥도 다 먹었**고 하니까** 일을 시작해 봅시다.

## 2. A-다더니, V-ㄴ/는다더니

p.109

다른 사람의 말을 듣고 그 말을 회상하며 자신의 생각을 말할 때 사용한다.
Used when thinking back on 'heard information' before expressing one's thoughts about it.

예) 아까 집**이라더니** 벌써 학교에 도착했어?
오늘 흐리겠**다더니** 날씨가 아주 좋은데요!
김 선생님이 오늘 모임에 오**신다더니** 정말 오셨다.
남자 친구를 사**귄다더니** 왜 헤어졌어?

속담이나 관용 표현을 인용하여 자신의 생각을 설명할 때도 사용한다.
Used when quoting a proverb or idiomatic expression before explaining one's thoughts.

예) 산 넘어 산**이라더니** 이번 일은 해도 해도 끝이 없다.
등잔 밑이 어둡**다더니** 책을 바로 책상 위에 두고 계속 찾고 있었어요.
친구 따라 강남 **간다더니** 너도 친구 말만 듣고 그 일을 했던 거야?

'-다고 하더니'의 형태로도 사용한다. '-다고 하더니' is the long form of '-다더니'.

예) 오늘 2시에 약속이 있**다더니** 안 나가도 돼요?
오늘 2시에 약속이 있**다고 하더니** 안 나가도 돼요?

## 3. A/V-기 마련이다

p.112

그렇게 되는 것이 일반적인 결과이고 당연한 현상임을 표현할 때 사용한다.
Used when expressing that the result of an action or a situation is normal or to be expected.

예) 아이들이란 시끄럽**기 마련이다.**
처음 회사에 들어 온 사람은 여러 가지 일에 서툴**기 마련이다.**
좋은 음악은 듣는 사람의 마음을 편안하게 하**기 마련이다.**
큰 병을 앓아본 경험이 있는 사람은 건강에 신경을 많이 쓰**기 마련이다.**
갑자기 운동을 심하게 하면 몸에 무리가 오**기 마련이다.**

'-게 마련이다'의 형태로도 사용한다. '-게 마련이다' is also used.

예) 말을 많이 하면 실수하**기 마련이다.**
말을 많이 하면 실수하**게 마련이다.**

보편적이고 일반적인 현상을 표현하는 것이기 때문에 일시적인 일의 원인과 결과를 나타내는 문장에서 쓰면 어색하다.
Used when expressing the natural result of a common, ordinary action or situation. Don't use when expressing the cause and effect of rare, unique situations.

예) 점심에 밥을 많이 먹었으니까 소화가 안되**기 마련이다.** (X)
밥을 많이 먹으면 소화가 안되**기 마련이다.** (O)

## 4. V-다 보니(까)

p.113



어떤 행동을 지속하거나 반복해서 한 결과 후행하는 상황이 생겼을 때 사용한다.
Used when expressing that the continuation or repetition of an action led to some result.

동사와 결합한다. Combines with verbs.

예) 밤늦게까지 컴퓨터로 일을 하**다 보니까** 눈이 나빠졌어요.
한국에서 오래 살**다 보니까** 한국어를 잘하게 되었어요.
밥을 잘 안 챙겨 먹**다 보니까** 건강이 안 좋아졌다.
재미있게 이야기하**다 보니** 시간 가는 줄 몰랐어.
매일 지하철을 타**다 보니** 시간을 많이 절약하게 되었어요.

'-다 보니(까)'의 후행절에는 '-아지다/어지다'나 '-게 되다'와 같이 변화나 결과를 나타내는 표현이 주로 온다.
'-다 보니(까)' is often followed by '-아지다/어지다' or '-게 되다', or other expressions indicating a 'change' or 'result'.

예) 처음에는 그 사람이 싫었는데 자주 만나**다 보니까** 그 사람을 좋아하**게 되었다.**

'-다 보니(까)'와 '-다 보면'(3과)의 비교

| -다 보니(까) | -다 보면 |
|---|---|
| • 후행절에 이미 일어난 결과가 온다.<br>The result of the repeated or continued action has already occurred. (The verb action was repeated and the result occurred.)<br>예) 한국어를 자주 사용하**다 보니까** 한국 사람처럼 이야기할 수 있게 되었어요. | • 후행절에 미래에 예상되는 결과가 온다.<br>The change or result is predicted to occur in the future. (If the action of the verb is repeated or continued, then the result is predicted to occur.)<br>예) 한국어를 자주 사용하**다 보면** 한국 사람처럼 이야기할 수 있을 거예요. |

# 6과

## 1. A/V-기는(요)

p.138

질문의 내용과 반대되거나 부정적인 대답을 할 때 사용한다.
Used when answering questions with an opposite or negative response.

예) 히엔 씨 고향도 요즘은 춥지요?
- 춥**기는요**. 우리 고향은 일 년 내내 더운 곳이에요.
어제 부동산에서 소개받은 집 괜찮았어요?
- 괜찮**기는요**. 집이 너무 오래되고 낡아서 다른 집을 더 알아봐야 할 것 같아요.
학교 앞에 새로 생긴 식당이 음식을 그렇게 잘한다면서?
- 잘하**기는**. 어제 가 봤는데 음식이 기대만 못했어.

질문의 시제와 상관없이 항상 현재형으로 사용한다.
Always used as present tense regardless of the tense of the question.

예) 공부 많이 했지요?
- 많이 했**기는요**. (X)
- 많이 하**기는요**. (O)

칭찬에 대한 겸양의 의미로 사용하기도 한다. Used when responding to compliments in a humble manner.

예) 정말 한국어를 잘하시네요.
- 잘하**기는요**. 아직 더 많이 공부해야 돼요.
목소리가 참 예쁘네요.
- 예쁘**기는요**. 전 히엔 씨가 더 예쁜 것 같아요.

## 2. A/V-든(지) A/V-든(지), N(이)든(지) N(이)든(지)

p.129

여러 가지 중에서 어느 것을 선택해도 상관없을 때 사용한다.
Used when selecting among a number of options is irrelevant.

예) 이 책이 꼭 필요하니까 싸**든지** 비싸**든지** 살 거예요.
배고프**든** 배가 안 고프**든** 식사는 거르지 마세요.
저는 일찍 자**든지** 늦게 자**든지** 항상 6시에 일어나요.
이 식당 음식은 불고기**든지** 비빔밥**이든지** 다 맛있어요.

'V-든지 말든지'의 형태로 사용될 때는 부정적인 느낌이 있다. 'V-든지 말든지' is used with negative connotations.

예) 난 사실을 말했어. 내 말을 믿**든지 말든지** 네 마음대로 해.
그 사람이 오늘 모임에 오**든지 말든지** 신경 쓰지 마세요.

## 3. N(이)야말로

p.132

설명하는 대상을 강조하여 확인할 때 사용한다.
Used when emphasizing about something being explained as undeniable fact.

예) 너**야말로** 나의 진정한 친구다.
그 친구**야말로** 우리 회사에서 없으면 안 되는 사람이다.
귤**이야말로** 피로 회복에 가장 좋은 과일이다.

## 4. 여간 A-(으)ㄴ 것이 아니다, 여간 V-는 것이 아니다, 여간 A/V-지 않다

p.133

어떤 상태가 보통이 아닌 것을 강조하여 말할 때 사용한다.
Used when emphasizing that a situation is 'not just the usual'.

예) 그 논문 주제가 **여간** 어려**운 것이 아니다**.
음악은 우리 삶을 **여간** 풍요롭게 하**는 것이 아니다**.
처음 한국에 왔을 때 한국 생활이 **여간** 힘들**지 않았다**.
내 친구는 한국 사람인데도 프랑스어를 **여간** 잘하**는 것이 아니다**.

'아주 / 매우 A/V-다'와 같은 뜻이다. Used with the same meaning as '아주 / 매우 A/V-다'.

예) 우리 반 친구들은 **여간** 똑똑**한 것이 아니다**.
= 우리 반 친구들은 **매우** 똑똑하다.

'여간' 뒤에 항상 부정으로 쓰며 보통 공식적인 상황에서 쓰거나 글을 쓸 때 쓴다.
'여간' is always used with negation, and usually in formal or written language.

'여간 A/V-(으)ㄴ/는 게 아니다'의 형태로도 사용한다. '여간 A/V-(으)ㄴ/는 게 아니다' is also used.

예) 한국 생활이 **여간** 힘**든 게 아니에요**.
한국말을 **여간** 잘하**는 게 아니에요**.

'여간 A/V-(으)ㄴ N이/가 아니다'의 형태로도 사용한다. '여간 A/V-(으)ㄴ N이/가 아니다' is also used.

예) 김 선생님은 **여간** 훌륭**한 분이 아니다**.
이 아르바이트는 학생이 하기에는 **여간** 힘**든 일이 아니다**.



# 7과

## 1. A/V-더라도

p.148

앞 문장의 일이 일어난다고 가정해도 뒤 문장의 상황이 바뀌지는 않는다는 것을 강하게 표현할 때 사용한다.
Used when emphasizing strongly that 'even though' something may occur, a situation will not change.

예) 바쁘**더라도** 꼭 와 주세요.
운동을 하는 게 귀찮**더라도** 꼭 해야 합니다.
무슨 일이 있**더라도** 그 모임에는 꼭 가도록 하겠습니다.
결혼을 하**더라도** 회사에 계속 다닐 생각이에요.
누가 나를 찾**더라도** 어디에 있는지 모른다고 하세요.

'-다(고) 하더라도'로 바꿔 쓸 수 있다. '-다(고) 하더라도' is the long form of '-더라도'.

예) 이사를 가**더라도** 전학은 안 갈 생각입니다.
이사를 간**다고 하더라도** 전학은 안 갈 생각입니다.

'-더라도'와 '-아도/어도'(3권 8과)의 비교

| -더라도 | -아도/어도 |
|---|---|
| • '-아도/어도'보다 가정의 뜻이 강하여 후행절을 현재 상황으로 쓰면 자연스럽지 않다.<br>'-더라도' more strongly emphasizes conjuncture or supposition, so it should be followed by a 'future-tense' situation.<br>예) 공부하**더라도** 잘 이해가 안 돼요. (X)<br>공부하**더라도** 잘 이해가 안 될 거예요. (O) | • 후행절은 현재나 미래의 상황에 다 쓸 수 있다.<br>'-아도/어도' can be followed by a 'present-tense' or a 'future-tense' situation.<br>예) 공부**해도** 잘 이해가 안 돼요. (O)<br>공부**해도** 잘 이해가 안 될 거예요. (O) |

## 2. A-다고 보다, V-ㄴ/는다고 보다

p.149

어떤 일에 대한 자기의 주장이나 의견을 말할 때 사용한다.
Used when expressing one's assertions or opinions about a situation.

예) 일이 잘 안 풀릴 때는 잠시 쉬었다가 하는 게 낫**다고 봐요**.
여자가 집안일을 다 해야 한다는 생각은 맞지 않**는다고 봐요**.
보통 개성이 강한 사람들이 화려한 옷을 입**는다고 봐요**.
사회생활에서 가장 중요한 것은 다른 사람에 대한 배려**라고 봐요**.
월급이 많은 것보다는 보람을 느끼는 일이 더 좋은 직업**이라고 봐요**.

## 3. V-(으)ㄴ 채(로)

p.152

한 동작이 끝난 상태가 지속되는 것을 강조할 때 사용한다.
Used when emphasizing that the state of a completed action continues.

예) 어제 너무 바쁘고 정신이 없어서 안경을 **쓴 채** 세수할 뻔했다.
밤에 혼자 자기가 무서워서 불을 켜 놓**은 채로** 잤다.
물에 빠진 친구를 구하기 위해 옷을 입**은 채로** 물에 뛰어들었다.

앞의 행동이 당연히 일어나야 하는 경우에는 쓰지 않는다.
Used to express emphasis of a continued action that is not ordinary or expected.

예) 옷을 벗**은 채로** 샤워를 했어요. (X)
옷을 입**은 채로** 샤워를 했어요. (O)

'-아/어 놓은 채로', '-아/어 둔 채로'의 형태로 자주 사용한다.
'-아/어 놓은 채로' and '-아/어 둔 채로' are often used in these forms.

예) 깜빡하고 문을 열**어 놓은 채로** 외출했는데 그 사이에 도둑이 들었어요.
너무 정신이 없어서 자동차 위에 가방을 놓**아 둔 채로** 운전한 적이 있어요.

## 4. A-(으)ㄴ지 A-(으)ㄴ지, V-는지 V-는지

p.153

어떤 사실이나 방법에 대해 알고 있는지 아닌지를 물어보거나 대답할 때 사용한다.
Used when asking or responding to 'whether or not' questions about a fact or method.

예) 지금 프랑스는 날씨가 추**운지** 안 추**운지** 궁금하다.
이 정도 음식을 준비하면 음식이 충분**한지** 부족**한지** 어머니께 여쭤봐야겠어요.
다이빙을 하기 전에 그 사람이 수영을 잘하**는지** 못하**는지** 꼭 확인해야 한다.

뒤에서 다른 사람 욕을 하는 것이 옳은 일**인지** 그른 일**인지** 이야기해 봅시다.
유미코 씨가 한국 음식을 좋아하**는지** 일본 음식을 좋아하**는지** 알아보고 저에게 말씀해 주세요.
민수 씨가 집에서 공부하**는지** 도서관에서 공부하**는지** 모르겠어요.

➕ 후행절에 서로 반대되는 말이나 부정 표현이 결합되는 경우가 많다.
Frequently used to inquire about or respond to questions about oppositions.

예) 지금 밖에 비가 오**는지** 안 오**는지** 모르겠어요. (오다 ↔ 안 오다)

➕ '알고 싶다, 궁금하다, 모르겠다, 알아보다, 확인하다, 토론하다, 이야기하다, 물어보다' 등의 동사가 주로 연결된다.
Used frequently with verb expressions such as '알고 싶다, 궁금하다, 모르겠다, 알아보다, 확인하다, 토론하다, 이야기하다, 물어보다'.

➕ 과거의 상황을 표현할 때는 '-았는지/었는지 -았는지/었는지'의 형태로 사용하고, 미래의 상황이나 추측을 표현할 때는 '-(으)ㄹ지 -(으)ㄹ지'의 형태로 사용한다.
Use '-았는지/었는지 -았는지/었는지' about 'past-tense' situations. Use '-(으)ㄹ지 -(으)ㄹ지' about 'future-tense' situations, or when conjecturing.

예) 어제 저도 모임에 안 가서 유진 씨가 모임에 **왔는지** 안 **왔는지** 모르겠어요.
인터넷으로 내일 비가 **올지** 안 **올지** 확인해 보세요.

## 8과

### 1. V-아다(가)/어다(가)

p.168

먼저 어떤 행동을 하고 난 뒤에 그 결과물을 가지고 뒤의 행동을 할 때 사용한다.
Used when expressing that the latter action is done using the result of the first action.

예) 꽃을 꺾**어다가** 꽃목걸이를 만들었다.
종이로 비행기를 접**어다가** 하늘로 날려 보냈다.
친구에게 돈을 빌**려다가** 책을 샀다.
시장에서 닭을 사**다가** 삼계탕을 해 먹었다.



➕ 결과물을 가지고 장소를 이동하여 다른 행동을 하는 경우에 쓰인다.
Used when expressing the movement of the result of the first action into a second related action.

예) 커피를 사**다가** 친구에게 주었어요.
꽃을 꺾**어다가** 꽃병에 꽂았어요.

➕ '-아다(가)/어다(가)'와 '-다가'(2권 7과)는 형태는 비슷하지만 의미와 용법이 완전히 다르다.
'-아다(가)/어다(가)' looks similar to Level 2 Unit 7 '-다가', but the usage and meaning of each are totally different.

### 2. A-다는 N, V-ㄴ/는다는 N

p.169

들은 사실을 인용하거나 생각하는 내용을 넣어서 뒤에 오는 명사를 수식한다.
Used when adding indirectly quoted content or one's thoughts as attributive information to a noun.

예) 제주도에 갔다 온 친구들이 제주도가 아름답**다는** 얘기를 많이 하더라고요.
엄마가 아무 대답도 안 하시면 안 **된다는** 뜻이야.
저는 처음 강 선생님을 봤을 때 어디선가 본 것 같**다는** 생각이 들었어요.

주로 뒤에 '생각, 말, 이야기, 소식, 소문, 뜻' 등의 명사가 온다.
The attributive information is often added to nouns such as '생각, 말, 이야기, 소식, 소문, or 뜻'.

## 3. N을/를 비롯해서[비롯한]

p.172

여러 가지 가운데 대표적인 것을 예로 들어 말할 때 사용한다.
Used when expressing one representative item as an example from among many.

예) 서울은 북한산**을 비롯해서** 등산을 갈 만한 아름다운 산이 많다.
어제 시장에 가서 채소**를 비롯해서** 일주일 동안 먹을 음식을 모두 샀다.
결혼식에 신랑 신부의 친구들**을 비롯한** 많은 사람들이 참석했다.
서점에 가면 베스트셀러**를 비롯한** 다양한 종류의 책들을 볼 수 있다.

보통 대표적인 것을 예로 들어야 한다. Normally representative items are used as examples.

예) 한국 음식은 불고기**를 비롯해서** 유명한 음식이 많아요.

## 4. A/V-(으)며

p.173

두 가지 이상의 사실을 나열할 때 사용한다. Used when listing two or more facts about the same topic.

예) 이 박물관은 다른 박물관에 비해 규모가 크**며** 전시품도 많은 편이다.
우리 회사에서는 이 분야에 경험이 많**으며** 전문성을 가진 인재를 뽑고자 합니다.
사람들은 누구나 행복해지고 싶어 하**며** 행복해지기 위해 많은 노력을 한다.
한국 사람들은 매운 음식을 즐겨 먹**으며** 성격이 급하다고 생각하는 사람들이 많지만 한국 사람들이 모두 그런 것은 아니다.

'-(으)며'와 '-고'(1권 7과)의 비교

| -(으)며 | -고 |
|---|---|
| • 주로 공식적인 상황이나 글에서 사용한다<br>Used mostly in formal situations or written language.<br>예) 강원도는 겨울에 눈이 많이 오**며** 기온이 낮다. | • 공식적인 상황이나 글뿐만 아니라 말할 때도 사용한다.<br>Used in spoken language, and also in formal situations or written language.<br>예) 강원도는 겨울에 눈이 많이 오**고** 기온이 낮다.<br>강원도는 겨울에 눈이 많이 오**고** 기온이 낮아요. |

# 9과

## 1. A/V-거든

p.188

후행절의 상황에 대한 조건이나 가정을 나타낼 때 사용한다.
Used when expressing 'conditions' or 'suppositions' of the circumstances for the following clause.

예) 옷이 맞지 않**거든** 언제든지 바꾸러 오세요.
바쁜 일이 생기**거든** 연락을 주십시오.
한국에 가**거든** 꼭 김치를 먹어 보도록 하세요.

➕ 후행절에는 명령이나 권유를 나타내는 '-(으)세요, -아/어요, -(으)ㄹ까요'와 같은 표현이 쓰인다.
'-(으)세요, -아/어요, or -(으)ㄹ까요' and similar expressions often follow '-거든'.

예) 그 사람이 오**거든** 그때 출발하**세요**.
친구를 만나**거든** 제 인사를 전해 주**세요**.
먼저 집에 도착하**거든** 저녁 식사를 준비하고 있**어**.

➕ '-거든'과 '-(으)면(1권 15과)'의 비교

| -거든 | -(으)면 |
|---|---|
| • 가정을 나타내며 당부나 부탁을 할 때 많이 사용하므로 명령형, 청유형 등과 같이 쓰인다.<br>Used when expressing suppositions as background followed by imperatives or requests.<br>예) 옷이 맞지 않**거든** 언제든지 바꾸러 오세요. (O)<br>아침에 늦게 일어나**거든** 학교에 지각할 거예요. (X) | • 가정을 나타내며 명령형, 청유형 이외에도 쓰일 수 있다.<br>Used when expressing conjectures with no restriction on the content of the following clause.<br>예) 옷이 맞지 않**으면** 언제든지 바꾸러 오세요. (O)<br>아침에 늦게 일어나**면** 학교에 지각할 거예요. (O) |

## 2. A/V-았더라면/었더라면

p.189

✎ 과거의 사실과는 다른 내용의 일이나 상황을 가정해 보는 뜻을 나타낼 때 사용한다.
Used when thinking back on a past fact or event and expressing supposition that 'if' the past 'had been different', the result also would have been different.

예) 그분의 도움이 없**었더라면** 공부를 계속할 수 없었을지도 몰라.
나한테 시간이 5분만 더 있**었더라면** 그 문제를 풀 수 있었는데.
어제 밖에서 오랫동안 놀지 않**았더라면** 감기에 안 걸렸을 텐데.

➕ 후행절에는 선행절의 내용이 실현되지 않아서 아쉽거나 다행스러움을 나타내는 내용이 나온다.
Used when expressing that 'if' a past event 'had been different', the result would have been either regrettable or fortunate depending on the context.

예) 그 사람의 말을 들**었더라면** 이런 실수를 하지 않았을 거야.

## 3. A/V-(으)ㅁ

p.192

✎ 어떤 사실을 기록하거나 서면으로 알릴 때 사용한다. Used when recording facts in a 'documented style'.

예) 오전 10시에 110호에서 회의가 있**음**.
스티븐 씨가 두 번 전화했고 다시 연락한다고 **함**.
공사 때문에 당분간 가게 영업을 하지 않**음**.

## 4. A-(으)ㄴ 듯하다, V-는 듯하다

p.193

✎ 어떤 사실이나 상황에 대해 추측할 때 사용한다. Used when offering conjectures about a fact or situation.

예) 수술을 시작한 지 5시간이 지났는데도 안 끝나는 걸 보니 수술이 어려**운 듯합니다**.
그 가수를 보려고 수많은 사람들이 모인 걸 보면 그 가수의 인기가 대단**한 듯합니다**.
문을 두드려도 아무 대답이 없는 걸 보니 친구가 깊이 자**는 듯하다**.
피아노 치는 걸 들으니 연습을 전혀 안 **한 듯하다**.
재규 씨에게 오늘 모임에 와 달라고 했지만 아마 바빠서 못 **올 듯하다**.

➕ '-는 것 같다'(2권 4과)의 문어적인 표현이다. Higher register and more literary style than Level 2 Unit 4, '-는 것 같다'.

# 번역 Translation

## 1과 읽고 쓰기 p.38

Q I'm a student majoring in Chinese. I'm now about to graduate and am not sure about what sort of job I should choose, so I'd like to ask you about it. I enjoy traveling and I'm outgoing and sociable, so I get along easily with new people. Also, when I help others I feel a sense of reward. Is there a job that might suit my aptitudes and where I can use what I've studied?

A Maybe working at a travel agency that offers travel commodities or working directly with tourists as a travel guide would be good for you. People with bright and outgoing personalities do well at travel agency related jobs, because these jobs are of the service industry. Foreign language ability is a necessity in the travel industry, so if you study for your courses ardently now, you will likely be able to work for a good travel agency later.

Also, you could work for an airline. You should consider working for an airline as a flight attendant helping passengers in airplanes or as an airline employee working at the airport. One of the good points about working for an airline is the ample opportunity to travel. You are skilled at a foreign language and like to travel, so this seems like it could be right for you.

## 2과 읽고 쓰기 p.58

### When you've sprained an ankle?

At times people sprain an ankle when walking or running. Saying 'it will feel better soon', and not treating it can result in the worsening its symptoms. How should you treat a sprained ankle?

**Orthopedic treatment**

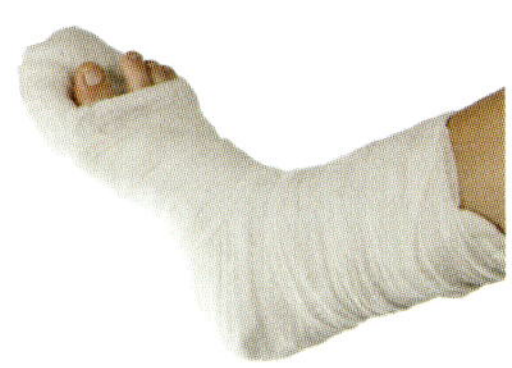

First the clinic will confirm if the injury has been swollen or bruised, then they will confirm how painful the injury is by pressing on it with a finger. If needed, they will do an x-ray to be sure that the bone is not injured. Your ankle will be bandaged so that it does not move, or in more serious circumstances a cast will be put on.

**Oriental medicine clinic treatment**

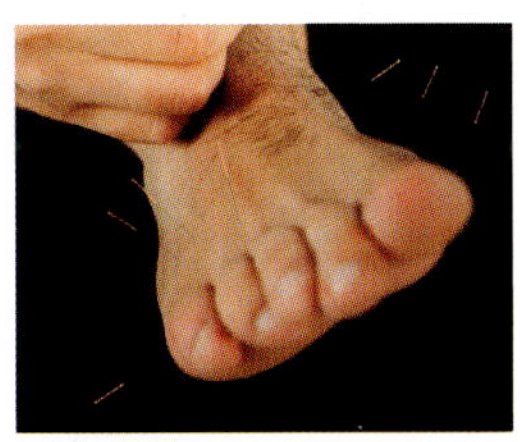

The clinic will inspect the injury, and if the bone is not broken, they will give you acupuncture treatments. If it has only been a short time since the sprain occurred, applying an ice pack will help with the swelling. If the sprain is severe, they will also give you medicinal herbs to take.

**Folk remedies**

There are easy treatments that can be done at home for the bruised ankle from a sprain. Grind one potato and one ginger root and mix them with flour to make a dough. Apply that to the ankle and the bruise will quickly disappear.

## 3과 읽고 쓰기 p.78

### Do you know about the competition called Futsal?

가 A Futsal competition is similar to football. The name is a combination of the Spanish 'Futbol', meaning football, and the French 'Salle', meaning indoor. So together it means 'football played indoors'.

나 Football requires eleven players, but Futsal is a contest that can be played with five. Not only the number of players but the size of the playing space and the ball are smaller than football as well. And while football cannot be played inside, Futsal is different in that it can be played inside also. The match time is different too; in football a match is played in in the first and second half for forty-five minutes each. But a Futsal match is played for (two) twenty minute halves.

다 The playing method of Futsal is similar to football. The ball is kicked by foot into the opponents goal, and the team that puts the ball in the goal the most times wins. When the ball is in play the players can only use their feet; using hands is a foul. And if a foul occurs, the ball must be given to the other team. If the game is a tie with no victor at the end of the game, then it goes into overtime.

라 Futsal is better than football, in that it easily can be played anywhere. The number of players is small, as well as the playing space. So when friends meet up they can easily play. Also, another good point is that, since it is played, in a small space, everyone can enjoy a fast-paced and thus a very exciting match.



## 4과 읽고 쓰기 p.98

An intriguing experiment took place with male and female university students. Eight types of tasks were to be done in ten minutes. The tasks were: ironing, receiving a package, taking a phone call and explaining the location of the house, feeding a baby milk and changing its diapers, holding and pacifying a baby, making coffee, baking bread, and making photo copies.

The result was that female students finished the tasks an average of nine minutes and fifty-six seconds, while male students finished on an average of thirteen minutes and fifty-two seconds. Although most female students finished the tasks in less than ten minutes, no one male student finished in less than ten minutes. Female students held the baby and took the phone calls while they explained the location of the house, and they also received the package that arrived suddenly at the same time; they also baked bread while making coffee and photocopies. They completed the various tasks at the same time without getting flustered and remained composed. Compared to the female students, the males were confused from the beginning. The male students rushed around in confusion, not knowing what to do when while they were ironing, the package arrived, then the phone call came. The tasks took longer to complete and they could not do them at the same time; they got confused and results were nothing but a mess.

Looking at the results of this experiment, we can see that when tasks are given to be done at the same time, women are far better in their ability to multitask compared to men. And conversely, men lag behind women in their ability to do tasks simultaneously. So when giving work to women, giving them multiple simultaneous tasks does not present them with a large problem; however, when giving work to men, giving them one task at a time after each completion, is a far better method than giving them all the work at once.

## 5과 읽고 쓰기 p.118

**가 Buying a house in Seoul is like plucking a star from the sky**

Kim Daehan, who will marry next year, spent two months looking around Seoul to purchase a house, but in the end decided to look for a long-term lease. This was because with the amount of money he had on hand, if he were to buy a house in Seoul, he would have no other option but to borrow a lot of money from the bank. This is not a problem only for Kim Daehan. To the average worker, buying a house in Seoul is like plucking a star from the sky.

**나 Sharing love by collecting 10 won coins-building big from small**

This morning, a 'collecting 10 won coins' event was held in a Daejeon high-school auditorium. The event was one to help neighbors in difficulty by collecting the almost worthless 10 won coins piled up at home.

The student representative, Ms. Song Eunhui, spoke about her impressions: "10 won coins are not worth much, but they added up to something big after saving them for three months. It was a valuable experience through which we directly felt the proverb 'building big from small'".

**다 Actor/Actress L and Singer W are a couple? 'There is no smoke without fire'**

The internet is loud lately with the scandal between the popular stars L and W. Netizens have been keeping an eye on their relationship, saying 'there is no smoke without fire'. Interest is heating up after a photo of the two at the airport leaving the country together was put up on the internet.

However, L's manager has stated that these kinds of rumors are bound to come out about famous stars, and that L and W are merely close colleagues.



## 6과 읽고 쓰기 p.138

Not long ago I went to a jazz concert. I had a lot of interest in jazz from before, so when I came to Korea I eagerly wondered what Korean jazz would be like. As I waited for the concert to begin, I became inwardly worried that it would not meet my expectations. But the more the concert went on, the better the level of jazz compositions I was able to hear. So I was really pleased and excited.

Finally it was time for the last composition of the concert. The vocalist walked slowly to the stage and began to sing.

Arirang, Arirang, Arariyo.
Going over Arirang Pass
My Dear who abandoned me
Won't walk even ten ri(1ri=0.393km) before feeling the pain.

For some reason the song, while beautiful, pulled at my heart and made me sad. Watching others quietly sing along was more than a little moving.

Even after the performance, when I went home, I continued to think about the last composition and so I looked it up. I found out the song is called 'Arirang' and it is a traditional folk song known by all Koreans. It is said to be the song that makes Koreans feel as one, whether in Korea or overseas. There are 'Gyeonggi Arirang', 'Miryang Arirang', 'Jindo Arirang', and 'Jeongseon Arirang', and the one I heard was the most widely known 'Gyeonggi Arirang'.

The way that traditional folk songs were changed into jazz and sung in the performance was fresh and new. I read the article about Arirang being designated a Masterpiece of the Oral and Intangible Heritage of Humanity by Unesco, and could understand why it was selected as the last song. The folk song representing Korea is *Arirang*, I thought.

## 7과 읽고 쓰기 p.158

### Make a theater that does not allow food.

To whom it may concern at the theater,

I'm a student studying film. These days there have been arguments between people about whether it is right or wrong to bring food into a theater. I would like to petition for you to make a 'clean theater' where all food is off limits. Not long ago a movie that I really wanted to see opened, and full of expectation I went into the theater. Yet, due to the sound of food being eaten coming from hear and there, I could not concentrate on the movie. Some people say food that does not make any noise when eaten is alright. However, it is not only the noise but the smell of the food also becomes an interference. I plugged my nose for ten minutes while watching the film.

If a person is hungry and wants to watch a movie, they can watch at home. The reason I pay to go to the movies is because I want to enjoy watching a movie vividly on a large screen while listening to it through the excellent sound system. I don't go to see a movie in order to endure the sound of popcorn being eaten and the smell of dried squid. I also think leftover food wrappers and popcorn are a problem because the inside of the theater becomes dirty.

However, I see the making of a popcorn-less theater to be unrealistic right now. Still, please first designate one screening room as a 'clean screening room' so that viewers have a choice. I think that, should many viewers choose that room then the number of those rooms will grow. I await the theater becoming one where I can relax and watch a good movie.



## 8과 읽고 쓰기 p.178

### The fatherless Moso (Na) Tribe

Contemporary people mostly live in families that are formed centered on parents and their children. However, there are people who live in a different way than most contemporary people. The Chinese Moso (Na) Tribe is a representing example of this. In China, the Han people, who comprise the majority of the population, live with other minority groups such as the Zhang people. The Moso (Na) Tribe is one of those minority groups.

In the Chinese Moso (Na) Tribe, who live in the Lugu lake area in south-western China, the heads of the households are women. Families are structured around grandmothers, and fathers do not exist in households. Grandmothers, mothers, aunts, and granddaughters (daughter's child) live together, and the men in the house are not fathers but maternal uncles or grandsons (daughter's child).

Since men and women don't meet and make families, there is no marriage and no divorce. At sixteen women have a coming-of-age ceremony and can meet a man who they like and make love, but they do not live together. Men have no economic responsibility to families or duty to rear their children. In the grandmother centered households, women do the farm work and house work, raise and educate the children. Men shepherd yak in the mountains, or ride by horse to sell and buy items needed for living and give them to the household.

The Moso (Na) Tribe have maintained their traditions, like this, for a long time. Yet, recently their family structure has been influenced by modern society and is changing gradually.

Weekend Drama
'If I hadn't met you' (SBO 9 p.m.)

The author Oh Juhui's novel 'Family' has been made into a weekend drama.

By showing viewers the ordinary family life that they commonly see around themselves, it is receiving a good reaction. The drama centers on the family problems that occur when an old couple in their eighties, their four sons, and their grandchildren—three generations—live in the same time age. Through the processes of resolving the trifling complications that occur in a family, the show lets viewers know the true meaning of family.

Ha Jiuk, an actor who has received notice lately, and Chae Min, who has received good reactions in movies, are cast members and are drawing people's interest. Additionally, as all of the actors' performances have been outstanding, the drama is receiving reviews saying that it is a high-level drama.

Challenge Quiz (KBC 8 p.m.)

It is a program where contestants solve various quiz problems with fifty million won awarded to the person in first place at the end. University students trying to prepare tuition, couples planning family vacations, office workers wanting to send their parents on a vacation—six people—participate to contend for victory.

The majority of the contestants said they wound up participating because they wanted to make good memories, but they show quite a strong desire for victory and the program progresses interestingly.

Viewers are given a chance at questions missed by the contestants—by phone. And since a lot of prizes are given out, even participating by phone is good.

# 문화 해설 Culture Extension

## 1과 한국의 단과 대학과 전공 Colleges and majors in Korea p.41

**Q** 한국에서 대학교 입학이나 전공 선택은 어떻게 합니까?

How do you enter a university and select a major in Korea?

**A** 고등학교 3학년이 되면 원하는 학교와 전공을 찾아 자신이 그동안 준비한 내용을 바탕으로 바로 대학에 지원하기도 하고 대학 수학 능력 시험이라는 시험을 치른 후 그 성적으로 원하는 학교에 지원하기도 하는 등 여러 방법으로 대학교에 지원할 수 있습니다. 한국 고등학생들은 2학년 때 자기의 적성에 맞게 문과, 이과 그리고 예체능과를 선택하여 그 분야에 속하는 과목들을 공부하는데 대학교에 지원할 때도 그에 맞추어 전공을 선택하게 됩니다. 그 해의 대학 입학에 실패하면 일 년 더 공부하여 입학하기도 하는데 이것을 '재수'라고 합니다.

When students enter their third year of highschool, they consider the university they want to attend and their desired major. Students do a few things to gain admission; they prepare an application based on content they prepared and directly submit it to the universities they choose, and they also take an exam called the Scholastic Ability Test and have the results sent to the schools they want to enter. Students in their second year of high school choose areas right for their aptitude, such as the humanities, the sciences, the arts or athletics, and study classes within that area. Then based on these courses, when students apply to universities, they select a major that fits their aptitude. If a student is not accepted to a university, he or she can study for another year to gain admission. This is called a 'restudy'.



## 2과 한의원 Oriental medicine clinic p.61

**Q** 침을 맞으면 어떻게 병이 치료가 됩니까?

How does acupuncture cure an illness or injury?

**A** 우리 인체에는 경락이라고 하는 '기'가 흐르는 통로가 있습니다. 피가 흐르는 곳을 혈관이라고 하듯이 기가 흐르는 곳을 경락이라고 하는데 몸에 병이 생기면 이 기의 흐름에 문제가 생깁니다. 이때 침 자리에 침을 놓아서 막혀 있는 기를 소통시켜 주고 부족한 기를 보충시켜 주고, 뜨거우면 차게 해 주고 차가우면 따뜻하게 해서 병을 치료합니다. 때로는 아픈 곳에 침도 놓아 주고 때로는 아픈 곳과 상관없는 곳에 침을 놓기도 합니다.

Our physical bodies contain meridians, called 'Gyeongnak', through which energy, or 'Gi', flows. Energy flows through 'Gyeongnak' just as blood flows through 'blood vessels' and when the body is injured or diseased, a problem occurs with the flow of this energy. Needles are inserted where they need to be to cause the blocked energy to circulate. The insufficient 'Gi' is supplemented and cools the body if the body is warm, or warms the body if the body is cold. Sometimes the needles are inserted where a body part hurts, other times they are inserted somewhere seemingly unrelated to the painful area.

## 3과 씨름 Traditional Korean wrestling p.81

**Q** 씨름에서 우승한 사람에게 황소를 준 이유는 무엇입니까?

Why is the winner in traditional Korean wrestling awarded a bull?

**A** 씨름 경기에서 우승자에게 황소를 주는 것은 옛날부터 전해 내려오는 풍습입니다. 이것은 씨름을 하는 사람들이 대부분 농사를 짓는 농민이었다는 점과 관련이 있습니다. 한국은 예로부터 농업을 중시하는 농업국이었습니다. 그 시대에

는 농사일의 대부분을 소의 힘을 빌려서 해야 했기 때문에 농촌에서 소는 가장 귀한 재산 중의 하나였습니다. 따라서 사람들에게 황소만큼 좋은 상품은 없었을 것입니다. 씨름이 현대 경기인 스포츠가 되고 프로팀이 생기면서 황소 대신 상금을 주게 되었습니다. 그렇지만 우승자가 상금과 함께 받는 황소 모양 트로피에서 황소를 상으로 받던 풍습을 여전히 찾아볼 수 있습니다.

In traditional Korean wrestling, awarding the victor is a longstanding custom. It is related to a time when most wrestlers were farmers who worked the land. As a farming state long ago, Korea placed a lot of importance on farming. In that epoch, most farming was done by borrowing the strength of bulls. So in farming towns, bulls were one of the most valued properties. No other prize could match a bull in those times. As traditional Korean wrestling became a contemporary contest sport and professional teams were formed, cash was given instead of cows. However, the custom of receiving a bull as a prize still can be found in the the bull shaped trophy that the winner receives along with a monetary prize.

## 4과 남녀의 직업 Jobs of men and women p.101

Q 한국 여성들은 언제부터 학교 교육을 받기 시작했습니까?

From when did Korean women begin to go to school?

A 조선 시대에도 일부 양반 계급에서는 여성도 상당히 높은 수준의 교육을 받았지만, 극소수에 지나지 않았고 그것도 교육 기관에 가서 받은 교육이 아니라 가정을 중심으로 한 교육이었습니다. 1870년대 개항을 시작하면서 해외의 근대 문화를 접하게 되고 근대 교육이 시작되었습니다. 1886년 5월경에 감리교의 여자 선교사 스크랜턴(Scranton, M. F.)이 여학생 하나를 상대로 학교를 시작하였는데. 이것이 우리나라 최초의 근대적 여성 교육 기관인 이화학당(梨花學堂)입니다.

Although the women of the Yangban class received a very high level of education during the Joseon Dynasties, this did not exceed a small minority, and it was not education received by going to formal educational institutions but home centered education. As ports began to open in the 1870s, modern education began as Korea came in contact with foreign modern cultures from abroad. Around May of 1886, a Methodist missionary, M. F. Scranton, started a school for women with just one pupil. This school, the Ehwa School, was the first modern educational institution for women in Korea.



## 5과 속담의 주인공 Main characters of proverbs p.121

Q 사람들은 속담을 왜 사용할까요?

Why do people use proverbs?

A 속담은 사람들이 오랜 생활 경험에서 얻은 지혜를 표현하고 있습니다. 일상생활에서 만날 수 있는 쉬운 말로 보편적인 진리를 비유적으로 표현하기 때문에 길게 설명하지 않아도 짧은 한마디로 뜻을 효과적으로 전달합니다. 또한 속담을 통해 그 사회의 문화를 알 수 있습니다. 그래서 농경 사회였던 우리나라 속담에는 '소'가 자주 등장하는 것입니다. 속담을 사용하면 같은 말이라도 인상 깊게 말할 수 있고 직접 말하기 어려운 말을 돌려서 표현하는 효과를 지닐 수도 있습니다.

Through proverbs, people express wisdom garnered from long life experiences. Because regular language from everyday life is used to express universal truths as figures of speech, a lengthy explanation is not needed and the meaning is passed on in a short saying. Through proverbs one can also know the culture of a society. So the proverbs that come from Korea's farming society, the bull or cow, makes a frequent appearance. Proverbs can also make a deep impression by effectively expressing sentiments indirectly that are difficult to say directly.

## 6과 한국의 아리랑 Korea's Arirang p.141

Q 아리랑은 어떤 노래입니까?

What kind of song is Arirang?

A 아리랑은 한국의 대표적인 전통 민요 중의 하나로 한국뿐만 아니라 연변이나 카자흐스탄 지역 등의 해외에까지 널리 퍼져 수많은 아리랑이 전해지고 있습니다. 강원도 지역의 정선 아리랑, 전라도 지역의 진도 아리랑, 경상도 지역의 밀양 아리랑이 대표적인 전통 아리랑이며 1930년대 경기 · 서울 지역의 경기 아리랑이 신민요로 만들어져서 더욱 널리 퍼졌습니다. 아리랑은 특별한 뜻은 없고 흥을 돋우고 노래를 부드럽게 이어 가기 위해 들어간 소리이며 한 명이 노래를 부르고 이어서 많은 사람들이 따라 부르는 구조로 되어 있습니다. 노랫말도 즉흥적으로 붙이기 쉬워 사회와 역사를 반영한 수많은 아리랑이 전해지고 있습니다.

Arirang is a traditional Korean folk song that is widely known not only in Korea but numerous versions also spread overseas in Yeonbyeon and Kazakhstan and other regions. Representative Arirang include Gangwon-do regional 'Jeongseon Arirang', Jeolla-do regional 'Jindo Arirang', Gyeongsang-do regional Miryang Arirang, and in the 1930s Gyeonggi / Seoul regional Gyeonggi Arirang was made into a new folk song and became even more widely known. Arirang has no particular meaning; it is meant to provoke enjoyment and its sound is included to gently move the song along, and it is structured so that one person can sing and many people can sing along. The lyrics are also easily added to by improvisation, and thus numerous Arirang have been passed down that reflect the social or historical circumstances when they were first sung.



## 7과 신문고 Sinmungo: petition drums p.161

Q 지금도 신문고가 있습니까?

Are there still petition drums?

A 신문고는 조선 말 이후에 없어졌고 지금은 존재하지 않습니다. 그렇지만 아직도 신문고라는 이름을 많이 사용하고 있습니다. '국민 신문고', '환경 신문고', '청와대 신문고'와 같이 정부의 민원 창구의 이름으로 많이 쓰이고 있습니다. 이러한 명칭은 예전에 신문고를 통해 백성들의 억울한 사연을 직접 들은 것처럼 지금도 민원 창구를 통해 국민들의 의견을 열심히 듣겠다는 의미를 담고 있습니다.

Petition Drums disappeared after the late Joseon Dynasty, and now no longer exist. However, the name Sinmungo is still used often. Citizens' Petition Drum, Environmental Petition Drum, Blue House Petition Drum, etc. are often used as names of governmental grievance windows. Such appellations have the meaning of listening ardently to citizens' opinions through grievance windows even now, just as when common people's undeserved circumstances were heard via Sinmungo.

## 8과 제주도의 정낭 Jeju-do pole-fence gates

p.181

Q 제주도의 집에는 왜 대문이 없었습니까?

Why did houses on Jeju-do not have front gates?

A 옛날부터 제주도에는 '바람, 돌, 여자'가 많다고 해서 삼다도라는 별명이 있었는데, 삼무도라는 별명도 있었습니다. 제주도에는 '대문, 거지, 도둑'이 없다는 뜻입니다. 사실 이 세 가지는 서로 연결되는 것입니다. 거지가 없으니까 도둑도 없고 도둑이 없으니까 굳이 집에 대문을 만들어 놓을 필요가 없었던 것입니다. 사람들이 서로 믿고 풍요롭게 살 수 있었던 제주 사람들의 생활문화를 보여 주는 좋은 예라고 하겠습니다.

Long ago it was said that wind, rocks, and women were numerous on Jeju-do and so the island was nicknamed 'Samdado'. But the island was called by another name as well: 'Sammudo'. This meant that there were no front gates, thieves, or beggars. These three things are interconnected, actually. As there were no beggars, there were no thieves, and thus there was no reason to make the front gate to make house sturdy. So we can say that this is a good example of the cultural life of Jeju-do people, who trusted each other and lived plentifully.

## 9과 케이팝 K-POP

p.201

Q 케이팝(K-POP)에 대해 아세요?

Do you know about K-POP?

A 케이팝(K-POP)은 한국의 대중가요를 말합니다. 2000년대 중반 이후 한국 아이돌 가수들이 세계를 무대로 활동하면서 외국에서 한국의 대중가요를 말할 때 케이팝(K-POP)이라고 부르게 되었습니다. 케이팝(K-POP)의 다양한 장르 중에서 세계 젊은이들의 관심을 불러일으킨 것은 아이돌 그룹의 음악입니다. 이런 음악의 특징은 단순하고 경쾌한 리듬과 비트, 따라 부르기 쉬운 멜로디, 흥미로운 노랫말 그리고 멋진 댄스 실력이라고 말할 수 있습니다. 또한 서구의 팝(POP)과는 또 다른 특징으로 시각적 즐거움이 크다는 점을 들 수 있습니다. 아이돌들은 대부분 5~6명, 많게는 10명이 넘는 멤버들로 구성되어 있는데 이들의 잘생긴 외모와 감각적인 패션 스타일, 화려한 댄스와 무대 장치 등에 많은 팬들이 열광하고 있습니다.

K-POP refers to Korean popular music. From the mid 2000s, as Korean idol singers became active on the world stage, Korean pop music came to be called as K-POP at overseas. Among K-POP's various genres, idol-groups' music aroused the interest of young people of the world. The characteristics of this music can be said to be its simple cheerful rhythm and beat, easy to sing-along melodies, intriguing lyrics, and (the singers') stylish dance ability. Another point could be the great amount of visual pleasure, which is a characteristic different than that of western pop. Most idol groups are comprised of five to six members—at the most over ten members—and many fans are enthusiastic about their attractive features, sensual fashion styles, colorful dances and stage sets.

# 듣기 지문 Listening Scripts

## 1과 듣기

### 잘 듣고 이야기해 보세요 track 02 p.24

**여** 무슨 고민 있어?

**남** 음, 전공을 정해야 하는데 뭐가 좋을지 몰라서.

**여** 아직까지 전공을 못 정했어? 곧 입학 원서 내야 되는 거 아냐?

**남** 맞아. 빨리 내야 하는데 걱정이야.

**여** 그동안 관심 있었던 분야 없어?

**남** 나는 한국 역사에 관심이 있어서 역사를 공부하면 재미있을 거 같기도 하고 나중에 취업할 일을 생각하면 경영학과를 가는 게 좋을 거 같기도 해.

**여** 취업도 중요하지만 자기한테 맞는 공부를 해야지. 경영학 공부가 너한테 잘 맞을 거 같아?

### 듣기 1 track 08 p.36

**선생님** 어서 오세요. 이쪽으로 앉으세요.

**학생** 네, 안녕하세요? 선생님, 저는 대학 입학을 준비하고 있는데요. 어떤 전공을 선택해야 할지 잘 몰라서 상담을 하려고 왔습니다.

**선생님** 아, 그렇군요. 전공을 선택하려면 먼저 자기 관심과 적성에 대해 생각해 봐야 하는데 관심이 있는 분야가 있습니까?

**학생** 네, 저는 예전부터 방송 일에 관심이 많았습니다.

**선생님** 그래요? 방송에도 여러 분야가 있는데요. 배우나 가수가 되고 싶으면 연극영화과에 가서 공부하는 게 좋고 방송 프로그램 만드는 일을 하고 싶으면 신문방송학과에 진학하는 게 좋은데 어떤 분야에 관심이 있나요?

**학생** 어, 연예인은 제 성격에는 잘 안 맞는 것 같아요. 카메라 앞에 서는 것은 자신이 없거든요. 연예인보다는 프로그램 만드는 일을 하고 싶어요.

**선생님** 그럼 신문방송학과에 가는 게 맞을 거 같은데요. 프로그램 만드는 일도 여러 가지 분야가 있어요. 드라마 만드는 일도 있고 뉴스를 만드는 일도 있고 말이죠. 신문방송학과에 진학해서 방송과 관련된 다양한 공부를 하다 보면 잘할 수 있는 일이 무엇인지 찾을 수 있을 거예요.

### 듣기 2 track 09 p.36

**선배** 어, 너 얼굴이 왜 그래? 무슨 고민 있니?

**후배** 아, 누나, 이번 시험을 너무 못 봐서요.

**선배** 시험이 어려웠다면서? 다른 친구들도 못 봤을 거야. 너무 걱정하지 마.

**후배** 그래도 이제 취직 준비도 시작해야 하는데 학점이 나빠서 큰일이에요.

**선배** 아직 안 늦었어. 지금부터 열심히 하면 돼.

**후배** 요즘은 동아리 활동을 하느라 공부에 집중할 시간이 없어요. 선배들이 시키는 대로 이것저것 하다 보면 시간이 금방 가 버려요. 어떻게 해야 할지 모르겠어요.

**선배** 하하. 동아리 활동하고 공부하고 둘 다 잘하려고 하면 시간이 부족하기는 하겠다. 너는 책임감이 강해서 맡은 일은 열심히 하는 편이잖아.

**후배** 그래서……. 동아리를 그만둘까 해요.

**선배** 글쎄, 그것도 방법이 될 수 있겠지. 하지만 동아리 활동도 열심히 하다 보면 나중에 취직하는 데 큰 도움이 될 거야. 더구나 네가 좋아하는 일이잖아.

**후배** 그렇기는 하지만 시간을 너무 많이 쓴다는 점이 문제지요.

**선배** 네가 일을 잘하니까 선배들이 자꾸 너만 시키게 돼서 그래. 동아리 일을 좀 줄이고 공부 시간을 좀 더 늘리면 어떨까?

## 2과 듣기

### 잘 듣고 이야기해 보세요 track 12 p.44

**여** 또 운동해요? 요즘 운동 너무 많이 하는 거 아니에요?

**남** 운동이 건강에 얼마나 좋은데요. 운동 시작하고 나서 몸이 많이 좋아졌어요.

**여** 그래도 그렇게 하루에 몇 시간씩 운동하다가는 오히려 건강이 안 좋아질 거 같은데. 그런데 또 뭘 마셔요?

**남** 홍삼 음료예요. 홍삼이 건강에 좋다잖아요.

**여** 어휴, 정말 건강에 관심이 많군요. 운동에 건강식품에…….

**남** 그럼요. 건강은 건강할 때 지키라는 말도 있잖아요.

### 듣기 1 track 18 p.56

**직원** 119입니다. 무엇을 도와드릴까요?

**환자** 여보세요. 저, 몸이 안 좋은데 일요일이라 동네 병원이 문을 닫아서요.

**직원** 몸이 어떻게 안 좋으십니까? 증상을 말씀해 주세요.

**환자** 아까부터 가슴이 답답해요. 숨 쉬기도 힘들고요.

**직원** 그러십니까? 그러면 내과를 가셔야 할 것 같습니다. 사시는 곳을 말씀해 주시면 휴일에 문을 여는 병원을 안내해 드리겠습니다.

**환자** 강남구 신사동이에요.

**직원** 강남구 신사동요? 근처에 오늘 문을 연 병원이 세 곳이 있네요.

**환자** 아, 그래요? 잘됐네요. 병원 전화번호 좀 알려 주세요.

**직원** 네, 병원 이름과 전화번호를 말씀드리겠습니다. 혹시 전화번호를 적으실 준비가 되셨습니까?

### 듣기 2 track 19 p.56

**남** 야, 오랜만에 놀이공원에 오니까 좋다.

**여** 그러게. 그동안 스트레스 때문에 가슴이 답답했는데 오늘 하루 신나게 놀고 나면 다 풀리겠지? 우리 뭐부터 탈까?

**남** 당연히 롤러코스터부터 타야지.

**여** 뭐? 롤러코스터를 타자고? 난 그런 건 딱 질색이야.

**남** 왜? 하늘 높이 올라갔다가 아래로 뚝 떨어질 때 얼마나 신나는데.

**여** 난 무서워서 싫은데. 높은 데만 올라가면 너무 긴장이 되거든. 지난번에 한 번 타 봤는데 어찌나 무서운지 숨도 못 쉴 정도였어.

**남** 알았어. 그럼 넌 뭐 타고 싶은데?

**여** 얼마 전에 광고에서 봤는데 진짜 재미있는 놀이 기구가 생겼대.

**남** 그래? 어떤 건데?

**여** 음악에 맞춰 의자가 계속 빙글빙글 도는 놀이 기구래. 진짜 재미있겠지?

**남** 어휴, 난 돌아가는 건 별론데. 그런 건 탈 때마다 멀미가 나서 어지럽고 속도 거북해진단 말이야. 오히려 더 스트레스를 받을 것 같은데.

## 3과 듣기

### 잘 듣고 이야기해 보세요 track 22 p.64

**남** 쇼트트랙 결승전이네. 누가 금메달을 딸지 한번 볼까?

**여** 두 선수가 비슷하게 달리고 있는데. 누가 이길까?

**남** 어, 우리 선수가 상대 선수를 따라잡고 있는데.

**여** 조금만 더, 조금만 더! 와, 우리가 이겼다. 우리나라가 금메달이다.

**남** 아니지, 저렇게 발을 내밀면 안 되지. 가슴이 먼저 들어와야 이기는 거야.

**여** 무슨 소리야? 먼저 결승선에 들어왔으니까 1등이지.

### 듣기 1 track 28 p.76

**사회자** 최근 올림픽 경기에서 은메달을 딴 선수가 시상대에서 1등을 못 해서 억울하다고 운 일에 대해 말들이 많습니다. 이 일에 대해서 어떻게 생각하십니까?

**해설 위원 1** 네, 저는 그 선수의 마음이 충분히 이해가 됩니다. 그 한 경기를 위해서 노력해 온 시간을 생각해 보십시오. 마지막 순간에 다른 선수와 부딪히는 바람에 아깝게 1등을 놓쳤으니 억울하지 않겠습니까?

**해설 위원 2** 저는 그런 행동이 이해가 되지 않습니다. 2등도 훌륭한 결과입니다. 최선을 다해서 열심히 준비했고 그 결과로 은메달을 받았으면 결과를 받아들여야 한다고 생각합니다. 1등을 하지 못했다고 해서 억울해하는 것은 바람직한 스포츠 정신이 아닙니다.

**해설 위원 1** 물론 운동 경기에서 연습 과정도 중요하지만 결국 결과가 중요한 것 아닙니까? 1등과 2등은 분명한 차이가 있습니다. 사람들은 1등만을 기억하기 때문에 운동선수에게 은메달은 받으나 마나입니다.

**해설 위원 2** 아니, 그럼 반칙을 해서라도 1등을 해야 한다는 겁니까? 스포츠는 결과뿐만 아니라 과정도 중요합니다.

### 듣기 2 track 29 p.76

**남** 어, 씨름 경기를 하네.

**여** 오랜만에 씨름이나 볼까? 그런데 두 선수 체격 차이가 너무 나는데.

**남** 그러게. 이 경기는 해 보나 마나일 것 같아. 체격이 큰 선수가 이길 게 틀림없어.

**여** 그건 모르는 일이야. 길고 짧은 건 대봐야 안다고 하잖아. 두고 봐야지.

**남** 에이, 무슨 소리야? 씨름은 무엇보다 힘이 중요하니까 체격이 클수록 유리하지. 체격이 큰 선수가 이길 게 틀림없어.

**여** 힘도 중요하지만 기술도 중요해. 전에 봤는데 체격이 작은 선수가 기술을 잘 써서 자기보다 훨씬 큰 선수도 쉽게 이기더라고. 이 경기 결과도 아직 모르는 거야. 어, 시작하나 보다.

**남** 둘이 막상막하네. 작은 선수가 생각보다 승부욕이 강한데. 금방 끝날 줄 알았는데 승부가 쉽게 안 나겠어.

**여** 야, 정말. 흥미진진한데. 어, 작은 선수가 넘어질 것 같은데. 아, 아슬아슬하게 잘 버티네. 와, 이겼다. 그것 봐. 길고 짧은 건 대봐야 안다고 했지?

**남** 아, 이길 수 있었는데 균형을 잃는 바람에 졌어. 아쉽다.

## 4과 듣기

### 잘 듣고 이야기해 보세요 track 32 p.84

**남** 어때? 마음에 들지?

**여** 어, 그래. 꽃 참 예쁘네.

**남** 하하, 좋아할 줄 알았어.

**여** 어, 고마워. 그런데 이거뿐이야?

**남** 왜? 꽃이 마음에 안 들어?

**여** 내가 몇 번이나 이야기했는데…….

**남** 왜? 뭐가 잘못됐어? 나한테 무슨 얘기 했는데?

**여** 목도리 볼 때마다 예쁘다고 얘기 했는데 생각 안 나?

**남** 아, 예쁘다고는 했지만 갖고 싶다고는 안 했잖아.

**여** 어휴, 그걸 꼭 직접 말로 해야 알아?



### 듣기 1 track 38 p.96

**남** 어제 여자 친구가 직장 상사 때문에 힘들다고 하더라고요. 그래서 제가 도와주고 싶어서 직장 상사와 원만하게 지낼 수 있는 방법에 대해 조언해 줬어요. 그랬더니 오히려 발끈하면서 도대체 누구 편이냐고 따져서 당황스럽더라고요. 제가 뭘 잘못한 거예요?

**여** 아이고. 저 같아도 화를 냈을 거예요. 여자 친구가 철수 씨한테 기대했던 건 문제를 해결할 수 있는 방법이 아니라 자기의 속상한 마음을 들어 주고 이해해 주는 거였을 거예요. 자기가 얼마나 힘든지 이해해 주기는커녕 오히려 문제점을 지적하니 화가 날 수밖에 없었겠죠. 남자들은 왜 그렇게 문제를 해결하려고만 하지요? 그냥 힘들겠다는 한마디면 충분할 텐데…….

**남** 스트레스 때문에 힘들어하니 당연히 스트레스를 받게 한 문제를 해결해야 하는 것 아닌가요? 여자들의 문제 해결 방법은 남자들하고 다른가 봐요. 어휴, 여자들은 왜 이렇게 복잡해요?

### 듣기 2 track 39 p.96

**남** 뭘 먹을까? 오늘 오랜만에 만났으니까 맛있는 거 먹자.

**여** 그래. 그런데 이 집 굉장히 좋아 보인다. 너무 비싼 거 아냐?

**남** 괜찮아. 내가 살게. 걱정 말고 메뉴 골라 봐.

**여** 어떡하지? 여긴 너무 비싸서 우리 수준에는 먹을 만한 게 없는데.

**남** 다 맛있어 보이는데 왜 그래? 손님이 많아서 맛있을 거 같아 들어왔는데. 그러지 말고 골라 봐.

**여** 아니, 그렇긴 한데 이거 봐. 너무 비싸. 정식 일 인분이 5만 원이나 하잖아.

**남** 괜찮다니까. 모처럼 좋은 데 왔는데 왜 그래, 또?

**여** 또라니? 너무 비싸니까 그렇지.

**남** 내가 마음먹고 사겠다는데 왜 자꾸 그래? 벌써 들어왔는데 창피하게 다시 나갈 수도 없잖아.

**여** 뭐 어때? 다시 나가면 되지. 우리 결혼하려면 돈도 모아야 하는데 너 이렇게 기분 나는 대로 쓰다가는 돈을 모으기는커녕 오히려 이번 달 네 생활비도 모자랄 게 뻔해.

**남** 그래도 메뉴판도 받았는데 어떻게 나가냐?

**여** 아직 시키지도 않았는데 뭘. 그러니까 미리 좀 찾아보고 오든지. 계획성 없이 그냥 오니까 이렇게 비싼 집에 들어오게 되잖아.

**남** 너 정말 자꾸 이럴래?

## 5과 듣기

### 잘 듣고 이야기해 보세요 track 42 p.104

**여** 야, 너는 무슨 남자가 그렇게 입이 짧으냐?

**남** 뭐? 내가 입이 짧다고?

**여** 그래. 내가 줄리앙한테 관심 있다고 친구들한테 다 말했다면서?

**남** 아, 미안 미안. 어떻게 하다가 얘기가 나와서 그만. 그런데 그것 때문에 입이 짧다는 거야?

**여** 그래. 비밀이라고 너한테만 말한 건데 그걸 다 얘기하고 다니면 어떡해?

**남** 나는 또 무슨 소리라고. 하하하. 그럴 때는 입이 짧다고 하는 게 아니고 입이 가볍다고 하는 거야.

### 듣기 1 track 42 p.116

**진행자 1** 그럼 다음 사연 들어 볼까요?

**진행자 2** 네, 다음 사연입니다. 서울에 사시는 이선영 씨가 보내 주신 사연이네요. '저는 사당동에 살고 있는 22살 여대생입니다. 저에게는 사귄 지 6개월이 된 남자 친구가 있었습니다. 저희는 다른 사람들이 모두 부러워할 정도로 예쁜 사랑을 했습니다. 그

러다가 한 달 전쯤에 저랑 어릴 때부터 친했던 단짝 친구와 저녁을 먹는 자리에 남자 친구를 불렀습니다.'

**진행자 1** 하하, 여자들은 남자 친구가 생기면 단짝 친구에게 제일 먼저 자랑하고 싶어 하지요.

**진행자 2** 그런가요? 그럼 사연을 계속 읽어 볼게요. '그런데 언젠가부터 남자 친구한테서 연락이 뜸해지기 시작했습니다. 기말고사 기간이니까 시험 공부하느라 바쁘고 해서 연락을 안 하는 거라고 생각했습니다.'

**진행자 1** 어, 왠지 불안해지는데요. 그래서 어떻게 되었을까요?

**진행자 2** '그런데 며칠 전 친구가 저한테 울면서 사과를 했습니다. 제 남자 친구와 몇 번 만나다 보니 서로 사랑하는 마음이 생겼다고요. 자기가 나쁜 걸 알지만 어쩔 수 없었다고 말했습니다. 저는 제 친구한테도 화가 나지만 남자 친구한테 더 화가 나고 배신감을 느낍니다. 저만 사랑하겠다더니 어떻게 저한테 이럴 수가 있을까요?'

**진행자 1** 저런, 어떡해요. 정말 안타깝네요.

**진행자 2** 그러게요. 얼마나 속상하셨을까요? 노래 한 곡 듣고 다시 이야기를 계속하겠습니다.

### 듣기 2

track 49 p.116

**남** 켈리 씨 아니에요? 진짜 오랜만이에요.

**여** 아, 아키라 씨. 오랜만이네요. 잘 지냈어요? 제가 요즘 바쁘게 지내다 보니 모임에도 못 나갔네요.

**남** 네, 그랬군요. 같이 커피라도 한잔 하실래요?

**여** 아, 미안한데 지금은 같이 못 마실 거 같아요.

**남** 석사 논문 쓴다고 바쁘다더니 아직도 안 끝났어요?

**여** 하고 있는 중인데 아직 잘 안돼요. 그거 말고도 이것저것 할 일이 많은데 마음만 급하네요.

**남** 할 일이 많으면 마음이 급해지기 마련이지요. 느긋하게 생각하세요. 그런데 무슨 할 일이 그렇게 많아요?

**여** 졸업하고 바로 박사 과정에 진학하려고요. 입학 원서 마감이 다음 주까지고 해서 더 정신이 없어요.

**남** 어떡해요. 한꺼번에 두 가지 일이 겹쳤으니 정신없는 게 당연하겠네요.

**여** 네, 게다가 하필이면 이번 주에 고향에서 친구들이 여행을 와서 친구들 안내도 해 줘야 해요.

**남** 저런. 일이 한꺼번에 생기는군요. 논문은 많이 썼어요?

**여** 아니요, 이제 겨우 쓰기 시작했어요. 미리미리 마음먹고 썼어야 하는데 다 제가 게을러서 그래요.

**남** 힘내세요. '천 리 길도 한 걸음부터'라고 하잖아요. 하나씩 하다 보면 다 잘될 거예요. 제가 커피라도 사 주고 싶은데 바쁘다니까 할 수 없네요.

**여** 말이라도 고마워요. 일이 좀 끝나면 저도 모임에 나갈게요.

## 6과 듣기

### 잘 듣고 이야기해 보세요

track 52 p.124

**남** 정말 감동적인 공연이었지요?

**여** 네, 세계적으로 유명한 뮤지컬이라더니 정말 멋있었어요.

**남** 맞아요. 무슨 말인지 다 알아듣지는 못했지만 내용은 대강 알겠더라고요.

**여** 전 주인공이 아이와 헤어지는 부분에서 저도 모르게 눈물이 났어요.

**남** 저도 그 부분이 참 슬펐어요.

### 듣기 1

track 58 p.136

**앵커** 보령 머드 축제가 오늘부터 20일까지 충남 대천 해수욕장에서 펼쳐집니다. 어제부터 국내외 관광객들이 몰려들고 있다고 합니다. 김준수 기자 전해 주시죠.

**기자** 저는 보령 머드 축제가 펼쳐지는 대천 해수욕장 광장에 나와 있습니다. 잠시 뒤 오전 10시부터는 머드 미끄럼틀 타기와 머드 씨름 등 다양한 행사가 펼쳐질 예정입니다. 대천 해수욕장에는 어제부터 국내외에서 많은 관광객들이 몰렸는데요. 모두 축제에 대한 기대가 여간 높지 않습니다.

**여행객** 유튜브에서 보고 왔는데 머드 축제는 정말 대단해요. 내년에도 또 오고 싶어요.

**기자** 20일까지 이어지는 보령 머드 축제에는 누구나 즐길 수 있는 무료 체험 프로그램과 요트 경기, 콘서트 등 다양하고 신나는 볼거리가 이어집니다. 한국인이든지 외국인이든지 누구나 즐길 수 있는 머드 축제야말로 관광객들에게 추천할 만한 한국의 대표 축제라고 할 수 있습니다. 대천 해수욕장에서 김준수입니다.

### 듣기 2

track 59 p.136

**남** 켈리 씨, 어제 한국 전통 공연 보러 갔다고 들었는데 어땠어요? 좀 지루했지요?

**여** 지루하기는요. 신나고 흥겨운 공연이었어요. 관객들 반응도 대단했고요.

**남** 그래요? 전통 음악이라서 좀 졸릴 거라고 생각했는데.

**여** 사실 처음에는 좀 졸렸어요. 첫 번째 공연이 한국 궁중 음악이었거든요. 수준이 높아서 좀 이해하기 힘들었어요.

**남** 하하, 듣다가 잔 건 아니에요?

**여** 에이, 그 정도는 아니었어요. 그 다음에는 부채춤이었는데 설명이 필요 없을 정도로 인상적이었어요. 화려한 한복과 부채, 그리고 우아한 춤 동작 등이 지금도 기억에 남아요.

**남** 아, 정말 좋았겠네요.

**여** 아, 그리고 말로만 듣던 판소리 공연도 봤어요. 어찌나 슬프게 노래를 하는지 가슴이 찡했어요. 판소리야말로 한국 사람의 정서를 이해할 수 있는 최고의 음악인 것 같아요.

**남** 판소리 공연도 봤군요. 저도 꼭 보고 싶었던 공연인데……. 또 다른 공연도 있었어요?

**여** 마지막 공연은 사물놀이였는데 아주 신이 나고 흥겨웠어요. 끝날 때쯤에는 관객들이 무대로 나가 같이 춤을 췄는데 아주 감동적이었어요.

**남** 와, 대단했겠는데요.

**여** 스티븐 씨도 꼭 한번 가 보세요. 한국을 좋아하는 사람이라면 음악에 관심이 있든지 없든지 꼭 한 번은 볼 만해요. 안 보면 후회할걸요.

## 7과 듣기

### 잘 듣고 이야기해 보세요 track 62 p.144

**남** 요즘 젊은 사람들은 결혼 후에 부모님과 같이 살기 싫어한다던데 문제인 것 같아요.

**여** 그게 왜 문제예요? 결혼하면 당연히 독립해야 하는 거 아니에요?

**남** 그래도 우리나라는 전통적으로 부모님을 모시고 살았잖아요. 나이 드신 부모님과 같이 사는 게 옳다고 봐요.

**여** 꼭 같이 살아야 할까요? 같이 살면 오히려 서로 불편한 점이 많지 않겠어요?

**남** 그럴 수도 있겠지만 가족이니까 조금씩 양보하면서 살면 괜찮을 것 같아요.

### 듣기 1 track 68 p.156

**관리 사무소 직원** 주민 여러분, 안녕하십니까? 관리 사무소에서 잠시 안내 말씀드리겠습니다. 최근 이웃집에서 들려오는 소음 때문에 불편을 겪고 있는 주민들의 항의가 자주 있었습니다. 아파트는 여러 사람들이 같이 사는 곳이니까 서로를 배려하고 남에게 불편을 주는 행동을 조심해 주셨으면 좋겠습니다. 아이들이 시끄럽게 뛰지 않도록 해 주시고 밤 9시 이후에는 피아노 같은 악기 연주를 하지 마시기 바랍니다. 손님이 오셔서 늦은 시간까지 모임이 계속될 경우에는 미리 이웃에게 양해를 구해 주시기 바랍니다. 모두가 즐겁고 살기 좋은 아파트를 만들기 위해 노력해 주십시오. 지금까지 관리 사무소에서 말씀드렸습니다.

### 듣기 2 track 69 p.156

**사회자** 아파트에서 악기 연주를 해도 되는지 하면 안 되는지에 대한 토론을 진행하고 있습니다. 다음은 '조용한 아파트 만들기 모임' 대표께서 말씀해 주십시오.

**토론자 1** 저는 아파트에서 악기 연주를 금지해야 한다고 생각합니다. 아파트는 여러 사람들이 같이 사는 공간이기 때문에 다른 집에 소음으로 불편을 줄 수 있는 행동은 하면 안 됩니다. 예를 들어서 한밤중에 망치질을 한다든지 창문을 열어 둔 채로 음악을 크게 듣는다든지 하는 행동은 당연히 금지되어야 하는 것입니다. 악기 연주도 마찬가지입니다. 악기 연주는 실수로 나는 소음이 아니라 자기가 선택해서 하는 행동입니다. 따라서 저는 아파트에서 악기 연주를 하는 것은 옳지 않다고 봅니다.

**사회자** 네, 의견 잘 들었습니다. 그럼, '음악을 사랑하는 사람들의 모임' 대표께서도 말씀해 주시지요.

**토론자 2** 저는 아파트에서 악기 연주를 완전히 금지해서는 안 된다고 생각합니다. 아파트에 산다고 해서 개인이 하고 싶은 일을 전혀 하지 못하도록 막는 것은 옳지 않기 때문입니다. 저의 경우에는 피아노 연주하는 것이 가장 큰 즐거움입니다. 아무리 힘들고 피곤하더라도 피아노 연주를 하면 다시 힘이 납니다. 제 취미가 그림 그리는 것이 아니라 소리가 나는 피아노 연주이기 때문에 해서는 안 된다고 하는 입장은 이해가 되지 않습니다. 그럼 음악을 좋아하는 사람들은 아파트에 살 수 없다는 말입니까? 그래서 저는 아파트에서 악기 연주하는 것을 완전히 금지해서는 안 된다고 봅니다.

## 8과 듣기

### 잘 듣고 이야기해 보세요 track 72 p.164

**남** 히엔 씨, 이 집은 독특하게 생겼네요.

**여** 네, 베트남 전통 집 중의 하나예요.

**남** 왜 이렇게 높이 지었어요?

**여** 베트남은 날씨가 덥고 습기가 많거든요. 그래서 땅에서 올라오는 습기를 피하려고 높이 지었대요. 또 뱀 같은 동물들이 집에 들어오는 것도 막아 주고요.

**남** 그렇군요. 이렇게 지은 데에는 다 이유가 있네요.

### 듣기 1 track 78 p.176

**남** 안녕하십니까, 여러분. 오늘 발표를 맡은 마쓰모토 게이고입니다. 저는 오늘 '한국의 사투리'에 대해서 발표하겠습니다. 제가 사투리에 관심을 갖게 된 이유는 여러 한국 친구들을 사귀면서 출신 지역별로 억양과 말투, 사용하는 단어 등에 차이가 있다는 점을 알게 되었기 때문입니다.

한국에는 각 지역별로 다양한 사투리가 있습니다. 오늘은 그중에서 가장 대표적인 세 지역, 경상도, 전라도, 충청도 사투리의 특징에 대해 말씀드리고자 합니다.

먼저 부산을 비롯한 경상도 지역에서 사용되는 사투리는 억양이 매우 강하며 짧고 분명하게 말하는 특징이 있습니다. 자기가 하고 싶은 말만 간단하게 말하기 때문에 경상도 사람들이 말하면 무뚝뚝하다는 느낌을 받습니다. 다음으로 전라도 사투리는 감탄사를 많이 사용하며 표현이 다양한 편입니다. 그래서 다른 지역 말에 비해 정겨운 느낌이 듭니다. 마지막으로 충청도 사투리는 말을 끌면서 느리게 말하기 때문에 점잖게 들리며 편안하고 따뜻하게 느껴집니다. 또한 충청도 사람들은 자기 생각을 직접적으로 말하지 않는 특징이 있습니다.

이상으로 세 가지 사투리의 특징을 말씀드렸는데 어떤 친구들은 자신이 사투리를 사용하는 것에 대해 부끄럽게 생각하기도 합니다. 그렇지만 저는 그런 태도는 옳지 않다고 봅니다. 지역적 특색을 잘 살려 주는 사투리야말로 한국 사람들이 잘 보존해야 하는 흥미로운 문화 중의 하나라고 생각합니다. 지금까지 제 발표를 들어 주셔서 감사합니다.

### 듣기 2 track 79 p.176

**질문자 1** 마쓰모토 씨의 한국의 사투리에 관한 발표 아주 잘 들었습니다. 사투리가 지역별로 다르다고 말씀하셨는데 그 원인이 무엇인지 궁금합니다.

**발표자** 사투리가 지역별로 차이가 있는 것은 자연환경의 영향이 큽니다. 만약 어떤 지역이 산이나 강으로 막혀 있다면 그것 때문에 각 지역의 문화도 서로 달라지는데 말도 그 영향을 받아 자기 지역만의 독특한 사투리를 유지하게 되는 것입니다.

**질문자 1** 네, 잘 알겠습니다. 또 지역별로 억양, 말투, 사용하는 단어 등이 다르다고 하셨는데 구체적인 예를 들어 설명해 주시기 바랍니다.

**발표자** 구체적으로 예를 들어 보면 우리가 보통 "빨리 오세요."라고 말하는 것을 경상도 사람들은 "퍼뜩 오이소."라고 하고 전라도에서는 "빨랑 오랑게요."라고 하고 충청도에서는 "어서 와유."라고 말합니다. 이렇게 단어나 억양, 말투 등이 달라집니다.

**질문자 2** 충청도 사람들은 직접적으로 말하지 않는 것이 특징이라고 하셨는데 이것은 무슨 말인지 잘 이해가 되지 않습니다. 그게 무슨 뜻인지 다시 한번 설명해 주시기 바랍니다.

**발표자** 네, 충청도 사람들은 말을 할 때 돌려 말한다는 뜻입니다. 자기주장을 내세우지 않고 상대방이 이해할 때까지 계속 같은 이야기를 반복하기도 합니다. 이것은 직접적으로 할 말만 하는 경상도 사람들과는 매우 다른 모습입니다.

## 9과 듣기

### 잘 듣고 이야기해 보세요 track 82 p.184

**남** 저는 지금 가수 강빈의 콘서트 현장에 나와 있는데요. 이곳의 열기는 정말 뜨겁습니다. 안녕하세요.

**여** 안녕하세요!

**남** 강빈 씨를 좋아하세요?

**여** 그럼요. 강빈 오빠 멋있잖아요. 노래도 잘하고요. 최고예요, 오빠!

**남** 네, 이곳에는 천오백 명이 넘는 팬들로 가득 차 있습니다. 잠시 후면 강빈 씨의 첫 번째 콘서트가 시작되는데요. 저는 콘서트가 끝난 후 강빈 씨와 인터뷰를 하도록 하겠습니다.

## 듣기 1

track 88 p.196

**남 1** 준영아, 너 지금 무슨 생각하는지 알아. 하지만 내 말 좀 들어 봐.

**남 2** 더 이상 너한테 들을 말 없어. 이 손 놔.

**남 1** 그건 정말 사고였어. 어쩔 수 없는 사고였다고. 나도 준수 형의 손을 놓치지 않으려고 끝까지 애를 썼어. 제발 내 말을 믿어 줘.

**남 2** 서윤아, 나보고 지금 그 말을 믿으라고? 아니, 절대로 못 믿어. 등산을 좋아하지도 않는 우리 형을 데리고 그 험한 산을 가겠다고 할 때 내가 눈치챘어야 했어. 그때 말렸더라면 이런 일은 없었을 텐데.

**남 1** 아니야, 그건 오해야. 준수 형이 먼저 나한테 가자고 했어. 그렇게 못 믿겠거든 혜수한테 물어 봐. 혜수 때문에 우리 사이가 안 좋아지니까 화해하려고 형이 계획한 등산이야.

**남 2** 아니, 혜수가 우리 형하고 결혼하게 되니까 질투심 때문에 벌인 일이잖아. 그렇다고 어떻게 형을 죽여! 두고 봐. 서윤이 네가 우리 형을 죽였다는 것을 꼭 밝혀내고 말 거야.

## 듣기 2

track 89 p.196

**진행자** 안녕하세요. 오늘은 요즘 '형제'라는 드라마에서 서윤 역할을 맡아 좋은 반응을 얻고 있는 하지욱 씨를 모시겠습니다. 어서 오세요.

**배우** 네, 안녕하세요.

**진행자** 요즘 가장 주목받는 연기자로 떠오르고 계신데 그 인기를 실감하고 계신가요?

**배우** 아니요, 아직은 얼떨떨해서 잘 실감이 안 납니다. 거리에서 많은 분들이 알아봐 주실 때마다 꿈만 같다는 생각을 하지요.

**진행자** 하하, 그러시군요. 원래 연극을 하셨던 것으로 알고 있는데 드라마 연기자로 데뷔하게 된 특별한 동기가 있으세요?

**배우** 대학 졸업 후에 칠팔 년 연극 작품에 출연하며 활동을 했는데 그리 인기를 얻지 못했어요. 다른 일을 했더라면 하고 후회한 적도 많고요. 그러다가 우연히 아는 선배가 추천해 줘서 드라마에 출연하게 됐습니다.

**진행자** 이번에 맡은 서윤이라는 역은 사랑하는 여자를 차지하려고 친구의 형을 죽이고 또 계속 거짓말을 하는 그런 역할인데 실제 성격도 그렇습니까?

**배우** 제가요? 아닙니다. 오히려 자기주장을 강하게 못 하고 주변 사람들의 의견을 많이 듣는 편이지요.

**진행자** 혹시 다음 드라마에서 꼭 해 보고 싶은 역할이 있습니까?

**배우** 다음에는 멜로 드라마의 착한 남자 주인공 역할을 꼭 해 보고 싶은데요. 이번 작품에서 이미지가 강해서 좀 다른 역할을 해 보고 싶습니다.

**진행자** 네, 오늘은 요즘 가장 주목받는 배우 하지욱 씨와 함께 인터뷰를 했는데요. 앞으로도 좋은 작품 활동 기대하겠습니다. 나와 주셔서 감사합니다.

# 과제 도움말 Task Guide

## 1과 p.40

1. **적성에 맞는 직업을 알아보는 그룹 활동이다.**
2. **준비물**

   활동지(직업표, 직업 유형 분석표)
3. **활동 시 주의 사항**
   1) 직업표를 보고 자기가 좋아하는 직업을 있는 대로 고르고 그 이유에 대해 설명하도록 한다. 학생들의 수준에 따라 싫어하는 직업을 말해 보게 해도 좋다.
   2) 직업의 유형별 특징을 읽고 자기 적성과 잘 맞는지 친구들과 이야기하게 한다.
   3) 시간 여유가 있을 경우에는 자기의 적성과 직업 유형에 대해 간단히 발표해 보도록 한다.

## 2과 p.60

1. **카드에 쓰여 있는 상황과 증상을 연결하여 말하는 게임이다.**
2. **준비물**

   활동지(초록색 상황 카드, 하늘색 증상 카드)
3. **활동 시 주의 사항**
   1) 4~5명으로 이루어지게 팀을 나눈다.
   2) 한 명당 1~2장의 빈 상황 카드를 나누어 주고 빈칸에 병에 걸리거나 아플 수 있는 여러 가지 재미있는 상황을 쓰게 한다.
   3) [활동지]에 제시된 상황 카드와 학생들이 쓴 상황 카드를 섞는다.
   4) 상황 카드와 [활동지]에 제시된 증상 카드를 내용이 보이지 않도록 뒤집어 놓는다.
   5) 한 사람씩 돌아가면서 상황 카드와 증상 카드를 한 장씩 뒤집고 각 상황과 증상을 연결해서 알맞게 말하게 한다.
   6) 상황과 증상을 잘 연결하여 말한 사람은 그 상황 카드를 가지고, 상황과 증상이 서로 맞지 않아 말하지 못한 사람은 다시 상황 카드를 내려놓게 한다.
   7) 상황 카드를 가장 많이 가진 사람이 이긴다.

## 3과 p.80

1. **체육 대회를 준비하기 위해 토의하는 활동이다.**
2. **활동 시 주의 사항**
   1) 반 학생 수에 따라 3~4명씩 팀을 구성하게 한다.
   2) 체육 대회 준비에 필요한 항목을 정하도록 한다.
   3) 팀별로 정한 항목에 대해 15~20분 정도 토의하게 한다.
   4) 토의한 내용을 정리하여 발표하게 한다.
   5) 수업 여건에 따라 체육 대회를 직접 해 봐도 좋다.

## 4과 p.100

1. **남자와 여자가 차이가 있는지 없는지에 대해 토론하는 활동이다.**
2. **활동 시 주의 사항**
   1) 먼저 설문을 하면서 남자와 여자의 특징에 대해 생각해 보게 한다.
   2) 남자와 여자가 능력에 차이가 있다고 생각하는지, 있다면 그 이유는 무엇인지 생각해 보게 한다.
   3) 남자와 여자가 잘할 수 있는 직업이 같다고 생각하는 사람 2~3명과 다르다고 생각하는 사람 2~3명을 한 팀으로 구성하여 서로 토론하는 활동을 하게 한다.

## 5과 p.120

1. **속담이나 관용어를 알아맞히는 퀴즈를 하는 활동이다.**
2. **준비물**
   활동지(속담과 관용어 카드)
3. **활동 시 주의 사항**
   1) 4~5명으로 이루어지게 2~3팀으로 나눈다.
   2) 각 팀마다 앞에 나와서 설명할 팀원의 순서를 정하게 한다.
   3) 팀 순서를 정하고 팀마다 순서대로 나와서 퀴즈를 진행하게 한다.
   4) 다른 팀원들은 속담과 관용어 활동지를 볼 수 없고 설명하는 순서인 팀원만 앞에 나와 카드를 보고 설명하게 한다.
   5) 설명하는 팀원은 해당하는 속담과 관용어를 말할 수 없고 그 속담이나 관용어에 맞는 상황을 만들어 설명하게 한다.
   6) 다른 팀원들은 설명을 듣고 그에 맞는 속담이나 관용어를 말하게 한다.
   7) 정해진 시간 안에 속담과 관용어를 가장 많이 맞힌 팀이 우승한다. 시간은 학생들의 수준이나 분위기에 맞게 교사가 조절한다.



## 6과 p.140

1. **'경기 아리랑'을 개사하여 직접 공연하는 활동이다.**
2 **활동 시 주의 사항**
   1) 학생들에게 '경기 아리랑'을 들려주어 곡에 익숙해지게 한다.
   2) 2명씩 팀을 만들어 '아리랑' 가사를 바꾸게 한다.
   3) '아리랑'의 가사를 바꿀 때는 전통 민요라서 진지하거나 무거워야 한다는 부담감을 갖지 않도록 재미있는 여러 가지 경우를 생각해 보게 한다.
   4) 개사 후 돌아가면서 새롭게 만든 아리랑을 직접 불러 보게 한다.
   5) 노래를 들은 후 다른 팀의 노래를 평가하게 한다.

## 7과 p.160

1. **주제를 정하고 그에 대해 의견을 말하는 활동이다.**
2. **활동 시 주의 사항**
   1) 학생들에게 문제가 되는 상황을 이해하게 한다.
   2) 네 가지 상황 중에 이야기하고 싶은 상황을 고르게 한 후 같은 상황을 고른 학생끼리 팀을 만들어 앉게 한다.

3) 팀별로 고른 상황에 대해 의견을 말하게 한 후 정리하게 한다.

4) 팀별로 정리한 의견을 발표하게 한다.

## 8과 p.180

**1. 자기 나라의 흥미로운 문화에 대해 조사하여 발표문을 작성하고 발표하는 활동이다.**

**2. 활동 시 주의 사항**

1) 학생들이 자기 나라의 독특한 문화에 대해 소개하고 싶은 주제를 생각하게 한다.

2) 친구들에게 자기 주제를 소개하고 어떤 내용을 알고 싶은지 조언을 듣도록 한다.

3) 들은 조언을 바탕으로 발표할 내용을 정리하게 한다.

4) 발표문을 작성하고 발표하게 한다. 필요한 경우 시각 자료를 준비하여 보여 줄 수 있게 한다.

5) 발표문을 듣고 내용을 잘 이해하고 궁금한 점에 대해 더 질문하도록 한다.

## 9과 p.200

**1. 좋아하는 유명인에 대해 정보를 찾아보고 소개하는 활동이다.**

**2. 활동 시 주의 사항**

1) 학생들이 가장 관심 있는 유명인에 대해 생각하게 하고 자세한 정보를 인터넷 등을 통해 찾아보게 한다.

2) 그 사람의 대표 작품, 영화, 책, 드라마, 노래 등을 정리하게 한다.

3) 그 내용을 친구와 같이 두세 번 정도 반복하여 이야기하게 한다. 이야기하는 상대를 바꿔서 내용 설명을 능숙하게 할 수 있게 한다.

4) 한두 명 정도 발표하여 수업을 정리하도록 한다.

# 모범 답안 Answer Key

## 1과

### 듣고 말하기 p.36

1. 1) ② 2) ③ 3) 신문방송학과
2. 1) 학점이 나쁩니다.
   2) 동아리 활동 때문에
   3) ① 강한 ② 잘하는 ③ 그만두고
   4) 동아리 일을 좀 줄이고 공부 시간을 늘리면 좋겠다고 조언했습니다.
   5)

| 조언을 구할 때 | 조언을 할 때 |
|---|---|
| ☑ ~어서 큰일[걱정, 고민]이에요 | ☑ 지금부터 ~으면 돼요 |
| ☐ 어떻게 ~는 게 좋을까요? | ☑ ~다 보면 ~을 거예요 |
| ☑ 어떻게 ~어야 할지 모르겠어요 | ☐ ~는 대로 ~어 보세요 |
| | ☑ ~으면 어떨까요? |

### 읽고 쓰기 p.38

1) 어떤 직업을 선택하면 좋을지 고민하고 있습니다.
2) 성격이 활발하고 사교적입니다.
3)
- 여행사 직원 — 여행 상품을 기획한다.
- 여행 가이드 — 직접 여행객을 도와준다.
- 항공기 승무원 — 비행기 안에서 승객을 도와준다.
- 항공사 직원 — 공항에서 일을 한다.

4) 학생의 성격과 적성에 잘 맞을 것 같아서

## 2과

### 듣고 말하기 p.56

1. 1) ① 2) ①, ②
2. 1) 높은 데에 올라가면 긴장이 되기 때문에
   2) ②
   3)

| 정도를 설명할 때 | 반복되는 상황을 설명할 때 |
|---|---|
| ☑ 어찌나 ~는지 | ☐ ~만 되면 |
| ☐ ~보다 더[덜] | ☑ ~만 ~으면 |
| ☑ ~을 정도로 | ☑ ~을 때마다 |
| | ☐ ~기만 하면 |

### 읽고 쓰기 p.59

1) ☑ 발목을 삐었을 때의 치료법
2)

| | |
|---|---|
| 정형외과 | 엑스레이 검사, 붕대, 깁스 |
| 한의원 | 침, 얼음찜질, 한약 |
| 민간요법 | 감자, 생강, 밀가루로 만든 반죽 |

3)
- 엑스레이 검사를 한다. — 뼈가 부러졌는지 확인한다.
- 깁스를 한다. — 발목을 움직이지 않게 한다.
- 얼음찜질을 한다. — 부어 있는 곳을 치료한다.
- 밀가루 반죽을 붙인다. — 멍을 빨리 사라지게 한다.

## 3과

### 듣고 말하기 p.76

1. 1) 마지막 순간에 다른 선수와 부딪치는 바람에
   - 남자 — 운동 경기에서 중요한 것은 결과이다. / 1등과 2등은 분명한 차이가 있다.
   - 여자 — 운동 경기에서 중요한 것은 과정이다. / 선수는 결과를 받아들여야 한다.
2. 1)
   - 남자 — 체격이 큰 선수
   - 여자 — 체격이 작은 선수

   2) 체격이 작은 선수
   3) 남자 : 힘 여자 : 기술
   4)

| 결과를 확신할 때 | 상대방의 예상에 반대할 때 |
|---|---|
| ☑ ~으나 마나 | ☑ 그건 모르는 일이야 |
| ☑ 당연히 ~을 거야 | ☐ 그렇지 않을걸 |
| ☐ ~을 게 확실해 | ☑ 두고 봐야지 |
| ☑ ~을 게 틀림없어 | ☑ 무슨 소리야? |

### 읽고 쓰기 p.79

1) ☑ 풋살에 대한 설명
2) ① 실내에서 하는 축구
   ② 5명의 선수, 전반전과 후반전 각각 20분씩
   ③ 축구 경기와 비슷한데 공을 발로 차서 상대편 골문에 넣습니다.
   ④ 아무 데서나 쉽게 할 수 있고 경기 진행이 빠른 것이 장점입니다.

3)

| | 풋살 | 축구 |
|---|---|---|
| 인원 | 5명 | 11명 |
| 경기장과 공의 크기 | 축구에 비해 작다 | 크다 |
| 경기 장소 | 실내, 실외 | 실외 |
| 경기 시간 | 전후반 20분씩 | 전후반 45분씩 |
| 경기 방법 | 축구 경기와 비슷하다. | 공을 발로 차서 골문에 넣으면 이긴다. |

## 4과

### 듣고 말하기 p.96

1. 1) ② 2) ①
2. 1) ③
   2) ① 비싼 2) ② 가고 싶어 하지 않는다
   ③ 쓰는
   3) 계획성이 없는 성격
   4)

| 부정적 결과를 예상할 때 | 상대방에게 불만을 표현할 때 |
|---|---|
| ☑ ~다가는 | ☑ ~는 거 아냐? |
| ☑ ~기는커녕 | ☑ 왜 그래, 또? |
| ☑ ~을 게 뻔해 | ☑ 어떻게 ~니/냐? |
| ☐ ~기는 틀렸다 | ☐ ~는다는 게 말이 되니/되냐? |

### 읽고 쓰기 p.98

1) ① 남녀 대학생
   ② 여자 : 평균 9분 56초 남자 : 평균 13분 52초
   ③ 여자 : 침착하게 해냈습니다.
   남자 : 당황스러워하면서 허둥댔습니다.

2) 남녀 대학생을 대상으로 10분 안에 8가지 일을 마치는 것에 대한 실험을 했습니다. 실험 결과 여자들은 동시에 여러 가지 일을 해내는 능력이 뛰어난 반면에 남자들은 그런 능력이 여자에 비해 뒤떨어진다는 것을 알 수 있었습니다. 그러므로 여자에게 일을 줄 때는 한꺼번에 여러 가지 일을 주어도 되지만 남자에게 일을 줄 때는 한 가지 일이 끝나면 다음 일을 주는 것이 더 좋습니다.

## 5과

### 듣고 말하기 p.116

1. 1) 자신의 남자 친구와 제일 친한 친구가 사귀게 되었습니다.
   2) ②
2. 1) ②
   2) ② 박사 과정 입학 원서 쓰기
   ③ 친구들 여행 안내하기
   3) ②
   4)

| 인용할 때 | 위로할 때 |
|---|---|
| ☑ ~는다더니 | ☑ 어떡해요 |
| ☐ ~는다고 | ☑ 저런 |
| ☑ ~는다고 하잖아요 [는다잖아요] | ☐ 안됐네요 |
| ☐ ~는다는 말이 있잖아요 | |

### 읽고 쓰기 p.119

1) ① 살 수 없을 것입니다.
   ② 돈을 모아서 어려운 이웃을 도와주려고
   ③ 연인 사이일 것 같습니다.

2) ① 가 서울에서 집을 사는 것은 하늘에 있는 별을 따는 것처럼 힘든 일이다.
   ② 나 작은 티끌을 모으면 큰 산이 될 수 있는 것처럼 적은 돈을 모아서 이웃을 돕는 일을 할 수 있었다.
   ③ 다 불을 피워야 연기가 나는 것처럼 이유가 있었기 때문에 스캔들이 생겼을 것이다.

## 6과

### 듣고 말하기 p.136

1. 1) 누구나 참가할 수 있습니다. 2) ①, ②
2. 1) ①, ③
   2) 궁중 음악, 부채춤, 판소리, 사물놀이
   3)

| 소개할 때 | 평가할 때 |
|---|---|
| ☑ ~었는데 | ☑ ~이야말로 |
| ☐ ~이라는 | ☑ 최고의 |
| ☑ 말로만 듣던 | ☑ ~을 만해요 |
| ☑ 첫 번째 / 그다음 / 마지막 | ☐ 여간 ~는 게 아니에요 |

### 읽고 쓰기 p.138

1) ①　　2) ②

3) <u>경기</u> 아리랑, <u>진도</u> 아리랑, <u>밀양</u> 아리랑, <u>정선</u> 아리랑

## 7과

### 듣고 말하기 p.156

1. 1) 이웃집의 소음 때문에 항의가 있었습니다.
   2) ③
2. 1) 여러 사람이 사는 공간이
   2) 개인이 하고 싶은 일을 막는 것은 옳지 않
   3) 한밤중에 망치질하기, 창문을 열어 둔 채로 음악을 크게 듣기
   4) 소리가 나는 취미를 할 수 없도록 하는 일
   5)

| 의견을 제시할 때 | 예를 들어 설명할 때 |
|---|---|
| ☐ 제가 생각하기에는[보기에는] | ☑ 예를 들면[예를 들어서] |
| ☐ 제 생각에는 | ☑ 저의 경우에는 |
| ☑ 저는 ~는다고 봅니다 | ☐ 구체적으로 말하면 |
| ☑ 저는 ~는다고 생각합니다 | |

### 읽고 쓰기 p.159

1) 깨끗한 상영관을 만들자고 건의하고 있습니다.

2) ① 영화에 집중할 수가 없습니다
   ② 극장 안이 더러워집니다

3) 여러 상영관 중 하나를 음식을 가지고 갈 수 없는 '깨끗한 상영관'으로 지정하는 것입니다.

## 8과

### 듣고 말하기 p.176

1. 1) 한국의 사투리　　2) 출신 지역별
   3) 강하며　　4) 다양
   5) 점잖게, 직접적으로
2. 1) 지역의 문화가 달라
   2) 경상도, 전라도, 충청도
   3) 돌려 말한다
   4)

| 질문할 때 | 답변할 때 |
|---|---|
| ☑ ~는다고 말씀하셨는데 | ☐ 이미 말씀드린 대로 |
| ☑ 저는 잘 이해가 안 되는데 다시 한번 설명해 주시기 바랍니다 | ☑ 구체적으로 예를 들어 보면 |
| ☑ 그 원인이 무엇인지 궁금합니다 | ☑ ~는다는 뜻입니다 |
| ☑ 구체적인 예를 들어 설명해 주십시오 | ☐ ~는 것으로 알고 있습니다 |

### 읽고 쓰기 p.179

1) 현대인 : 부모가 중심이 되어 자식과 함께 가정을 이룹니다.
   모소족 : 할머니를 중심으로 가족을 구성합니다.

2) **모소족**
   사는 곳 : <u>중국 남서부 로고호 주변</u>.
   가족 구성원 : <u>할머니, 어머니, 이모, 손녀, 외삼촌, 외손자</u>.
   아이의 성과 재산 : <u>어머니의 성을 따르고 재산은 딸에게 물려준다</u>.
   결혼 제도 : <u>결혼 제도가 없다</u>.
   여자가 주로 하는 일 : <u>농사일, 집안일, 아이들을 키우고 교육시킨다</u>.
   남자가 주로 하는 일 : <u>경제적 책임이나 자식을 키울 의무가 없다. 산에서 야크를 치거나 말을 타고 돌아다니면서 물건을 가져다가 팔고 생활에 필요한 물건을 사다가 가족에게 준다</u>.

## 9과

### 듣고 말하기 p.196

1.

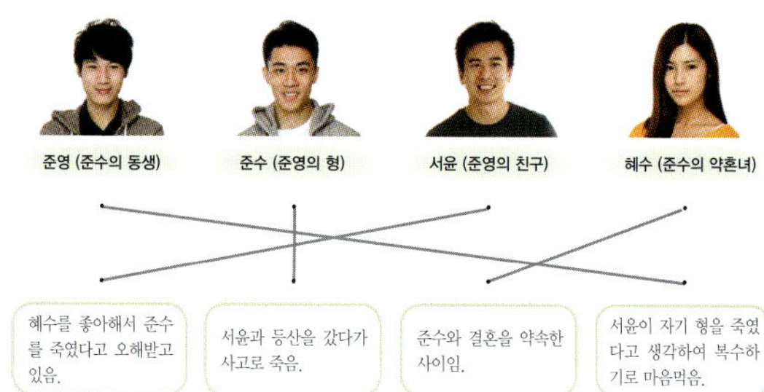


2. 1) 아는 선배가 추천해 줌. 자기주장을 강하게 못하고 주변 사람의 의견을 많이 들음. 멜로 드라마의 착한 남자 주인공.

2)

| 인터뷰에서 질문할 때 | 인터뷰에서 대답할 때 |
| --- | --- |
| [V] ~은가요/나요? | [V] ~는다는 생각을 합니다 |
| [ ] ~는다면서요? | [V] ~는 편입니다 |
| [V] ~게 된 동기가 있습니까? | [V] ~게 되었습니다 |
| [ ] ~에 대해 말씀해 주시기 바랍니다 | [V] ~어 보고 싶습니다 |

## 읽고 쓰기

p.199

1) 〈널 못 만났더라면〉 : 소설 '가족'을 원작으로 만든 드라마.

〈도전 퀴즈〉 : 다양한 퀴즈 문제를 풀어 일 등에게 상금을 주는 프로그램.

2. 〈널 못 만났더라면〉

① 오주희 작가의 소설 '가족'

② 주변에서 흔히 볼 수 있는 평범한 가족의 일상을 보여 주기 때문입니다.

③ 80대 노부부, 아들 사 형제, 손자와 손녀

④ 배우들의 연기가 뛰어나 드라마의 수준을 높였다는 평가를 받고 있습니다.

〈도전 퀴즈〉

① 5천만 원의 상금을 줍니다.

② 등록금을 준비하거나 가족과 여행을 계획하고 있거나 부모님께 효도 관광을 보내 주고 싶어서 등 다양한 이유로 출연합니다.

③ 출연자들이 은근히 강한 승부욕을 보여 주기 때문입니다.

④ 출연자들이 놓친 문제를 전화로 참여할 수 있습니다.

# 어휘 색인 Glossary

## ㄱ

## ㄴ

| | | |
|---|---|---|
| 노부부 | old couple | 198 |
| 논란이 되다 | to become controversial | 146 |
| 논문 | thesis; dissertation | 116 |
| 놀랍다 | to be surprising/amazing | 32 |
| 놀이 기구 | amusement ride | 56 |
| 놀이공원 | amusement park | 56 |
| 농사짓다 | to farm | 121 |
| 농업 | agriculture | 121 |
| 높이 | high | 56 |
| 놓치다 | to miss/drop | 196 |
| 누르다 | to press | 58 |
| 눈덩이 | snowball | 112 |
| 눈이 높다 | to be choosy (not easily satisfied) | 107 |
| 눈이 침침하다 | to have dim sight | 46 |
| 눈치가 없다 | to lack tack/behave senselessly | 86 |
| 눈치를 채다 | to notice | 196 |
| 느긋하게 | relaxedly | 116 |
| 늘 | always; frequently | 93 |
| 늘려 가다 | to increase (amount of something) | 158 |
| 늘리다 | to increase | 36 |
| 능력 | ability | 38 |

## ㄷ

| | | |
|---|---|---|
| 다도 | tea ceremony | 53 |
| 다른 점 | different point | 32 |
| 다림질 | ironing | 98 |
| 다수 | majority | 178 |
| 다양하다 | to be various | 172 |
| 단순하다 | to be simple | 166 |
| 단짝 친구 | best friend | 72 |
| 달래다 | to comfort/pacify | 98 |
| 달아 놓다 | to hang up | 161 |
| (약을) 달이다 | prepare medicinal herbs; decoct | 61 |
| 당기다 | to pull | 174 |
| 당연히 | of course | 187 |
| 당연히 | naturally | 77 |
| 당장 | immediately | 158 |
| 당황스럽다 | to feel embarrassed | 87 |
| 닿다 | to reach/touch | 81 |
| 대 | generation | 198 |
| 대궐 | royal palace | 161 |
| 대단하다 | to be great | 126 |
| 대륙 | continent | 172 |
| 대문 | front gate | 181 |
| 대천 | area in the city of Boryeong | 136 |
| 대표 | representative | 156 |
| 대표 곡 | representative song | 197 |
| 대표적이다 | to be representative | 166 |
| 대표하다 | to represent | 132 |
| 댄스곡 | dance music | 129 |
| 데뷔하다 | to make one's debut | 196 |
| 도둑질 | theft | 147 |
| 도로 | road | 160 |
| 도움 | help | 36 |
| 독특하다 | to be unique | 166 |
| 돈을 내다 | to pay | 37 |
| 돌려 말하다 | to talk around | 176 |
| 동기 | motivation | 196 |
| 동료 | colleague | 118 |
| 동시에 | at the same time | 98 |
| 동양화 | Oriental Painting | 41 |
| 동지섣달 | the 11th and 12th months of the lunar calendar | 141 |
| 두뇌 발달 | mental development | 174 |
| 두렵다 | to fear/be afraid of something | 37 |
| 두리안 | durian | 170 |
| 뒤떨어지다 | to be behind/lagging | 98 |
| 드라이브를 가다 | to take a drive | 91 |
| 득점을 하다 | to score | 66 |
| 들려오다 | to reach one's ear | 156 |

## ㄹ



## ㅁ

| | | |
|---|---|---|
| 미래 | future | 153 |
| 민간요법 | folk remedy | 58 |
| 민속 공연 | traditional folk performance | 131 |
| 민속놀이 | folk game | 172 |
| 민속촌 | folk village | 172 |
| 민요 | folk song | 138 |
| 민원 창구 | complaints window | 161 |
| 믿기지 않다 | to not be believed | 186 |
| 믿는 도끼에 발등 찍힌다 | Trust is the mother of treason. | 106 |
| 밀양 | city in Gyeongsangnam-do | 138 |

## ㅂ

| | | |
|---|---|---|
| 바늘 | needle | 121 |
| 바람직하다 | to be desirable/advisable | 76 |
| 박사 과정 | doctoral coursework | 116 |
| 반대하다 | to oppose | 31 |
| 반복하다 | to repeat | 176 |
| 반응 | response | 136 |
| 반입하다 | to bring | 158 |
| 반죽 | batter; dough | 58 |
| 반찬 | side-dishes | 32 |
| 반칙을 하다 | to (commit a) foul | 67 |
| 발급되다 | to be issued | 101 |
| 발끈하다 | to fly into a rage | 86 |
| 발라드 | ballad | 129 |
| 발로 차다 | to kick (with a foot) | 78 |
| 발목 | ankle | 58 |
| 발병 | sore feet | 138 |
| 발생률 | rate of incidence | 54 |
| 발생하다 | to occur | 192 |
| 발이 넓다 | to have a wide acquaintance | 107 |
| 밝혀내다 | to discover | 196 |
| 밥을 사다 | to pay for a meal | 29 |
| 방송 | broadcast | 36 |
| 방식 | method | 138 |
| 방해가 되다 | to become an interference | 146 |
| 배려를 하다 | to be considerate of | 146 |
| 배신감 | sense of betrayal | 116 |
| 백성 | the common populace | 161 |
| 버섯 | mushroom | 53 |
| 버티다 | to endure | 76 |
| 번역 | translation | 194 |
| 벌이다 | to stage/set up | 190 |
| 벼룩시장 | flea market | 170 |
| 별명 | nickname | 72 |
| 병들다 | to get ill | 54 |
| 보람을 느끼다 | to feel a sense of reward/ worthwhile | 38 |
| 보령 | a city in Chungcheong-do | 135 |
| 보존하다 | to preserve/conserve | 176 |
| 복수하다 | to revenge | 196 |
| 볼거리 | thing to see; attraction | 127 |
| 부기장 | co-pilot | 101 |
| 부상을 당하다 | to suffer an injury | 70 |
| 부장님 | general manager | 110 |
| 부채춤 | fan dance | 136 |
| 북 | drum | 161 |
| 분명하다 | to be obvious/certain | 76 |
| 분야 | field; sphere | 34 |
| 분야별 | by field | 167 |
| 불규칙하다 | to be irregular | 52 |
| 불꽃놀이 | fireworks | 134 |
| 불만이다 | to be dissatisfied | 86 |
| 불편을 겪다 | to experience difficulty | 156 |
| 불편을 주다 | to cause inconvenience | 146 |
| 붓다 | to swell | 46 |
| 붕대를 감다 | to bandage | 58 |
| 붙다 | to pass (a test) | 30 |
| 비결 | key (to); secret (to) | 192 |
| 비기다 | to tie/come out even | 70 |
| 비보이 | B-boy | 134 |

## ㅅ

| | | |
|---|---|---|
| 수학 교육 | Math Education | 41 |
| 순간 | moment | 76 |
| 순서 | order | 98 |
| 술래 | the tagger; the person who is ‘it’ | 175 |
| 숨바꼭질 | hide-and-seek | 175 |
| 숨을 쉬다 | to breathe | 56 |
| 숨이 멎는 줄 알았다 | to feel like losing one’s breath | 186 |
| 쉽게 | easily | 33 |
| 스스로 | on one’s own | 32 |
| 스캔들 | scandal | 118 |
| 스포츠 정신 | sportsmanship | 76 |
| 승객 | passenger | 38 |
| 승무원 | flight attendant | 38 |
| 승부가 나다 | to have a game reach its conclusion | 66 |
| 승부를 펼치다 | to have a match (game) unfold | 198 |
| 승부욕이 강하다 | to feel very competitive | 66 |
| 시나리오 | scenario | 194 |
| 시사회 | preview | 190 |
| 시상대 | award platform | 76 |
| 시작이 반이다 | Starting is half the job. | 107 |
| 시키다 | to make (someone do something) | 98 |
| 식빵 | (plain) bread | 98 |
| 식품 영양학 | Food & Nutrition | 41 |
| 신경 쓰다 | to show concern; to have one’s eyes on | 133 |
| 신문고 | petition drum | 161 |
| 신문방송학과 | Department of Mass Communication | 36 |
| 신선하다 | to be fresh | 138 |
| 신이 나다 | to feel elated/excited | 126 |
| 신입 사원 | new employee | 110 |
| 실 | thread | 174 |
| 실감이 안 나다 | to feel unreal | 186 |
| 실감하다 | to realize/feel | 196 |
| 실뜨기 | cat’s-cradle | 174 |
| 실력 차이가 나다 | to exhibit a difference in ability | 68 |
| 실용적 | to be practical/useful | 27 |
| 실제 | reality | 94 |
| 실제로 | actually | 190 |
| 실험 | experiment | 98 |
| 심각하다 | to be serious/severe | 95 |
| 심장 | heart | 72 |
| 심장이 터질 것 같다 | to feel like one’s heart will burst | 186 |
| 쏭크란 | new year festival in Thailand | 135 |
| 쓰러뜨리다 | to throw down | 81 |
| 쓰리다 | to feel a burning sensation (in the stomach)/heartburn | 46 |

## ㅇ

| | | |
|---|---|---|
| 아깝다 | to be regrettable | 70 |
| 아니 땐 굴뚝에 연기 날까 | There is no smoke without fire. | 118 |
| 아쉽다 | to be unsatisfying | 70 |
| 아슬아슬하다 | to be a close call/on the edge | 66 |
| 악기 | musical instrument | 156 |
| 악보 | musical score | 34 |
| 안개가 끼다 | to have fog (form) | 192 |
| 안타깝다 | to be pitiful/regrettable | 116 |
| 알아듣다 | to hear and understand | 30 |
| 알코올 중독 | alcohol addiction | 54 |
| 앞두다 | to have something ahead | 38 |
| 앞뒤가 안 맞다 | to be illogical | 146 |
| 애교가 많다 | to be very charming | 194 |
| 애를 쓰다 | to make an effort | 196 |
| 야간 대학교 | night university | 194 |
| 야단을 치다 | to scold | 110 |
| 야시장 | night market | 170 |
| 야크를 치다 | to shepherd yak | 178 |
| 약속드리다 | to make a promise | 53 |
| 약초 | medicinal herb | 61 |

| | | |
|---|---|---|
| 의논하다 | to discuss | 97 |
| 의무 | duty; obligation | 178 |
| 의미하다 | to mean/signify | 78 |
| 의상 디자이너 | clothing designer | 101 |
| 의상실 | boutique | 101 |
| 이모 | mother's sister | 178 |
| 이벤트 | event | 88 |
| 이야깃거리 | thing to talk about; subject of conversation | 127 |
| 이웃집 | neighbor's house | 156 |
| 이해가 빠르다 | to be quick to understand | 26 |
| 이해가 안 되다 | to not have an understanding | 126 |
| 인기가 있다 | to be popular | 186 |
| 인류 무형 유산 | Masterpieces of the Oral and Intangible Heritage of Humanity | 138 |
| 인사 | greeting | 33 |
| 인상적이다 | to be impressive | 136 |
| 인원 | the number of people | 78 |
| 인정을 받다 | to receive recognition | 110 |
| 인턴사원 | an intern | 30 |
| 일 등을 놓치다 | to lose first place | 76 |
| 일상 | everyday life | 198 |
| 임 | one's beloved | 138 |
| 임금님 | the King; monarch | 161 |
| 임명되다 | to be appointed | 101 |
| 입대하다 | to enter the military | 194 |
| 입이 가볍다 | to be loose-lipped | 107 |
| 입이 무겁다 | to be tight-lipped | 107 |
| 입이 짧다 | to have a small appetite | 107 |
| 입학 원서 | entrance application form | 116 |

## ㅈ

| | | |
|---|---|---|
| 자기주장을 내세우다 | to put forth an assertion | 176 |
| 자꾸만 | repeatedly | 50 |
| 자랑스럽다 | to be proud | 87 |
| 자신만만하다 | to be full of confidence | 66 |
| 자존심이 강하다 | to have a strong sense of pride | 86 |
| 작업 | job; work | 54 |
| 작품에 출연하다 | to appear in a work(of art)/play/movie, etc. | 186 |
| 잔뜩 | fully | 158 |
| 잔치 | party; feast | 134 |
| 잠실야구장 | Jamsil Baseball Stadium | 74 |
| 잡곡밥 | multi-grain rice | 53 |
| 장구춤 | drum dance | 172 |
| 장기 자랑 | talent show | 130 |
| 장사 | business; trade | 194 |
| 장사가 안되다 | to have business not do well/have poor sales | 111 |
| 장점 | strength; strong point | 32 |
| 재산 | property; possession | 173 |
| 재즈 | jazz | 138 |
| 저리다 | to (have a body part) fall asleep/feel numb | 46 |
| 저축 | saving (money) | 89 |
| 적극적 | to be active | 27 |
| 적다 | to write (down)/jot (down) | 56 |
| 적성에 맞다 | to be right for one's aptitude | 26 |
| 적응하다 | to adapt | 30 |
| 전공을 살리다 | to put one's major to work | 26 |
| 전공하다 | to major in | 38 |
| 전라도 | Jeolla-do | 176 |
| 전문적 | professional | 88 |
| 전반전 | first half | 70 |
| 전통을 지키다 | to follow tradition | 166 |
| 절대로 | never | 196 |
| 절정 | peak | 197 |
| 젊어서 고생은 사서도 한다 | Early training means more than late learning. | 106 |
| 점잖다 | to be gentle/well mannered | 176 |
| 점점 | gradually | 34 |
| 젓가락 | chopsticks | 32 |
| 젓가락질 | chopstick use | 147 |

## ㅊ

## 집필 Authors

### 최은규 Choi Eunkyu

서울대학교 국어국문학과 박사

Seoul National University, Ph.D. in Korean Language and Literature

서울대학교 언어교육원 한국어교육센터 대우부교수

Seoul National University, LEI Associate Professor

### 오미남 Oh Minam

중앙대학교 문예창작학과 석사

Chung-Ang University, M.A. in Creative Writing

서울대학교 언어교육원 한국어교육센터 대우전임강사

Seoul National University, LEI Full-time Instructor

### 유재선 Yoo Jaeseon

연세대학교 외국어로서의 한국어 교육학 석사

Yonsei University M.A. in Education of Korean as a Foreign Language

서울대학교 언어교육원 한국어교육센터 대우전임강사

Seoul National University, LEI Full-time Instructor

### 하신영 Ha Shinyoung

서울대학교 국어국문학과 박사

Seoul National University, Ph.D. in Korean Language and Literature

인천대학교 국어국문학과 조교수

Incheon National University, Assistant Professor in the Department of Korean Language and Literature

## 번역 Translator

### 로버트 카루바 Robert Carrubba

서강대학교 국어국문학과 석사

Sogang University, M.A. in Korean Language and Literature

한국어 교육자 및 번역가

Korean Language Educator and Translator

## 번역 감수 Translation Editor

### 이소영 Lee Soyoung

이화여자대학교 교육공학과 박사

Ewha Womans University, Ph.D. in the Department of Educational Technology

서울대학교 언어교육원 한국어교육센터 대우전임강사

Seoul National University, LEI Full-time Instructor